老龄化成本构成与风险防范体系研究

刘 莉 应 韵 著

中国财经出版传媒集团
中国财政经济出版社

图书在版编目（CIP）数据

老龄化成本构成与风险防范体系研究 / 刘莉，应韵著. -- 北京：中国财政经济出版社，2020. 10
ISBN 978 - 7 - 5095 - 9776 - 7

Ⅰ. ①老…　Ⅱ. ①刘… ②应…　Ⅲ. ①人口老龄化－研究－中国　Ⅳ. ①C924. 24

中国版本图书馆 CIP 数据核字（2020）第 072269 号

责任编辑：彭　波　　　　责任印制：史大鹏
封面设计：卜建辰　　　　责任校对：徐艳丽

中国财政经济出版社 出版
URL：http：//www. cfeph. cn
E - mail：cfeph@ cfeph. cn

社址：北京市海淀区阜成路甲 28 号　邮政编码：100142
营销中心电话：010 - 88191522
天猫网店：中国财政经济出版社旗舰店
网址：https：//zgczjjcbs. tmall. com
北京财经印刷厂印刷　各地新华书店经销
成品尺寸：170mm × 240mm　16 开　12 印张　200 000 字
2020 年 10 月第 1 版　2020 年 10 月北京第 1 次印刷
定价：68. 00 元
ISBN 978 - 7 - 5095 - 9776 - 7
（图书出现印装问题，本社负责调换，电话：010 - 88190548）
本社质量投诉电话：010 - 88190744
打击盗版举报热线：010 - 88191661　QQ：2242791300

前言

据相关机构预测，到2050年全世界老年人口将达到20.2亿人，中国老年人口达到4.8亿人，几乎占全球老年人口的23.8%。而起步较晚、发展速度快，老龄化趋势显著，老龄化地区差异明显，以及经济发展水平低、“未富先老”等，是中国当前人口老龄化发展的主要特征。中国人口红利期在2015年已经消失，人口惯性会促使人口总量缓慢增长到2030年。人口老龄化不仅影响老年人自身，造成养老、医疗、服务等方面的社会压力，也对整个社会的经济文化发展和稳定产生深远影响。中国共产党的十九大报告指出我国社会主要矛盾已经转化为人民日益增长的美好生活需要和不平衡不充分的发展之间的矛盾。国内外的发展实践表明，社会保障是不断增进人民福祉的基本制度安排，具有无可替代的地位。只有正确认识我国社会主要矛盾的转化，才能更好满足人民群众对美好生活的需要，更好在发展中保障和改善民生，更好在发展中补齐民生短板，为推进解决发展不平衡不充分问题提供一定的理论参考。党的十九大首次把乡村振兴提升到战略高度，为我们在新时代做好“三农”工作指明了方向。相对于城市，农村老龄化趋势更加明显，农村养老问题也更为突出。农村居民的养老问题涉及的范围更为广泛，包括经济发展、社会稳定、提高村民的综合素质、加快农村的现代化进程以及建设社会主义新农村。因此，全面系统地研究老龄化对中国经济社会的影响，特别是在城乡融合发展视域下研究老龄化成本构成、基本特征和变动规律，测算分阶段的老龄化成本的总规模和财政支付能力；探讨老龄化成本的责任主体、分担方式、分担路径和分担机制；提出老龄化成本的风险防范机制和中国可能采取的具体应对策略成为当前亟须解决的重大理论和现实问题。

人口老龄化态势日益加深。老龄化是一个全球性趋势（联合国，2009），且老龄化迅速（Charles Yuji Horioka & Wataru Suzuki，2007）。而且中国人口老龄化具有特殊的快速性（原新等，2011），2016~2038年65岁及以上人口比重将从10%快速地上升为21%（联合国，2009）；到2050年，老年人口将达到4.8亿人，且呈现“顶部老龄化”现象（全国老龄办，2011，2015）。中国老龄化还表现为“未富先老”（李建民，2006；陆杰华，2007）、未备而老、孤独终老（穆光宗、张团，2011，2014）等方面的特征。老龄化重心先在农村，后将转向城市（杜鹏等，2010），表现为空间分布的不均衡性和地区差异的逐渐扩大趋势（王德文等，2005；陈明华，2016）。巴尼斯特（Banister，1995）等认为，计划生育政策和预期寿命延长是中国老龄化加速的两个主要原因。

人口老龄化风险不断积聚。预计中国老年人口抚养比到2050年将增至27.9%（周渭兵，2014；Hu，2015），但老年赡养系数一旦超过0.33，加上失业率、低收入和提前退休等问题，将导致社会陷入危机（杨燕绥、张芳芳，2012）。老龄化对储蓄、税收、资本积累（MacKellar，2004；胡仕强等，2011）、社会消费、福利体系、劳动力市场和产业结构等形成冲击（彭希哲、胡湛，2011等）。对劳动力市场的影响。2008年以来欧洲国家发生的政府债务危机，其主因是较低的经济增长率与高福利的社会养老保险政策之间的矛盾不断发酵，引起公共财政支付能力不足（郑秉文，2011；张士斌等，2011）。国外多数学者认为老龄化将导致劳动人口短缺，用工成本增加，税收提高，劳动生产率和经济增长率下降，老龄化将使发达国家经济增长从2007年的2.1%下降到2050年的1%（R. Mink，2008）。从而阻碍经济增长（关辰斯，2014），使就业机会减少、退休收入风险增大、家庭养老制度受到冲击（冼青华，2013）。

人口老龄化影响消费与资本市场。对消费市场的影响，市场消费规模降低，以及个人和家庭防范养老风险增加储蓄，进而影响投资（Faruqee，Muhleisen，2002；Mackellar，2004；Schultz，2005；Tejvan，Pettinger，2013）。对资本市场的影响，国际倾向基金组织的研究表明美国人口老龄化的长期成本现值为GDP的700%，英国则为GDP的300%（IMF，2009）。老龄化使公共养老金不断增长（经合组织，2015），影响着代际公平和政府财政预算平衡（邹铁钉，2015）。目前我国养老金个人账户空账为2.2万亿元（郑秉文，2012；周茂华，2014），养老金债务非常庞大（边恕，2008；宋世斌，2010），社保基金缺口较大（董克用，2000；李扬，2009）。老龄化使老人照顾和医疗支出日益增长（姚远，2009；Tchoe，2010；Patricia Neuman，2016）。而且，老年人医疗卫生资源消费是其他人群的 3 ~ 5 倍（何文炯等，2009；全国老龄委，2010），我国老年人卫生和医疗服务需求也难以满足，医疗资源分配农村远低于城市（郑晓瑛等，2003；邓汉慧、徐彪，2014）。单靠现行的社会保障体系已无法全面解决老年人口的养老与医疗保障问题（张连增，2011）。

老龄化成本构成与分担机制日益复杂。老龄化成本不仅包括养老支出增长、医疗费用扩大和日常照料费用飙升等直接成本，也包括经济增长受限、财政收入下降等间接成本。欧洲委员会认为，老龄化财务成本主要集中在公共养老金、医疗费用、长期照料、教育和失业保险 5 项福利支出上（Economic and Financial Affairs，2009）。郑秉文（2011）认为，广义的老龄化成本还包括经济增长减缓、财政收入减少、公共支出的增加。侯文杰（2011）认为，老龄化可分为经济成本、精神成本、机会成本三个方面。老龄化成本分担机制。郑功成（2010）认为，老龄化带来的转轨成本应该在政府主导下，由政府、企业和参保者个人共同分担。老龄化成本按支付主体，可分为个人、家庭、集体和国家（侯文杰，2011）。杨黎源（2013）认为养老支出存在多种分担方式，包括政府财政负担、社会资金负担、家庭和个人资金负担等，一个理想的养老成本负担模式应该是多方协调互补，形成一个均衡的支出结构体系。吴永求（2014）认为在划分地方与中央政府的养老成本责任时，应根据财政状况协商确定，合理分担。各种医疗保险政策及效果。由于微观跟踪调查数据的出现，关于三种医疗保险的效果，有很多的实证研究。陈华、邓佩云（2016）和许玲丽（2011）使用 CHNS 数据的实证分析表明，参加城镇职工基本医保会增加参保人员的实际医疗费用支出。使用城镇居民基本医疗保险跟踪调查（URBMI）2013 年和 2015 年两期面板数据，研究了城镇居民医疗保险和新型农村合作医疗对居民收入差距缩小的影响作用（赵绍阳，2011；贺小林，2013；胡宏伟、张澜，2015）。对居民的参保范围、筹资机制、服务利用、实际受益、个人负担以及满意度等各个方面详细分析，并计算了城镇居民医疗保险的各种相关指数以衡量其公平性；“新农合”改善了参合者“有病不医”的状况，提高了医疗服务利用率，降低了参合者的自付比例，但实际医疗支出和大病支出发生率并未显著下降（程令国、张晔，2012；Yip & Hsiao，2009；Brown，2009；廖庆阳，2014；段婷，2014）。为应对老龄化社会，中国需要尽快形成积极老龄化的社会共识和社会氛围，坚持生产性社会福利模式，创建高龄劳动者友好型的劳动力市场环境，形成合理公平的老龄化成本共担—分担机制，以防范有可能发生的养老风险（刘莉，2015；杨黎源，2013）。

化解老龄社会风险的应对策略更需积极。巴特勒（Butler，1983）提出生产性老龄化（PA），使老年人参与商品生产或服务供给的活动；世界卫生组织提出积极老龄化（AA），为老年人提供切实的社会保障和参与机会；泰勒（Taylor，2011）提出了建立积极老龄化社会；欧盟（2010）将2012年定为“积极应对老龄化年”。一些发达国家尝试养老金制度改革，即提高退休年龄、控制提前退休、强化预先积累基金，建立长期照料保险制度、鼓励建立包含自愿性养老储蓄的多支柱年金体系等（经济合作与发展组织，2007，2011，2015）。国内学者认为要积极应对老龄化，应在延长第一次人口红利的同时，充分使用劳动力，提高人力资本和劳动生产率，以获得第二次人口红利（蔡昉，2009）。莫龙（2011）认为缓解未来人口老龄化经济压力必须以经济手段为主、人口手段为辅，逐步放宽现行生育政策。穆光宗、张团（2011）提出了积极的、有备的统筹治理的应对思路。胡鞍钢等（2012）提出了“一揽子”的应对计划。一些学者提出了国家应适时调整退休政策，以积极应对人口老龄化（唐钧，2006；邓大松、王增文，2008；杨燕绥等，2010；杜鹏，2011；李建民，2011；穆怀中、2011；陈友华，2012；国家人社部，2015）。刘莉（2013）提出，我国养老金投资需借鉴国际经验，改革养老金投资管理体制，构建政府监管、机构投资、人大监督的竞争性养老金基金运营模式；刘莉（2015）提出，中国养老金制度改革需要顶层设和分类设计，逐步实现退休年龄弹性化；基于收入审查机制，有序推动退休方式渐进化；健全多支柱养老金体系，积极促成退休收入多元化；协调运用多种手段，有效提升高龄雇佣环境的宜老化程度，以构建中国特色弹性退休政策体系。

为应对人口老龄化，政府应当调整养老政策，一是重视养老金制度改革与长期经济增长之间的良性互动，建立公平和效率兼顾的程序化基本养老金调整机制。二是对养老体系进行市场化改革是应对老龄化的关键手段，在养老方式方面，要建立以个人为责任主体的国家帮助的社会化保障模式。三是开始从对老龄化社会的一般制度设计、公共养老金财政支付、社会养老模式一般性研究，转向对老龄化风险、养老成本分担、养老金支付平衡、公共财政的可持续等方面的多样性探讨；从单项性的养老保险基金测算，转向统筹的人口增长、经济发展与养老保险制度改革的社会养老发展关联性理论研究。

在老龄化不断加速背景下，综合运用社会学、人口学、管理学、经济学的理论和方法，确定老龄化成本构成要素，评估不同人口政策下的我国老龄化成本规模以及变动规律，分析不同政策组合下政府、社会、家庭和个人承担老龄化成本的责任与能力；借鉴国外经验，结合中国养老传统和经济社会发展态势，分析现在和将来一段时间内可能产生的老龄化成本对公共财政的影响，提出经济增长与养老保障相适应的、职责明确、协调互补的老龄化成本分担机制、风险防范路径，以保证我国经济社会的长久稳定和持续繁荣，确保老年人体面而有尊严的幸福生活。研究基本框架如图 0－1 所示。

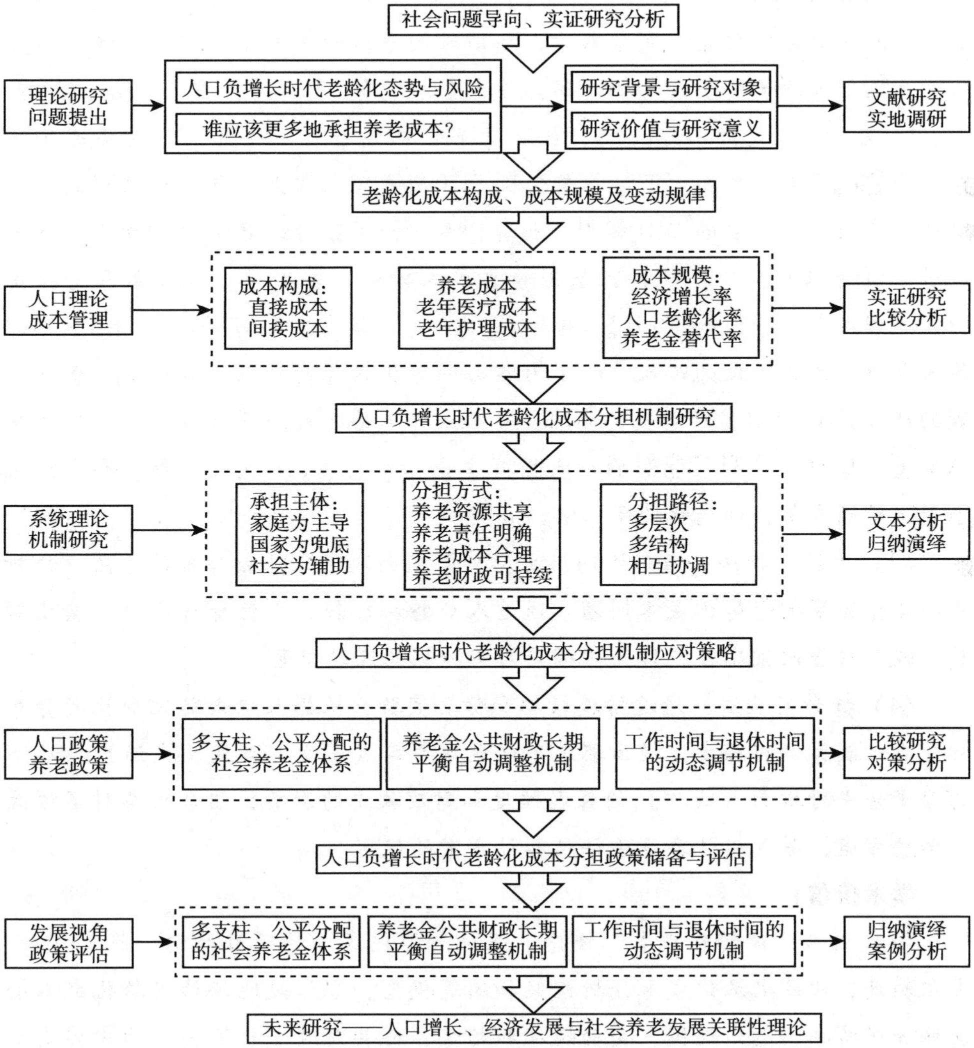

图 0－1 研究基本框架

研究方法：

（1）实地调研法：采用问卷调查、个案采访与座谈会相结合的方式，力求调研数据的三角验证。本书在研究团队将在全国范围内，针对不同年龄的老年人群发放调查问卷，并与从事老年管理和服务工作的相关人员进行座谈，了解政府、社会、家庭和个人负担养老成本的现状与存在问题，掌握老年人养老、医疗和护理等方面的实际需求。

（2）实证分析法：运用世代交叠模型、数据包络分析法、双重差分法、索洛经济增长模型等研究方法。例如，①借鉴索洛经济增长模型，进行适当调整，引入人口老龄化诸多变量因素，利用时间序列分析方法，评估、预测老龄化对我国经济增长的多重影响。估算养老金总成本：$C_p = C_{S1} + C_{S2} + C_B + T$，其中，$C_p$ 为养老金总成本，C_{S1} 为 DB 制度下的养老金个人缴费，C_{S2} 为养老金年金缴费，C_B 为政府补贴，T 为养老金在 EET 模式下的收益或其他税收模式下的转移。②通过倍差法的 DID 模型、精算，利用世界银行的 PROST（养老金改革备选方案模拟工具包）软件，采用精算成本方法，评估养老金成本和老年医疗、护理成本。模型如下：$L_{it} = \alpha_t + \rho_{did}M + e_{it}$。其中，$L_{it}$ 反映了个体 i（i = 0 为未参与一体化医保的个人，i = 1 为参与一体化医保的个人）在时期 t 医疗负担的情况，α_t 控制了时间固定效应，M 代表个人在 t 时期参与医保一体化的虚拟变量。X_{it} 是一系列可能影响个人医疗支出指标特征，e 代表残差。公式如果不引入控制变量，则退化为 $L_{it} = \alpha_t + \rho_{did}M + e_{it}$。

（3）比较分析法：运用纵向历史分析与横向现实比较相结合的方法，分析不同类型国家的老龄化成本问题。通过人口特征比较、发展阶段比较、演变趋势比较、社会政策比较，作为中国应对老龄化的经验借鉴。

（4）社会实验法：通过情境模拟和仿真实验，根据人口老龄化变化趋势和社会养老政策调整程度，提出职工不同退休年龄（不变、渐变、快速）情况下的养老金支付增加（减少）的强弱幅度和财政收支的影响，组合出各种退休政策调整方案，并利用仿真方法评估各种方案的优劣。

学术价值：

（1）引入"老龄化成本"概念，探讨老龄化成本的项目结构、基本特征、量化测度，构建老龄化成本分析框架和测算模型，分阶段地评估老龄化成本的区域分布特征、总体规模、变动规律和趋势、公共财政支付能力，为中国老龄化社会的健康发展和可持续发展提供学术支持。

（2）提出的建立多支柱的、公平分配的社会养老金体系，实行养老金公共财政长期平衡自动调整机制、工作时间与退休时间的动态调节机制等方面的老龄化应对策略，对于促进经济社会的稳定和发展，保障老年人“老有所养、老有所医、老有所为、老有所乐”，早日建成中国特色现代新型福利社会，具有一定的学术前瞻性价值。

应用价值：

（1）借鉴国际经验，结合中国实际，提出经济增长适当优先、老龄化风险防范的“四大应对机制”，以及宏观（政府）、中观（企业、NGO组织和社区）和微观（家庭和个人）相结合的，制度、政策和市场相统筹的老龄化风险防范路径，具有较强的现实针对性和可操作性。

（2）分析老龄化对经济社会的发展影响，确定老龄化成本的责任主体、分担方式、分担路径，构建老龄化成本分担机制，既为区分政府、社会、个人和家庭的养老责任和能力提供方法论指导，也为社会养老保障可持续发展提供参考方案，有一定的实际应用价值。

创新点：

视角创新：提出养老金公共财政长期平衡的自动调整机制，构建社会劳动者工作时间与退休时间的动态调节机制，建立弹性退休制度等政策建议，为政府应对老龄社会提供了理论范式。

观点创新：构筑中国特色老龄化成本分担机制，正确界定政府、社会、家庭和个人的责任和边界，提出最优的老龄化成本分担比例、分担方式、分担机制，具有独特的学术价值和应用价值。

方法创新：建构成本评估和预测模型，探讨未来中国人口老龄化成本的总体规模和年度变化趋势、老龄化成本构成结构、地区分布状况和特征，分析快速人口老龄化对经济增长的影响程度。

本书在社会保障理论多元化发展过程中，在社会保障的可持续发展对于实现自然、经济、资源与社会的可持续发展中的调节作用研究不够深入。下一步将从单项性的养老保险基金测算，转向统筹的人口增长、经济发展与养老保险制度改革的社会养老发展关联性理论研究，聚焦养老保险的财务可持续的养老金的筹集和发放。如此，不仅要满足当代老年人的养老金的支付，也要求能够保证后代人应有的享受相应待遇的权利。

本书是浙江省哲学社会科学规划后期资助课题《老龄化成本构成与风险防

范体系研究》（立项编号 21HQZZ044YB）、教育部人文社会科学课题《新型城镇化下我国养老产业 ppp 融资效率优化研究》（课题编号 18YJC790205）的研究成果。本书在调查问卷、数据分析、撰写过程中得到宁波市委党校杨黎源教授、大连外国语大学林海波博士的指导和帮助，在此深表感谢！

刘莉、应韵
2020 年 10 月

目录

Contents

第1章　中国人口老龄化现状与趋势

根据相关机构预测，到2050年全世界老年人口将达到20.2亿人，中国老年人口达到4.8亿人，几乎占全球老年人口的1/4。中国人口红利期在2015年已经消失，人口惯性会促使人口总量缓慢增长到2030年。人口老龄化不仅影响老年人自身，造成养老、医疗、服务等方面的社会压力，也对整个社会的经济文化发展和稳定产生深远影响。相对于城市，农村老龄化趋势更加明显，农村养老问题也更为突出。农村居民的养老问题涉及的范围更为广泛，包括经济发展、社会稳定、提高村民的综合素质、加快农村的现代化进程以及建设社会主义新农村。因此，全面系统地研究老龄化对中国经济社会的影响意义重大。

1.1　中国人口老龄化基本态势与特点

我国人口老龄化现状与特征决定于我国的基本国情。我国人口基数庞大、过去严格的计划生育政策、经济快速增长、二元经济结构等国情既不同于西方发达国家，也不同于发展中国家，这决定了我国人口老龄化具有老年人口绝对数量大、老龄化速度快、老龄人口高龄化、人口老龄化与经济发展不协调、不同地区之间老龄程度差异大等特点。

1.1.1　人口老龄化定义及划分标准

所谓人口老龄化，是指老年人口占总人口的比重逐步增加，并达到一定比例这样一种动态变化的过程。在一个地区的人口发展过程中，不同年龄段的人口在一定时期的数量会受到多种因素影响，如受历年人口生育率、死亡率、人口迁移乃至灾害、政治、战争、等因素的影响，这就会造成有的时期年轻人口数量占大多数，而有的时期是老年人口数量占大多数。青少年人口增加速度快于老年人口，就会形成人口年轻化；而中老年人口占总人口比例不断增加，青少年人口占总人口比例不断递减的渐进过程，就会形成人口老龄化。

划分“老年人”年龄起点与“人口老龄化”的标志是人们判断人口年龄结构特点的重要参数。1900年瑞典人口学家桑德巴提出，以50岁作为老年人起点。1956年，联合国人口司将65岁作为老年人起点，并以老年人占总人口的7%作为主要的老龄化界标；1975年美国人口咨询局则将老龄化界标提升至10%；1977年，波兰人口学家爱德华·罗赛特将60岁作为老年人起点，并且老龄化的界标由年龄在该年龄段及以上的老年人口占总人口的12%确定；1982年的“世界老龄问题大会”上，老年人的年龄起点被定为60岁，同时把老龄化界标下调至10%。除了考虑当时人口的平均寿命以外，将“老年人”年龄起点定在60岁或65岁还与现代退休制度和社会保障有关。目前60岁以上老年人口所占比重是否达到或超过总人口数的10%，或者65岁以上人口是否达到或超过总人口数的7%成为判断一个地区是否进入老龄化社会的一般标准（这也是我们研究所依据的标准）。

中国实行计划生育政策以来，人口出生率大幅下降，少年人口比例减少，平均寿命提高。2010年人口普查数据显示，中国65岁以上人口为11894万人，占总人口的8.9%，0~14岁人口占总人口的16.6%，老少比为53.6%。按照目前国际标准，中国人口年龄结构已开始进入老年型阶段。

1.1.2 人口老龄化的相关概念

（1）老年人口问题。

老年人口问题是指在整个经济社会运行发展中，老年人这一社会特殊群体所带来的一系列问题。而它与人口老龄化问题是有区别的。人口老龄化问题是指老年人口占总人口的比例不断上升，其他年龄组人口的比例不断下降的过程中带来的影响经济社会发展的各种问题。因为人口老龄化问题着眼于老龄化这一动态过程，这个过程中各个年龄组的人口都在变动，所以人口老龄化问题不单是指老年人口引发的，还有由于少年儿童和劳动年龄人口相对减少所带来的。综上所述，我们可以看出不管是老龄化社会或是年轻型社会都会存在老年人口问题，有老年人口问题的国家或地区却未必存在人口老龄化问题，但是如果一个国家或地区出现人口老龄化问题，那它一定存在老年人口问题。

（2）人口年龄结构。

人口年龄结构是指一定地区、一定地点各个年龄组人口在总人口中所占的比重，通常用百分比表示。根据少年儿童人口比重、老年人口比重以及老少比等指标，可以将人口年龄结构分为年轻型、成年型和老年型三种。年轻型人口是指少年儿童人口比重在40%以上、老年人口比重在5%以下、老少比在15%以下的人口；成年型人口是指少年儿童人口比重在30%～40%、老年人口比重在5%～10%、老少比在15%～30%的人口；老年型人口是指少年儿童人口比重在30%以下、老年人口比重在10%以上、老少比在30%以上的人口。

（3）人口转变。

人口转变是指人口发展的不同历史阶段的转变过程，是指在不同的社会经济条件下，以人口的出生、死亡以及自然增长水平和状况发生标志性变化的过程。具体来讲，人口转变就是某一地域范围的人口从高出生、高死亡、低增长阶段经过高出生、低死亡、高增长阶段到低出生、低死亡、低增长阶段的过程。发达国家在19世纪开始实现了人口转变，而很多发展中国家则在20世纪后半叶经历了人口转变。人口转变过程受各种社会、经济、文化以及人口政策的影响。人口转变包含人口年龄构成类型的转变，是人口转变过程中必然出现的现象。相对于其他国家，中国的人口转变不是一个自然发展的过程，它不同于别国，是源于经济社会发展带来的结果，它的转变更多的是因为计划生育政策的作用，而这是其他国家所没有面临的情况，也造成了中国人口老龄化有别于其他国家的老龄化。中国实现人口转变过程，进入老龄化社会，是在其经济发展水平较低、尚没有物质实力应对老龄化的情况下出现的，这引发了一连串他国不曾遭遇的难题，整个转变过程轨迹将描绘出中国特有的“未富先老”画面。

1.1.3 中国人口老龄化现状及特点

预测到2050年中国老年人口达到4.8亿人，几乎占全球老年人口的1/4。而起步较晚、发展速度快，老龄化趋势显著，老龄化地区差异明显、城乡倒置，以及经济发展水平低、“未富先老”等，是中国当前人口老龄化发展的主要特征。

中国历次人口普查数据表明（见表1－1），中国人口的年龄结构呈现出一种明显的反向运动趋势：0～14岁人口比重逐步下降，而65岁以上人口比重持续上升。自20世纪70年代起，中国人口出生率开始下降，从而使人口年龄结构逐渐从年轻型转化为成年型。1990年第四次人口普查表明中国人口年龄结构完成了向成年型的转化，开始向老年型过渡，中国的人口年龄结构也正老龄化。

表1－1　　历年全国人口普查年龄结构变化

人口普查结果		1982年	1990年	2000年	2010年
各年龄组人口（%）	0～14岁	33.6	27.7	22.9	16.6
	15～64岁	61.5	66.7	70.1	74.5
	≥65岁	4.9	5.6	7.0	8.9
老少比（%）		14.58	20.22	30.57	53.61
年龄中位数（岁）		22.9	25.3	30.8	35.2

资料来源：根据历次全国人口普查数据整理，1981年及以前数据为户籍统计数；1982年、1990年、2000年、2010年数据为当年人口普查数据推算数，本表选择了用1981年后的数据。

从目前中国人口老龄化的总体情况而言，主要表现出以下几个特点：

（1）老年人口绝对数量大。

我国人口规模居于全球首位，2011年人口数量为13.47亿人，在全球总人口中所占比重为19.85%，庞大的人口规模使我国成为目前世界上老年人口最多的国家。1950年，我国65岁以上老年人共计0.25亿人，在全国总人口中所占比重为4.49%；2000年第五次人口普查时，当时我国刚步入人口老龄化社会，60岁及以上老年人口数量就达到了1.3亿人，占全国人口总数的10.46%，65岁及以上老年人数量为8827万人，占全国总人口的7%；而2010年第六次人口普查的最新数据显示，中国60岁及以上老年人数量已将近1.8亿人，占全国人口总数的13.32%，其中男性为8704万人，女性为9055万人；65岁及以上老年人数量近1.2亿人，占全国总人口的8.92%，其中男性为5721万人，女性为6172万人。2014年增长至1.5亿人，65岁以上的老年人在全国总人数中所占比重高达9.1%。联合国人口司出具的《世界人口老龄化2007》分析报告中指出，2007年，我国65岁以上的老年人数量在全球老年人中所占比重为21.48%，我国65岁以上老年人总数超过美、日、德、英、法、澳六国65岁以上老年人之和。如果把中国的老年人口总数合成一个国家，那么人口数在世界排名是第7位或第8位。

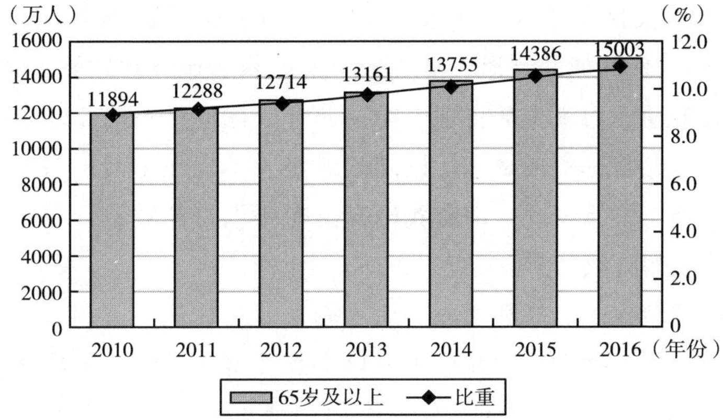

图 1-1　65 岁以上人口变动情况

随着医学技术的进步、医疗卫生条件的提升，人民生活水平进一步提升，促使老年人的平均寿命越来越高，老年人口增加的速度越来越快。虽然平均预期寿命的延长和死亡率的下降会推动人口老龄化的进程，但这并不完全是造成目前中国人口老龄化的主要原因。不仅因为预期寿命的快速增长，还因为那些出生高峰期的人口群现在将进入老年，导致人口迅速老龄化。中国在 21 世纪初 65 岁以上老年人口比例达 7%，其核心原因是近 30 年来计划生育政策的成功实施，初步完成了从高生育率向低于更替水平的低生育率的过渡。这也表明早期的出生人口数量大而导致现在的老年人规模庞大，人口老龄化近期显现，并表现为老年人规模中低龄老人的规模庞大。总之，中国计划生育政策的严格执行、人们生育观念的转变以及出生率的稳步下降，导致中青年人口比重在较长时期内将继续逐步下降。同时，在高出生率时期出生的人口队列逐渐步入老年，老年人口的数量将继续扩大，老年人口的比重也相应地持续增长。

（2）高龄化突出、性别比不协调。

国际上在研究老龄化问题时，常常把 60～69 岁称为低龄老年人口，70～79 岁称为中龄老年人口，80 岁以上称为高龄老年人口。我国不仅老龄化程度逐年加剧，而且高龄化更为突出，截至 2010 年，从第六次全国人口普查数据计算可知，全国 80 岁及以上老人达 2098 万人，占总人口比重的 1.57%；与 2000 年第五次全国人口普查相比，80 岁及以上高龄老人上升了 0.61 个百分点。《联合国 2008 年世界人口展望》的数据表明，2000 年为 11.63 万人，到 2050 年我国 80 岁以上高龄老年人口总数将增至 1.01 亿人，50 年增加 89.72 万人。我国

2000 年高龄老年人只占老龄人口比重的 13.51%，而到 2050 年这一比重将达到 30.66%。由于生理机能的衰退，高龄老年人患病的概率往往比低龄老年人高，且大多已没有劳动能力，生活自理困难，此外，他们已退出劳动力市场较长时间，私人的养老储蓄基本耗尽。所以高龄老年人不仅在生活上需要被照料，在经济上也需要被支持。因此，随着我国高龄老年人口的数量逐渐增加，真正意义的老年抚养负担持续加重。

在人口性别结构中，高龄老人中老年妇女所占比例大（见表 1－2）。通常在总人口中男性多于女性，而在老年人口中女性多于男性。虽然在生物和社会的诸多因素影响下，老年人口“女性比例”显著上升，但从人口学的角度来说，其直接原因就在于进入老年阶段后，男性老年人死亡率显著高于女性，而且随着老年人剩余寿命的延长这种趋势愈显突出。根据目前的退休年龄，职业妇女工龄短，福利低，预期寿命长。一旦家庭成员不能提供养老，就会有更多人陷入贫困状态。在社会保障尚未覆盖的地区，丧偶之后，如果体弱多病，就会陷入晚年贫困。

表 1－2　中国六次人口普查老年人口的性别比　单位：%

年份	“60＋”	“65＋”	“80＋”
1953	81.7	83.1	47
1964	75.5	59.8	45.5
1982	86.7	79.8	53.8
1990	90.8	83.2	54.6
2000	95.1	89.7	61.7
2010	97.1	91.3	63.2

资料来源：历年人口普查。

具体表现为老年人口队列从低龄化向高龄化过渡过程中所表现出的不平衡特征，使人口高龄化与老龄化相伴而生。典型的老年人口动态变化特征是：低龄和中龄老人规模大且不断增加，随着老年人口死亡率的下降以及老年人口队列的不平衡变化，人口高龄化波动发展趋于严重，高龄老人比重逐步攀升，中、低龄老人比重相对降低，实际生活中的老年抚养负担持续加重。在中国目前的人口中，增长速度最快的群体是 80 岁以上的老年人。1990～2001 年，中国 80 岁以上高龄老人从 768 万人增加到了 1300 万人，约占老年总人口的 9.6%，年平均增长速度达 4.7%，明显快于 60 岁以上老年人口的增长速度。

(3) 老龄化地区差异显著、城乡倒置。

由于不同省区市之间、城乡之间社会经济文化发展水平的巨大差异，中国人口老龄化发展也呈现出明显的区域不平衡性。上海的人口年龄结构早在 1979 年就进入了老年型，而青海、宁夏等西部省区 2010 年以后才进入老年型，两者预计相差 30 ~ 50 年。从地域差异上看，可将其分为三大类：第一类是东部沿海地区，2000 年 60 岁以上老年人口比重都超过 12%，包括上海、北京、天津、江苏、浙江等已成为老年型的地区省市。第二类为内陆平原地区，老龄化程度在 8% ~ 12%，居于中等水平，即刚步入老年型行列，包括河北、河南、湖北、湖南、黑龙江、吉林、安徽、甘肃、辽宁、广东、四川、内蒙古等省区。第三类是西北、西南地区，2000 年 60 岁以上老年人口比重均低于 8%，属老龄化的后进地区。中国 31 个省区市进入老年型人口的时间均值为 2005 年，标准差为 9.36 年，先后相差最大值为 36 年。

根据 2010 年全国第六次人口普查数据显示（见表 1 - 2 和图 1 - 2），全国 31 个省区市中，山东老年人口数量最多，其中 60 岁及以上老年人口达到 1413 万人，占省总人口的 14.75%；65 岁及以上老年人口达到 943 万人，占总人口的 9.84%。而位列第二、第三位紧随山东省之后的是四川和江苏。全国各省区市中，人口老龄化程度最高的是重庆，其 60 岁及以上老年人口比例达到 17.42%，高于全国平均水平（13.32%）4 个百分点，65 岁及以上老年人口比例高达 11.72%，高于全国平均水平（8.92%）近 3 个百分点，可见老龄化程度之严重。与此相对的是，全国老年人口数量最少的是西藏，60 岁及以上老年人口占自治区总人口比例为 7.67%，只有 23 万人，而 65 岁及以上老年人口占自治区总人口比例为 5.09%，仅 15 万人。青海和宁夏的 60 岁及以上老年人口分别为 53 万人和 61 万人，所占各省区市总人口比例分别为 9.45%、9.67%；65 岁及以上老年人口分别为 35 万人和 40 万人，所占比例为 6.30%、6.39%。这三个老年人口数量最少的地区均已达到人口老龄化标准。截至 2010 年，全国有 26 个省区市 60 岁及以上人口占当地总人口比例超过了 10%，同时 65 岁及以上人口占当地总人口比例超过了 7%。达到了老年型人口的标准，比 2000 年刚进入老龄化社会，全国仅有 15 个省区市完成了转型时多 11 个，近一倍，而五个省区没有达到老龄化标准，分别为西藏、青海、宁夏、新疆、广东。目前，有十个省区市老龄化程度高于全国平均水平。重庆成为“最老”地区，西藏成为“最年轻”地区。可见，区域差异十分明显。

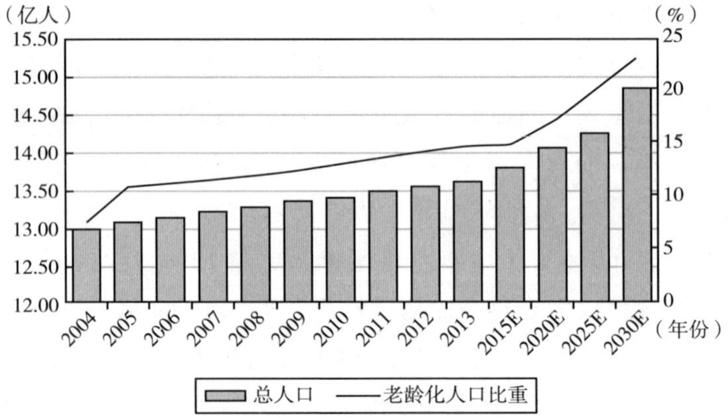

图 1－2　中国总人口及老龄化人口比重及预测情况

资料来源：国家统计局、中国国际金融公司。

我国人口老龄化也具有城乡差异性，并且城乡倒置特征明显，这是我国人口老龄化与西方发达国家之间存在明显差异的另一具体体现（见表 1－3）。根据全国第六次人口普查结果，我国人口老龄化水平在 2010 年是 8.87%，其中，农村、乡镇与城市分别为 8.1%、6.7% 和 6.0%，在人口老龄化水平方面，城镇地区低于农村地区。2006 年的《中国城乡老年人口状况追踪调查》中明确指出，截至 2009 年，60 岁以上的老年人数量已经超过 1.67 亿，其中，农村 60 岁以上的老年人口共计 1.05 亿人，比重为 62.9%，城市 60 岁以上的老年人口共计 0.62 亿人，比重 37.1%。农村老龄化水平是城市水平的 2.3 倍，农村老年抚养比是城市水平的 2.8 倍。上述数据可以推导出结论：我国 60 岁以上的老年人口中，大多数以上都集中在农村地区，呈现出明显的城乡倒置特征。

表 1－3　　2010 年中国分地区人口老龄化状况

地区	数量（万人）		占总人口比例（%）	
	60 岁及以上	65 岁及以上	60 岁及以上	65 岁及以上
重庆	502	338	17.42	11.72
四川	1311	881	16.30	10.95
江苏	1257	856	15.99	10.88
辽宁	675	451	15.43	10.31
上海	347	233	15.07	10.13
安徽	893	608	15.01	10.23

续表

地区	数量（万人）		占总人口比例（%）	
	60 岁及以上	65 岁及以上	60 岁及以上	65 岁及以上
山东	1413	943	14.75	9.84
湖南	956	642	14.54	9.77
湖北	797	520	13.93	9.09
浙江	756	508	13.89	9.34
吉林	363	230	13.21	8.38
广西	604	425	13.12	9.24
黑龙江	499	317	13.03	8.28
天津	168	110	13.02	8.52
河北	934	592	13.00	8.24
陕西	480	318	12.85	8.53
贵州	446	303	12.84	8.71
河南	1197	786	12.73	8.36
北京	246	171	12.54	8.71
甘肃	318	211	12.44	8.23
山西	412	271	11.53	7.58
内蒙古	284	187	11.48	7.56
江西	510	339	11.44	7.60
福建	421	291	11.42	7.89
海南	98	70	11.33	8.07
云南	509	351	11.06	7.63
广东	1015	709	9.73	6.79
宁夏	61	40	9.67	6.39
新疆	211	141	9.66	6.48
青海	53	35	9.45	6.30
西藏	23	15	7.67	5.09
合计	17759	11892	13.32	8.92

（4）经济来源依靠家庭供养为主。

老年人的经济来源对老年人生活及其消费有着极其重要的影响，对我国老年产业的发展具有重要的意义。长期以来，我国养老的主要形式一直是家庭养老，以子女赡养为主要生活来源的老年人家庭在养老的经济负担以及购买力上与以退休金为主要生活来源的家庭相比存在必然的差异。2010 年人口普查结果表明，总体而言，中国老年人最重要的方式就是依靠家庭成员的支持。在中国老年人主要生活来源的排名中，其他家庭成员的提供占第一位，比重是老年人的43.83%；其次是老年人自己的劳动收入，占32.99%；第三是养老金，占19.61%。主要依靠这三种形式的老年人占所有老年人的比例为96.43%。此外，所有其他来源加起来只有老年人口3.57%（见表1-4）。

表1-4　中国老年人主要生活来源构成　单位：%

主要生活来源	2000年			2010年		
	合计	男	女	合计	男	女
合计	100.00	100.00	100.00	100.00	100.00	100.00
劳动收入	32.99	42.74	23.72	34.10	45.52	27.31
退休金	19.61	26.66	12.92	28.35	30.13	18.17
领取基本生活费	1.59	1.54	1.64	1.23	1.21	1.30
家庭其他成员供养	43.83	27.02	59.81	33.19	19.10	49.30
财产性收入	0.18	0.19	0.18	2.53	2.49	2.21
保险	0.03	0.04	0.03	0.04	0.04	0.03
其他	1.76	1.82	1.70	1.56	1.51	1.68

资料来源：国家统计局预测。

我国是一个幅员辽阔的国家，农村人口众多，老年人的财政资源也会受到城乡差异、性别差异和年龄差异的影响。根据2010年人口普查的结果，中国城镇老年人仍然以养老金为主要生活来源，占城镇老年人的比重为58.05%，而农村老年人的主要生计来源是其他家庭成员的支持，占48.92%，城镇的收入来源位于城市和乡村之间，尽管有29.08%的老年人依靠养老金生活，但其他家庭成员的支持比例与农村地区非常相似（46.10%）。就性别差异而言，在城市和农村地区，老年妇女比男子更依赖于儿女和家庭经济援助。城市男性老年人最有能力自给自足，多达70.88%的城市老年人主要靠养老金生活，而对其他家庭成员的经济援助的依赖最少；城镇和农村地区的老年妇女则处于另一端，分别有67.36%和64.24%的老年女性依赖其他家庭成员，他们的经济能力最差，最需要家人的经济支持。在年龄差异上，因为老年人口的年龄段跨度很大，不同年龄的老年人在就业经历、身体状况、教育水平和家庭生活方面存在差异，因此也造成了老年人主要生活来源的差异。

1.2 人口老龄化发展态势国际比较

西方发达国家是最早出现人口衰老的国家，目前发达国家人口老龄化程度也最高。据联合国《世界人口展望》的资料显示，法国在 1851 年成为世界上第一个老龄化国家，其总人口的 10.1% 是 60 岁及以上的人口。从那时起，许多欧洲国家（如瑞典、挪威和英国）也开始老龄化。20 世纪 70 年代以后，老龄化逐渐向亚洲和美洲地区扩散，目前已经成为全球现象。进入 21 世纪，全球老龄化速度加快。

虽然有强大的经济实力作为支撑，人口老龄化引起的问题，如劳动力短缺、劳动生产率下降和养老金负担增加，严重困扰着发达国家的经济增长。因此，21 世纪全世界都将面临“人口老龄化”的重要问题。通过梳理我国与主要发达国家老龄化发展态势的对比，为研究人口老龄化对中国经济增长的影响提供了参考。

1.2.1 人口老龄化起步慢、速度快

中国人口统计学家指出，人口老龄化给中国带来的挑战比发达国家更大。这不仅仅因为来自数量上的巨大压力，还源于速度之迅猛。相对国外，中国进入老龄化虽起步较晚，中国在 2000 年开始进入人口老龄化阶段。而法国早在 1865 年 65 岁及以上老年人口比例就超过了 7%，进入老龄化社会，现在法国的老年人口比例已超过 15%，成为超老年型国家。瑞典是第二个在 19 世纪就进入人口老龄化的国家。1890 年 65 岁以上的老年人口达到总人口的 7%，现在瑞典也进入“超老年型”国家。英国和德国是在 1930 年进入老龄化社会，美国是在 1945 年进入老龄化社会。但中国人口老龄化发展迅速，中国完成从成年型国家到老年型国家的过渡，用的时间只相当于其他发达国家的 1/4，估算其步入老龄社会的重度阶段，速度也会比其他发达国家快很多。如表 1-5 所示，法国和其他国家用半个世纪甚至百年才能达到 7%~14%，而中国却只用 28 年时间，仅次于日本的 24 年。中国人口老龄化速度加快始于 20 世纪 80 年代以后，如表 1-6 所列数据显示，中国 65 岁及以上老年人口从第二次全国人口普

查至第三次全国人口普查期间，以年均0.075个百分点增加，18年共增加1.35个百分点。再看第四次全国人口普查数据和第五次全国人口普查数据，发现65岁以上老年人口的增长速度更加显著，10年间增加1.39个百分点，平均每年增加的比例为0.139个百分点。到2010年，中国第六次人口普查数据与第五次人口普查相比，老年人口占比年均增加0.196个百分点，增速大大超过往年。

表1-5　中国六次人口普查时点的65岁及以上老年人口比例　单位：%

国家	65岁及以上老年人口占总人口比例达到特定值的年份和所需年数					
	达到特定值的年份			所需年数		
	7%	10%	14%	7%~10%	10%~14%	7%~14%
中国	2000	2016	2028	16	12	28
日本	1970	1985	1994	15	9	24
英国	1930	1950	1975	20	25	45
瑞士	1935	1960	1985	25	25	50
美国	1945	1975	2010	30	35	65
法国	1865	1940	1980	75	40	115

资料来源：国家统计局预测。

表1-6　中国六次人口普查时点的65岁及以上老年人口比例　单位：%

年份	1954	1964	1982	1990	2000	2010
全国	4.41	3.56	4.91	5.57	6.96	8.92
老化速度	—	-0.085	0.075	0.0825	0.139	0.196

资料来源：第六次全国人口普查数据整理计算。

在20世纪50年代之前，人们认为死亡率和生育率下降共同导致一个国家或地区人口老龄化。随着稳定人口理论的建立和完善以及人口预测技术的普及，特别是计算机的开发和使用，西方人口学家对生育率、死亡率、移民和人口老龄化做了很多实证研究，普遍认为，生育力下降是人口老龄化的决定性原因，而不是死亡率下降。近年来，中国经济的飞速发展和严格的计划生育政策导致人口生育率长期低于重置水平，导致了我们人口老龄化的异常速度。说明除经济因素之外，政策、文化、社会意识和生活方式等因素对发展中国家生育率起着不容忽视的影响。

中国人口老龄化的特点与发达国家的老龄化进程相比，中国的老龄化人口具有自己的特点：飞速发展的人口老龄化。自20世纪50年代以来，中国在和平的环境中改善了生活水平和医疗保健，特别是自 70 年代以来有效执行人口政策，导致出生率急剧下降，相比国外发达国家，少儿人口比重迅速从 37‰（1950 年）降到 16.3‰（2000 年），中国只花了 50 年。同时，中国的预期寿命从 1930 年的不到 40 岁稳步增长到 2000 年的 71.4 岁，平均预期寿命增长了 30 多岁，结果，老年人口的规模迅速扩大，老年人口的比例迅速增加，反过来，中国的人口老龄化凸显。1980 ~ 2000 年的 20 年间，中国人口从成年型到老年型的年龄结构转变已经基本完成。

1.2.2 人口转变、生育率转变模式不同

基本上可以观察到的是按照布莱克的“五段式”模式，中国的人口正在转变。高位静止（HS）阶段大约包括 20 世纪上半叶和之前的漫长时期，在 1949 年出生率和死亡率均处于高水平，分别为 36.00‰和 20.00‰，人口在高出生和高死亡的典型状态下增长缓慢。1950 ~ 1971 年，除了因 1959 ~ 1961 年的经济危机造成的出生率和死亡率波动之外，形成布莱克模式的初期扩张（EE）阶段的原因是经济飞速发展、医疗技术进步、死亡率逐渐下降，使人口发展从高出生和高死亡变成高出生和低死亡，从而人口增长速度加快。自那时起，可以观察 2000 年便处于布莱克模式的后期扩张（LE）阶段：出生率逐渐下降，人口增长速度趋向缓慢。这些都可以归结于经济的发展、生活水平的提高以及计划生育政策的推行。

然而，在欧美国家的经济发展过程中，中国的人口过渡方式，特别是生育过渡方式，不同于其缓慢的增长方式。从 3‰的变化到 2‰的变化，反映了人口变化的一方面。研究世界各国出生率的临界水平从 30.00‰下降到 20.00‰时的年份，可以看出，法国是第一个实现人口结构转变的国家。后来，瑞士、瑞典、英国、美国、德国和其他发达国家紧随法国的脚步，转变过程花费了 16 ~ 42 年。而在经历了一段时期的下滑之后，中国仅用了 4 年的时间（类似于日本，5 年）就完成了转型，远远落后于发达国家，如西欧和美国。因此，中国人口转型的过程是独特的。这个过程主要是由经济发展和计划生育政策引起的，这使人口结构转变可以在很短的时间内实现。

1.2.3 人口老龄化与经济发展程度不匹配

人口老龄化应该在经济社会发展水平达到一定高度，反映在人口上所出现

的一种现象，是社会进步的标志。发达国家进入人口老龄化社会是在经济发达的情形下出现的，是国家城市化、工业化发展到一定阶段的必然现象。发达国家正在进入一个人均 GDP 超过 5000～10000 美元的老龄化社会。中国进入老龄化社会的原因与发达国家完全不同，它是计划生育政策作用的结果，并在很短的时间内改变了人口结构，而经济没有像老龄化社会那样取得应有的发展。中国步入人口老龄化时代，人均 GDP 只有 1000 美元，社会承受力不堪老龄化的重负。从中国的人类发展指数（联合国用来反映社会发展水平的综合指标）来看，2010 年左右才达到 0.8，而中位年龄已经是 34.5 岁了，这与 20 世纪 90 年代后期的美国的水平大致相等。但是，经济发展水平却相距甚远，中国的经济滞后于美国 100 年左右。而当日本人类发展指数同样为 0.8 时，正处于 1967 年，其步入人口老龄化社会之时，中位年龄达到 28 岁。可以说，中国的经济社会发展水平属于世界的平均水平，处于世界经济发展中游，但是 2010 年全球的中位年龄为 29.1 岁，其水平只能与中国 1999 年的程度大致持平，所以中国是典型的“未富先老”的国家。

2013 年我国老年人口已突破 2 亿人，据专家预测，2033 年将超过 4 亿人，2013～2033 年，老年人口大约以平均每年 1000 万人的速度增加，2050 年上升至 4.83 亿人峰值。那时，它将占据亚洲老年人口总数的 2/5，相当于全球老年人口总数的 1/4，是发达国家老年人口的总和数再加上 1 亿人。届时，80 岁以上高龄老人到 2050 年将从现阶段的 2100 万增加到 1.08 亿人，所占总人口比重也会由 11.4% 跨越至 22.3%。高龄老人中生活不能自理率达 30% 以上，90 岁以上老人的生活不能自理率高达 50% 以上。面对 21 世纪中叶如此大的人口老龄化压力，可估算到时中国的人均国民生产总值也只处于目前中等发达国家的水平。可见，老龄化进程与经济发展不同步的矛盾将是长期的。发达国家的老龄化经历表明，养老支出与老年人口规模、收入水平变化紧密相关，养老保障体系前所未有的挑战是中国人口老龄化、快速发展不符合经济发展阶段的事实，其附带的沉重的经济负担不可小视，中国未来的养老问题不容乐观。

1.2.4 “未富先老”，失能“空巢”老人增长迅速

由于人力、物力、财力、认识和制度等准备不足，养老保障制度缺位严重，养老服务体系发展滞后，养老服务市场供给缺口巨大使我国人口老龄化的出现似乎很突然。据报道，目前中国大约有 38000 个疗养院，床位 120 万张，

意味着与西方国家平均 50～70 张床位来比，我国每 1000 个老年人只有 8.6 张床位比重过于低。据民政部统计，有 940 万老年人失去了自理能力，其中包括城市地区的 194 万人和农村地区的 746 万人，约有 1894 万人部分残疾。政府需要倡导和实现有准备的或者说有保障的老龄化，加大基础养老设施的投资力度，来应对“未富先老”，为未来的老龄化社会减负。

目前，城市和农村空巢老人的比例分别达到 49.7% 和 38.3%。占同年龄组的 29.3%，0～30 岁的独生子女数量达到 1.58 亿人。孤独终老已成为中国人口老龄化的重要特征，一些老年人的老无所依、老难所养正是由于老龄化与少子化、空巢化、残疾化和无偶化结合在一起，而最需要关注关怀关心的弱势群体和奉献群体是其中孩子夭折、配偶离世的孤寡“计划生育老人”。

1.3　中国人口老龄化发展挑战与机遇

进入 21 世纪后，在稳定和低生育率的条件下，人口发展仍将持续长期增长。根据历次人口普查和抽样调查的统计数据，国内外许多学者和机构制订各种计划来预测中国人口的变化趋势，并发表了有关中国人口分析和预测的各种报告。其中最具影响力的是 1985 年的中日联合人口预测和 1991 年的联合国人口预测。根据原国家人口和计划生育委员会研制的中国人口预测软件 CPPS 对中国人口状况的预测，可将 21 世纪中国社会的老龄化发展趋势划分为以下三个阶段：

（1）快速老龄化阶段。从当前的老龄社会到 2020 年，可以称为早期（老龄化）时期。在此期间，人口处于稳定的低生育率水平，由于惯性增长，0～14 岁人口的绝对规模逐渐减小。与此同时，这一时期的老年人口是在 20 世纪 70 年代中国全面实施计划生育之前出生的，而这批在高峰期出生的人开始进入老年时期，因此老年人总人数将逐渐增加，少儿比例将减少，老年人口比例将增加，到 2020 年总人口将达到峰值，老年人口的比重从初期的 10%（60 岁以上）或 7%（65 岁以上）达到 19%（60 岁以上）或 13.6%（65 岁以上）。

（2）加速老龄化阶段。像同前期的老龄化人口一样，2020 年以后的时期也是低生育期。后期的老年人口，由于他们出生于 20 世纪 70 年代后，其出生规模一开始就受到全面推行计划生育工作的影响，老年人口规模和老年人口在总人口中的比例开始急剧提升，并进入持续快速的老龄化阶段。到2034年之前这一阶段，人口老龄化比较明显，60岁以上老年人的比例迅速增加到30%，但总抚养系数仍处于相对稳定的阶段，并逐渐开始增加，直到2034年左右，相关系数处于50%的可接受水平。

（3）重度老龄化阶段。2034～2059年这一阶段，人口老龄化持续发展，老年人口占总人口的比重越来越大，高龄人口占老年人口的比重也在迅速增加。由于高龄组的死亡率比低龄组的死亡率高得多，因此，真正的抚养负担迅速增加，人口老龄化将在2059年左右达到顶峰，其中65岁以上老年人口的比重达32%，总抚养系数提高到72.4%。此时，老年人口比重较高，如果前面两个阶段的生育率依然保持在较低水平，老年人口比重将开始迅速下降，总人口规模也迅速下降，大多数以前的大型人口队列已进入历史，新的人口队列也已开始进入老年。人口老龄化也将基本同时完成转型，进入人口老龄化结构发展的新时期。

目前我国已经进入快速老龄化的阶段，21世纪，中国老年人口的绝对规模及其占总人口的比例都将继续迅速上升，特别是在未来的50年中，中国将经历一个迅速老龄化的过程，老年人口占总人口的比重将由现在的10%左右猛增至30%左右。在快速老龄化的同时，老年人口内部又呈现出不断高龄化的趋势，并且80岁及以上的高龄老年人，无论是绝对规模还是占老年人口的比例都将继续大幅增加。而与此同时，少儿人口的总数及其占总人口的比例都在持续缓慢下降，未来中国人口的抚养负担的增加主要是由于老年人口抚养负担的增加。未来，中国持续快速的老龄化进程将对中国的经济、社会和政治文化构成一系列挑战，并为中国老龄化产业的持续发展提供机遇。

1.3.1 调整优化经济模式，大力推动老龄产业

人口老龄化的发展对经济方面的影响是多方位的，它会涉及经济增长、居民储蓄、居民消费、劳动力供求关系、劳动生产率、人力资本投资、人口流动、产业结构调整等。人口老龄化不可避免地导致劳动年龄人口比重下降，而一定数量和质量的劳动力的稳定供应是经济增长的重要保证。随着中国劳动年龄人口比例的下降和老龄化，劳动力素质下降，生产成本和企业养老负担会增加，最终影响企业的收益，降低经济利润。这样一来，我国在世界制造业中的

竞争优势将不复存在。实际上，2012年我国劳动年龄人口绝对数量第一次出现下降，这也意味着我国人口红利出现拐点。解决这些问题的根本途径是加快产业升级转型，即从劳动密集型产业向资本密集型产业转型，然而目前我国并没有充分做好产业升级的准备。因此，我国将面临以下两个方面的挑战：一方面，较发展中国家而言，我们的竞争优势可能会逐渐丧失，例如，与“金砖”五国之一的印度相比，印度的人口红利比中国高得多，因此将来印度的劳动密集型产业必将对我国的劳动密集型产业产生一定的影响；另一方面，与发达国家相比，由于我们尚未完成产业结构升级转型，故而缺乏竞争的后发优势。

同时，人口老龄化对经济发展起着促进作用，例如，由于生育率下降和人口低增长会导致社会整体就业压力减少，满足老年群体的特殊需求，这也是社会经济发展的一种动力。庞大的老年群体可以构成一个可观的消费市场，老年产业的兴起和发展将为其注入新的活力，并形成新的经济增长点。面对人口老龄化对消费需求的影响，我国可以通过制订合理的老龄产业优惠政策（如税收、投资、信贷、价格和市场营销等方面的优惠）推动老龄产业的发展，积极鼓励企业与老龄产业的合作发展，以此来及时反映老龄消费需求的变化，为老年人口提供更多所需产品，刺激老年人口的消费。在发展的同时，我国应当注意老龄产业的规范化、标准化、产业化，逐步形成老年人口的社会性消费潮流，尽量使进入老龄产业的企业在创造社会效益的同时获取一定的经济效益，同时还需要注意保障老年人消费的权益。

1.3.2 完善社会保障制度，构建全龄宜居社区

人口老龄化是经济发展到一定程度必然会出现的社会现象，是不可回避的社会问题。随着人口老龄化不断加深，劳动年龄人口的比重会相应降低。而此时的社会无论采取何种方式赡养老人，老龄化社会都仍将面临财富的创造过程减速和纯消费过程加快的矛盾。这对矛盾，不仅使老龄人口的医疗保障、社会保障以及其他社会福利遭遇资金短缺的困扰，也会由于社会支持老年人的高投入而降低劳动年龄人口的积极性，影响其的正常工作。与此同时，社会的发展进程也会受到其阻碍。目前，我国农村的绝大部分人口和相当一部分的城市人口并未在养老保险制度的覆盖之下，换而言之，他们只是象征性地加入极低水平的“养老保险”。那么当这部分人步入没有劳动能力、无法进行自给自足的老龄阶段时，他们将生活在贫困之中。由于部分老龄人口属于既无养老金又缺

乏足够家庭支持的类型，此时便需要政府和国家的支持，那么该种情况下的人口的老龄化将会促使我国步入一个经济增速放缓、社会压力上升的时代。

“多代屋”作为德国国家推进的公共服务项目，其目的在于让年轻人和老年人能够打破家庭界限进行聚会，给不同代际的人们创造见面和交流的机会。此项目受惠的不仅是老少两代，更多的是指包括年轻人在内的多个代际。这不仅意味着他们可以在交流中获得育儿技能，也可以参加老年人和年轻人的娱乐活动，而且还可以有效地减轻“上有老、下有小”的沉重负担，从而可以集中精力工作和生活，成为社会的骨干。在这种双赢的模式下，许多老人把“多代屋”里的孩子当作自己的孙子、孙女来对待，孩子们也乐意把老人们当作亲人，实现了中国古语所说的“老吾老以及人之老，幼吾幼以及人之幼”。“多代屋”目前几乎遍及德国的每个城市，它不但在整个养老服务体系建设中发挥不可替代的作用，而且在弘扬互助文化、孝道文化、奉献文化、社区文化与和谐社会文化建设方面均起到重要的作用，并达到预期的理想效果。“多代屋”最后构筑的模式与中国儒家文化暗合，与中华文明相符，且符合中国国情，体现了多代共居的人文需求，是作为全龄宜居社区的必要功能配套，是成为当代中国人口老龄化社会问题解决的一个重要途径。

1.3.3 依托传统文化伦理，建立积极老龄化理念

在传统尊老、敬老、养老文化的浸润下，我国一直沿袭着养儿防老的家庭养老模式。这种模式以“孝道”为伦理根基，老年人的赡养融于传统的家庭格局，体现了自然规律和人类养育与反哺的规律，沉淀成养老敬老的文化传统。这保障了老年人老有所养、老有所乐、长幼有别、其乐融融的家庭养老伦理。2012 年我国重新修订了《老年人权益保障法》，并将“应当经常看望或者问候老年人”写入法律条文中的第二章第十八条。这意味着养老问题已经不仅仅是社会保障问题，也是文化伦理问题。伴随着全球化和信息化的不断深入，多元文化逐渐占据主流地位，知识也不再被长者和老者所独有，经验知识的价值逐渐被科技所取代，以至于深度文化拥有者越来越偏向于年轻化。以往相对封闭的文化知识与多元文化交融产生的文化内涵导致了被稀释的传统养老文化地位下降。转型体系的不断推进，多少影响着传统的养老文化，既有思想观念与意识形态的分离，也有对日常行为礼仪的淡化与改进，这使传统的养老模式在现实与传统的错位中严峻地生存着。

老龄化是人际互动和文化建构的产物。新的老龄化建构不再是传统主流意义上的文化结构，而是更加注重建构自己的意义领域，并产生新的价值、意义及年龄本身的概念的评价标准。积极的老龄化强调积极的生活方式，正如格根夫妇所言：老年阶段“没有必要因为不再年轻而充满着绝望，它可以是美丽的。我们还强调积极地生活并不意味着追求财富、强壮与健康，而是完全地把握自己，甚至对于那些看起来残疾或生病的人也是这样”。格根夫妇认为，传统的文化价值、经济环境及制度化的生活导致了老龄化的黑暗时代，这是一个“消极的老龄化”时代，由于主观上将老年人看作需要被关怀和被照顾的对象，从而忽视了老年人群所具有的能动性、积极性和创造性。积极老龄化导致人类老龄观的两大变革：一是人口老龄化是社会的一项伟大成就，老年型社会是人类社会成熟的象征，社会经济的发展在人口日趋老龄化的过程中也是日新月异，人口老龄化与社会经济的协调发展中可以发现老龄化的社会同样能够实现可持续发展。二是老年人口是社会的宝贵财富，是社会经济发展的资源。老年群体绝不应该成为社会的问题和包袱，他们的经验、智慧和创造力是整个社会的宝贵财富，挖掘老年人潜能是建设未来美好社会的重要组成部分。在《积极老龄化：政策框架》中，世界卫生组织将“积极老龄化”界定为“参与”“健康”和“保障”。如果说“健康老龄化”强调的重点是人在进入老年之后，尽可能长久地保持在生理、心理、智能等方面良好的状态，那么“积极老龄化”是指老年人要积极地面对老年生活，不仅保持身心健康状态，而且作为家庭和社会的重要资源，要融入社会，参与社会发展。

1.3.4 全面放开“二孩”政策，实行精神物质双激励

我国人口政策从最初的“适当地提倡节制生育”到“一对夫妇只生育一个孩子”，从“双方均为独生子女者结婚一律允许生育两个孩子”到 2013 年 11 月启动“一方是独生子女的夫妇可以生育两个孩子”，再到 2015 年 10 月党的十八届五中全会“全面实施一对夫妇可生育两个孩子”的计划生育政策，这种人口政策变化的根本目的是应对我国日益严峻的人口老龄化。

目前，随着城市化进程的加快，我国大中型城市的育龄夫妇普遍面临巨大的经济压力，这会导致人口政策的推行面临困难。伴随着“二孩”的出生，一系列现实压力将随之而来。例如，入托难、入学费用高昂以及夫妇双方因工作繁忙而无力照顾孩子等问题，其中入托难问题在一线城市表现得尤为显著。公

立幼儿园人满为患，私立幼儿园价格高昂，高校附属幼儿园基本上不对社会开放，这些都会降低女性的生育愿望，给生育能力造成负面影响。减轻育龄家庭经济方面的压力是推进“全面两孩”政策的关键所在。为鼓励家庭生育“二孩”，政府可以对自愿生育“二孩”的家庭给予产假延长、税收减免、教育费用补贴等方面的优惠政策。许多地区都有关于支持妇女生育“二孩”方面的法律法规，例如，《江苏省人口与计划生育管理条例》中规定，女职工年满24周岁初次生育、或年满23周岁结婚后怀孕的初次生育为晚育，给予晚育妇女延长产假30天，配偶护理假10天，但很多地方都略显不足。随着“全面二孩”政策的出台，各地的法律法规应进行相应调整，如生育“二孩”的家庭可以继续享有“晚育假”，即生育“二孩”的妇女可多享受30天产假，且配偶享有相应的护理假，同时在养老金发放的政策上，使生育“二孩”家庭与独生子女家庭同样，享有养老金上浮3%～5%的优惠等。因此，为了增强育龄夫妇再生育的诉求，提高社会公众对育龄妇女的保护意识、改善社会抚养环境、增加就业机会、逐步开放户籍政策等措施都可以起到积极作用。

一个国家或地区的人口老龄化对其人口、经济、社会、政治等方面产生重要而广泛的影响，这种影响具有持续性和全面性，既有压力和挑战也蕴含机遇和潜力。因此，老龄化不仅是政府、社会、百姓关注的热点问题，也是关系一个国家（地区）发展的战略问题，正确处理好人口老龄化与经济、社会发展的关系问题，有利于实现人口、经济、社会发展的可持续发展。

第2章 人口老龄化研究理论与方法

中国是一个被人口问题困扰了半个多世纪的发展中国家，对人口老龄化的认识仅仅只有近10余年的时间，相关的理论和实证研究也不足。历史经验告诉我们，只有通过超前深入的理论探索，才可以统筹谋划并预先调整人口、经济和区域等相关政策；即使人口老龄化还未对中国经济产生重大的影响，但不同程度的老龄化表现出不同的特征，也会对社会经济发展产生不同程度的影响，“防患于未然”，以避免造成严重的负面影响。在中国人口老龄化的过程中，可能会有一些问题是以前的理论没有完全覆盖的。因此，迫切需要借鉴国内外相关理论，结合国内实际进行系统深入的研究。

本书以新古典主义、新增长理论和结构主义中的人口理论为基础，从影响经济增长的六个变量，包括消费、储蓄、人力资本、劳动生产率、人力资本和养老制度出发，分别探讨人口老龄化如何通过这五条途径影响我国的经济增长。新古典主义学派在对养老保险制度的研究上比较注重保险制度对收入分配、劳动供给、个人和国民储蓄、资本市场，由于其较少涉及价值观的判断，因此，这种理论方法对于该研究具有相当大的普适性。另外，人口是生产力的构成要素，由于其与劳动供给紧密相连，并且对消费、储蓄和投资等经济活动过程具有十分重要的影响，它可以加速或延缓经济的人口经济学的理论观点和研究成果。

2.1 国内外相关研究文献综述

中国与西方发达国家类似的老龄化阶段相比，具有未富先老、老龄化快速的特征。因此，全面系统地研究老龄化对中国经济社会的影响，已成为当前亟须解决的重大理论问题和现实问题。当前国内外关于人口老龄化研究已取得了全方位进展，积累了许多有价值的成果，丰富了老龄化风险防范和成本分担的理论。从研究动态看，开始从对老龄化社会的一般制度设计、公共养老金财政支付、社会养老模式一般性研究，转向对老龄化风险、养老金成本及支付能力、公共财政的可持续等方面的多样性探讨，从分割的单项性养老保险实证研究转向统筹的社会养老发展关联性理论研究。

2.1.1 人口老龄化正在日益加深

老龄化是一个全球性趋势（United Nations，2009），且老龄化迅速（Charles Yuji Horioka and Wataru Suzuki，2007）。21 世纪我国人口老龄化将历经快速人口老龄化、急速人口老龄化、深度人口老龄化和重度人口老龄化四个阶段，第四阶段老年人口才开始减少，从 4.87 亿减少到 3.83 亿，形成一个稳态的重度人口老龄化平台期。

2014 年底，中国 65 岁以上老人有 1.37 亿人，老年抚养比为 13.7%（国家统计局，2015）；而且中国人口老龄化具有特殊的快速性（原新等，2011），2016～2038 年 65 岁及以上人口比重将从 10% 快速地上升为 21%（United Nations，2009）；到 2051 年，老年人口将达到 4.37 亿，且呈现“顶部老龄化”现象（全国老龄办，2011，2015）。中国老龄化还表现为未富先老（李建民，2006；陆杰华，2007）、未备而老、孤独终老（穆光宗、张团，2011）等方面的特征。老龄化重心先在农村，后将转向城市（杜鹏等，2010），表现为空间分布的不均衡性和地区差异的逐渐扩大趋势（王德文等，2005；陈明华，2014）。巴尼斯特（Banister，2010）认为，计划生育政策和预期寿命延长是中国老龄化加速的两个主要原因，中国需要从教育、医疗、养老、就业、劳动力迁移等多个方面进行改革，以应对人口老龄化对中国经济的冲击。

2.1.2 老龄化风险正在不断积聚

2008 年以来欧洲国家发生的政府债务危机，其主因是较低的经济增长率与高福利的社会养老保险政策之间的矛盾不断发酵，引起公共财政支付能力不足（郑秉文，2011；张士斌等，2011）。国外多数学者认为老龄化将导致劳动人口短缺，用工成本增加，税收提高，劳动生产率和经济增长率下降，市场消费规模降低，以及个人和家庭防范养老风险增加储蓄，进而影响投资（Faruqee and Muhleisen，2002；Mackellar，2004；Schultz，2005；Tejvan Pettinger，2013）。老龄化将使发达国家经济增长从 2007 年的 2.1% 下降到 2050 年的 1%（R. Mink，2008）。

“人口老龄化将给中国经济社会带来前所未有的挑战”。全国老龄办最新发布的《人口老龄化国情教育知识读本》提出，人口老龄化主要表现为三大变化和三大风险。三大变化：一是劳动力供给格局发生重大变化，2011～2050 年我国劳动年龄人口将由 9.40 亿缩减到 7.13 亿，减少 24.2%；二是经济运行成本发生重大变化，预计 2015～2050 年，全社会用于养老、医疗、照料、福利与设施方面的费用占 GDP 的比例，将由 7.33% 增长到 26.24%；三是国内消费需求结构也将发生重大变化，以青壮年为主的消费市场，如房地产、建筑材料、汽车等将逐渐萎缩，而以老年人口为主的消费市场，如医药、服务、旅游等将不断扩张。研究显示，老年消费总额占 GDP 的比重，将从 2011 年的约 5.1% 持续攀升到 2050 年的约 16.4%。三大风险：一是经济增长潜力下降的风险，随着人口机会窗口关闭，劳动力低成本优势逐渐丧失，资本供给量及其投资收益下降，投资拉动型经济增长方式面临考验；二是实体经济与资本经济结构失衡的风险增加，据测算，2011～2050 年，实体经济的国民储蓄率将下降约 13.5 个百分点；三是金融体系不稳定性风险。研究显示，在老龄化高峰时期，养老保险基金支出和商业养老保险给付额的急剧增加，可能对整个金融市场造成较大的冲击。另外，公共财政收入和支出结构也将面临重大变化，需要防范财政赤字风险和债务风险。

2.1.3 老龄化对经济社会发展可能产生的影响

预计中国老年人口抚养比到 2050 年将增至 27.9%（周渭兵，2014；Hu，2015），但老年赡养系数一旦超过 0.33，加上失业率、低收入和提前退休等问题，将导致社会陷入危机（杨燕绥、张芳芳，2012）。老龄化对储蓄、税收、资本积累（杜本峰，2006；胡仕强、许谨良，2011）、社会消费、福利体系、劳动力市场和产业结构等形成冲击（彭希哲、胡湛，2011）。老龄化将导致劳动力供求关系转变，出现劳动力短缺，不利于经济增长（蔡昉、王美艳，2006；Modigliani，2004）。郑秉文（2011）认为政府用于老年人口社会保障的支出将对其他支出产生挤出作用，从而阻碍经济增长（关辰斯，2014），使就业机会减少、退休收入风险增大、家庭养老制度受到冲击（冼青华，2013）。

老龄化使养老金和老年医疗福利财政支出不断扩大。IMF的研究表明美国人口老龄化的长期成本现值为GDP的700%，英国则为GDP的300%（IMF，2009）。老龄化使公共养老金不断增长（OECD，2015），影响着代际公平和政府财政预算平衡（邹铁钉，2015）。目前我国养老金个人账户空账为2.2万亿元（郑秉文，2012；周茂华，2014），养老金债务非常庞大（边恕，2008；宋世斌，2010），社保基金缺口较大（董克用，2000；李扬，2009）。老龄化使老人照顾和医疗支出日益增长（姚远，2009；Tchoe，2010；Patricia Neuman，2015）。而且，老年人医疗卫生资源消费是其他人群的3～5倍（何文炯等，2009；全国老龄委，2010），我国老年人卫生和医疗服务需求也难以满足，医疗资源分配农村远低于城市（郑晓瑛等，2003；邓汉慧、徐彪，2014）。单靠现行的社会保障体系已无法全面解决老年人口的养老与医疗保障问题（张连增，2011）。

2.1.4 关于老龄化成本应对策略

在老龄化背景下，Butler（1983）提出生产性老龄化（PA），使老年人参与商品生产或服务供给的活动；WHO提出积极老龄化（AA），为老年人提供切实的社会保障和参与机会；泰勒（Taylor，2011）提出了建立积极老龄化社会；欧盟（2010）将2012年定为“积极应对老龄化年”。一些发达国家尝试养老金制度改革，即提高退休年龄、控制提前退休、强化预先积累基金，建立长期照料保险制度、鼓励建立包含自愿性养老储蓄的多支柱年金体系等（OECD，2007，2011，2015）。

国内学者认为要积极应对老龄化，应在延长第一次人口红利的同时，充分使用劳动力，提高人力资本和劳动生产率，以获得第二次人口红利（蔡昉，2009）。莫龙（2011）认为缓解未来人口老龄化经济压力必须以经济手段为主、人口手段为辅，逐步放宽现行生育政策。穆光宗、张团（2011）提出了积极的、有备的统筹治理的应对思路。胡鞍钢等（2012）提出了“一揽子”的应对计划。一些学者提出了国家应适时调整退休政策，以积极应对人口老龄化（唐钧，2006；邓大松、王增文，2008；杨燕绥等，2010；杜鹏，2011；李建民，2011；穆怀中、2011；陈友华，2012；国家人社部，2015）。

为应对人口老龄化，政府应当调整养老政策，要重视养老金制度改革与长期经济增长之间的良性互动（胡秋明、阎建军，2011），以国资分红等多种途径做实个人账户（肖严华，2011），建立公平和效率兼顾的程序化基本养老金调整机制（丁建定、郭林，2011）。对养老体系进行市场化改革是应对老龄化的关键手段（陈倩，2010）。在养老方式方面，要建立以个人为责任主体的国家帮助的社会化保障模式（姜向群，2007），实行多层次、多选择的满足不同阶层需要的养老体系（李若建，2007）。张士斌（2011）、郑秉文（2011）、鲁全（2012）等学者以养老金支出为视角，对老龄化成本进行了比较分析，提出了相应的中国应对策略。

当前国内外关于人口老龄化研究已取得了全方位进展，积累了许多有价值的成果，丰富了老龄化风险防范和成本分担的理论。从研究动态看，开始从对老龄化社会的一般制度设计、公共养老金财政支付、社会养老模式一般性研究，转向对老龄化风险、养老金成本及支付能力、公共财政的可持续等方面的多样性探讨，从分割的单项性养老保险实证研究转向统筹的社会养老发展关联性理论研究。

2.2 相关研究理论

在老龄化不断加速背景下，综合运用社会学、人口学、管理学、经济学的理论和方法，确定老龄化成本构成要素，评估不同人口政策下的我国老龄化成本规模以及变动规律，分析不同政策组合下政府、社会、家庭和个人承担老龄化成本的责任与能力；借鉴国外经验，结合中国养老传统和经济社会发展态势，分析现在和将来一段时间内可能产生的老龄化成本对公共财政的影响，提出经济增长与养老保障相适应的、职责明确、协调互补的老龄化成本分担机制、风险防范路径，以保证我国经济社会的长久稳定和持续繁荣，确保老年人体面而有尊严的幸福生活。

2.2.1 可持续社会发展理论基础

（1）新时代中国特色社会主义思想。

以新时代中国特色社会主义思想为指导，坚持以人民为中心，具有人民至上的价值取向；指引建成富强民主文明和谐美丽的社会主义现代化强国，具有现实关照的实践指向；推动构建人类命运共同体，具有面向世界的全球趋向，是马克思主义中国化最新成果，是党和国家必须长期坚持的指导思想。党的十九大报告也指出我国社会主要矛盾已经转化为人民日益增长的美好生活需要和不平衡不充分的发展之间的矛盾，是中国特色社会主义进入新时代的重要依据，是习近平新时代中国特色社会主义思想的重要内容，将对我国实现“两个一百年”奋斗目标的发展进程发挥重大而深远的引领和指导作用。

坚持以人民为中心的发展思想，决定了社会保障必须对人民不断增长的福利诉求适时做出回应并采取相应的行动；坚持共同富裕的发展道路，决定了必须健全社会保障体系并充分发挥其收入再分配功能；坚持在发展中保障和改善民生，将增进民生福祉明确为国家发展的根本目的，决定了社会保障制度必须与时俱进地持续发展、全面发展，因为增进民生福祉的方式虽然可以有多种，但国内外的发展实践表明，社会保障是不断增进人民福祉的基本制度安排，具有无可替代的地位。只有正确认识我国社会主要矛盾的转化，才能更好满足人民群众对美好生活的需要，更好在发展中保障和改善民生，更好在发展中补齐民生短板，为推进解决发展不平衡不充分问题提供一定的理论参考。

（2）可持续发展理论。

可持续发展观点的出现最早能够追溯到1980年，《世界自然保护纲要》文件中首次明确提出了可持续发展的概念。1987年，以挪威首相布伦特兰（Gro Harlem Brundt land，1987）为主席的联合国世界与环境发展委员会（WCED）发表的报告《我们共享的未来》，第一次正式使用了可持续发展这一概念，并将其定义为：“既能满足当代人的需求，又不对后代人满足其需求的能力构成威胁的发展”。1992年6月，在巴西里约热内卢举办的联合国环境与发展大会中，来自178个国家和地区的领导人一致通过了《二十一世纪议程》《气候变化框架公约》等一系列重要的文件，将经济发展和环境保护密切联系在一起，并提出了可持续发展战略，这不仅使可持续发展从理论探索阶段走向实践阶段，开始在全球范围内付诸行动，同时也是可持续发展思想的形成过程里程碑式的重大进展。同年，我国政府也首次将可持续发展战略纳入其编制的《中国二十一世纪人口、环境与发展白皮书》中，自此，可持续发展战略作为一个重要的组成内容被正式纳入我国经济与社会发展的长期规划中。1997年在中共十五大上，可持续发展战略更是被确立为中国在社会主义的现代化建设中必然实施的战略，将可持续发展的内涵范围扩大到了社会、生态和经济三个层面。可持续发展理论以公平性、持续性、共同性为三大基本原则，最终目的是达到共同、协调、公平、高效、多维的发展。

社会保障涉及经济学、社会学、管理学等各个学科，涉及的人口问题与各种资源的关系十分密切，又与经济和社会的可持续发展息息相关。在社会保障理论多元化发展过程中，经济学派分析了社会保障和可持续发展理论之间的关系，认为社会保障的可持续发展对于实现自然、经济、资源与社会的可持续发展具有一定的调节作用。2002 年的《中国百姓蓝皮书》提出新型的社会保障制度要有经济上的可持续性；2005 年暨南大学教授林毓铭在《社会保障可持续发展论纲》中将可持续发展理论运用于社会保障制度研究。养老保险的财务可持续就是说现行的养老金的筹集和发放不仅要满足当代老年人的养老金的支付，也要求能够保证后代人应有的享受相应待遇的权利。因此，可持续发展理论为养老保险的财务可持续提供了一定的理论依据。

2.2.2 生命周期和代际理论基础

(1) 生命周期理论。

生命周期的概念应用很广泛，在心理学上主要是指人的生命周期和家庭的生命周期，是指它的出生、成长过程、衰老、生病和死亡的过程。家庭的生命周期理论开始于 20 世纪 30 年代，最早由希尔和汉森提出，是在综合多个学科的基础上提出来的。家庭生命周期是用来描绘多数家庭从结婚、子女出生到子女独立与终老凋谢的全过程。家庭人数的变化是划分家庭生命周期不同阶段最重要的标志。不同的家庭，其生命周期会出现交集，如自己的家庭处于成长期时，父母的家庭可能已经进入了成熟期。家庭处于生命周期的不同阶段，其资产、负债状况会有很大不同，理财需求和理财重点也将随之出现差异。因此，了解一个家庭正处于怎样的生命周期阶段，对于理财策略的制定具有重要意义。

依据消费者行为理论，1954 年美国经济学家弗朗克·莫迪利安尼和布伦贝格等人提出了生命周期消费理论，该理论建立了消费和储蓄的宏观经济理论。消费者的消费决策不仅考虑当前收入，也考虑未来收入，即消费是取决于现期工作收入和总资产的函数，一个家庭的生活水平和消费支出同它的财产水平之间保持稳定的比率，当各种社会经济等因素使家庭财产状况发生变化时，其生活水平和消费支出就会受到影响，故生命周期理论也被称为持久财产理论。如果将人的一生分为未成年期（主要是指进入工作之前的时期）、工作期和老年期，那么，一般而言工作期的收入会大于消费，人们就会将多余的钱储蓄起来；而退休后没有收入，退休后到生命结束的这段时间都必须依靠工作期间的积蓄。养老保险制度就是通过养老保险费的缴纳与退休金的给付来代替以前的储蓄行为，因此，生命周期消费理论为个人账户的实施提供了理论依据，同时也为研究人口老龄化与居民消费之间的关系奠定了基本的理论基础。

（2）代际交换理论。

进入 20 世纪 90 年代，代际取向的家庭治疗师贝蒂卡特和莫妮卡将家庭生命周期理论融入了新的元素。他们认为家庭生命周期理论这一概念为人们提供一个有用的框架，用来预见家庭都要经历的发展阶段，提供了对于家庭“问题出现在过去的经历，现在试图去处理任务，将来要往哪里去”的视野。这是一种关注家庭能力的更积极的角度，认为家庭在保持稳定性和连续性的同时，能完善并改变其结构。

在我国，家庭代际关系并非只有抚养—赡养一种关系形式。抚养行为发生在父母和未成年子女之间，赡养行为存在于壮年子女与老年父母之间，在成年子女和壮年父母之间还有另一种关系——交换关系。但抚养—赡养关系不能用交换关系去解释，因为它不是严格意义上行为主体之间的交换关系。完整的代际关系既有抚养—赡养关系，又有交换关系，两者具有并存特征。社会发展阶段不同，代际关系的层次和类型也有不同，这就是代际交换模式，也称为代际交换理论。城镇职工基本养老保险的社会统筹账户实际上就是用当代人缴纳的养老保险费来支付已经退休职工的基础养老金，这种代际理论符合我国的实际情况，同时也为我国基本养老保险实施的社会统筹和个人账户相结合的模式提供了很好的理论依据。

2.2.3 供需分配均衡化理论基础

（1）马斯洛需求层次理论。

马斯洛需要层次理论是美国社会心理学家亚伯拉罕·马斯洛于 1943 年提出的，是人本主义科学的理论之一，其不仅是动机理论，同时也是一种人性论和价值论。该理论基本内容是将人的需求从低到高依次分为生理需求、安全需求、爱和归属感、尊重需求和自我价值需求五类，依次由较低需求层次到较高需求层次排列。人类的需求是分层次的，自身的各类需求是人行为的动机，也即内在动力。在人生的不同阶段，诸多需求可能同时存在，但对人的行为起支配作用的需求则有区别，这些需求激励着人追求不同的目标。

我国已进入老龄化阶段，老年人口的增长也伴随着诸多的老年问题。如生理需求，人类维持自身生存“饥、渴、衣、住”等生活方面的基本要求，对于老年人而言，这也是他们最日常的需要，在这些最基本的生活条件得到满足后，才谈得上其他方面的需求，这也即通常所说的“老有所养”；其次，安全需求，老年人由于身体机能的弱化，尤为关注身体的健康状况，这就要求得到充分的医疗保障，在生病时及时得到医疗救助，这就是“老有所医”。还有一些空巢老人和独居老人长期生活孤寂而郁郁寡欢，渴望重新融入社会，找到老年生活的乐趣，获得组织归属感和社会认同感；甚至还有一些老人想通过继续发挥余热，再创人生自我价值，实现“老有所乐”“老有所为”。因此，通过对马斯洛的“需要层次理论”理解，就可以更好地分析出老年人的需求心理，以满足老年人日益增长的多元化、多层次的需求，让他们享受经济社会发展成果和现代高科技成果，是积极应对人口老龄化的必然选择。

（2）公共服务均等化。

公共服务均等化是公共财政的基本目标之一，是指政府要为社会公众提供基本的、在不同阶段具有不同标准的、最终大致均等的公共物品和公共服务。公共服务均等化有助于公平分配，实现公平和效率的统一。当前，我国基本公共服务的非均等化问题比较突出，并由此使地区之间、城乡之间、不同群体之间在基础教育、公共医疗、社会保障等基本公共服务方面的差距逐步拉大，并已成为社会公平、公正的焦点问题之一，实行公共服务均等化在当前具有非同寻常的重大意义。因此，基本公共服务均等化是缩小城乡差距和贫富差距以及地区间不均衡发展的重要途径。

不同的社会群体在享受养老保险、医疗服务、公共设施和公共教育等方面，都会存在很大的差异性。如不同地区由于基本养老保险基金缴纳、收支结余等情况不同，从而导致公众享受的公共服务也不同，例如，广东省地区企业职工养老保险缴费率为14%，相对于我国制度规定20%，政策制度上给予一定的优惠和灵活性，大量优质资源吸引涌入广东，经济高速发展了，基础设施、医疗水平和教育水平各方面公共服务质量也随之提高。但对于经济不发达且偏远地区来说，基础设施不完善，各种基本服务欠缺，劳动力大量不断外流，对于地区的发展是极为不利的，从而更会拉大地区发展差距，不利于社会公平。

基本公共服务均等化的内涵就是“学有所教、劳有所得、病有所医、老有所养、住有所居”，推进各个地区精准扶贫，统筹区域协调发展；完善公共服务均等化机制，加强各个地区政府及相关部门的合作，明晰各个地区政府的公共服务均等化责任，发挥政府合理调度的作用；健全公共财政制度，为公共服务均等化提供保证，并制订严格的监督体系。实现公共服务均等化，对于贫困地区脱贫，地区间协同发展，缩小地区发展差距有重要作用，基本养老保险基金收支结余失衡也会得到缓解，真正让全体社会成员享受平等的待遇，最终达到小康社会，社会和谐。

2.2.4 多元主体责任分担理论基础

（1）公共产品理论。

公共产品理论是新政治经济学的一项基本理论，也是正确处理政府与市场关系、政府职能转变、构建公共财政收支、公共服务市场化的基础理论。最早是由美国经济学家萨缪尔森提出来的，1954 年在《公共支出的纯理论》中明确定义，纯粹的公共产品是这样一种产品，即个人消费这种产品不会减少他人对这种产品的消费，并且具有效用的不可分割性、消费的非竞争性和受益的非排他性三种特征，凡是具备这三种特性的称为纯公共产品，只具备其中一种或两种特性的称为准公共产品或混合产品。准公共产品介于纯公共产品和私人产品之间，兼具两者的特性。

公共产品或公共服务是无法完全依靠市场来提供的，虽然现在随着法制的完善及市场的规范化，政府的很多职能或工作可通过委托购买等方式交由市场来完成，但这些职能或工作的责任主体仍然是政府，不论最终的工作由谁来做，政府所承担的财政责任在任何时候都无可取代。而且，从西方发达国家的社会福利发展历程我们可看到，为公民提供福利是政府的主要责任，不管最终以什么样的形式提供公共产品和公共服务，政府的投资主体角色只会进一步加强。

养老服务的公益性决定了养老服务属于“准公共产品”，养老服务的准公共产品属性决定了养老服务行业是个微利行业。企业不能完全以商业利润最大化作为经营目标，想要借此盈利十分困难。大多数企业不愿意涉足养老服务领域，这也是我国养老服务供给量不足的原因之一。因此，养老服务业的发展绝对离不开政府的支持和推动，除了直接对养老服务领域进行财政拨款外，还要出台相应的税费优惠和投资补偿政策。总之，养老服务业的持续发展是离不开政府的资金支持和政策支撑的。

（2）福利多元主义理论。

福利多元主义理论由英国学者罗斯在《共同目标不同角色：国家对福利结构贡献》一书中明确提出，福利社会是由家庭、市场和国家三个不同的福利提供者组合协调提供的，社会总福利等于这三个部门的福利加总，同时它还具有多元化和分散化两个核心内涵，即福利供给主体的多元化和福利资源配置的非垄断性，因此，也被称为混合福利经济思想或福利多元组合理论。福利多元主义理论起源于简单二元论，经历了福利三分法、福利四分法和福利五边形等发展阶段。实质上，福利多分法中的数字只是一个虚数，代表了福利供给或福利承担主体的N元组合，甚至更多。总之，无论福利供给主体体系的构成怎么细化或整合，各主体之间有效开展协同合作，实现极限性的融通与互惠，以极大增进福利对象的福祉，进而促进经济社会的良性运行和协调发展，方是福利治理的应有之义。

福利多元主义首先肯定了政府在提供社会福利上的重要性，但也强调应当适量减少政府的干预，除了政府外，还应该由社会、市场、家庭等各方面共同承担提供社会福利的责任。福利多元主义强调社会福利提供中的分权和参与，其中，分权是指将原先由政府独揽的提供社会福利的责权下放给地方政府或者转移至社区、社会组织甚至是家庭和个人；参与则是需要更多的主体参与到社会福利的提供中来，融合多元力量从最大程度上保证社会福利体制的顺利运行，促进社会福利制度的发展。因此，也可以说，福利多元主义强调的是社会福利的社会化，为社会福利的多元参与提供了强有力的理论基础。我国经过了一系列的摸索和实践之后，也在20世纪80年代提出了“社会福利社会化”的思路，这也正是我国社会福利政策对于福利多元主义理论的体现。我国在提出“社会福利社会化”之后，集合多方力量大力发展社会福利，以社会共同责任本位为理念基础，以最大限度地满足社会成员的三层社会保障需求为出发点和落脚点，以实现社会保障制度的社会性和全民化为终极奋斗目标，堪为真正意义上的福利治理理论。

（3）新公共管理理论。

所谓新公共管理又称管理主义、以市场为基础的公共行政、企业型政府、后官僚制典范等，该理论注重管理的结果和管理者的个人责任，组织、人事、任期和条件更有灵活性；根据“有效验的三 E”（经济、效率和效能）绩效指标对工作的完成情况进行测量；增强政府工作人员的政治响应性；将掌舵和划桨的职能分开，政府介入并不一定总是指政府通过官僚制手段行事；根本性的变化，是通过民营化和市场检验、签订合同等方式来尽量减少政府职能。新公共管理实践肇始于 20 世纪 70 年代末的西方国家，新西兰、澳大利亚与英国一起被人们视为新公共管理改革最为迅速、全面、系统和激进的国家，特别是新西兰，它因改革的深度、广度、持续时间和成效而被许多西方国家奉为典范。1993 年克林顿上台后大规模进行政府改革，其目的就是坚持以顾客导向、结果控制和简化程序原则，创造一个少花钱多办事的政府，具有明显的新公共管理的特征。

新公共管理理论所强调的民营化包括公共服务提供主体的民营化和公共服务提供方式的民营化。根据新公共管理理论，第三方组织或者私人也可以提供公共产品和公共服务，而并不像传统的公共管理理论一样把公共产品和服务的提供主体仅局限于政府机关或公共企业。这样一来，允许各提供者在提供公共产品和服务方面的竞争，有助于提高公共产品和服务的质量及效率。养老服务是一种准公共产品，它原则上可由政府和市场共同分担。

在目前老龄化的背景下，老年人的公共需求越来越大，如果由政府一手包办养老服务，不仅需要巨大的财政成本，还难以满足如此巨大的需求，效率低下。以机构养老为例，养老机构所能提供的服务有限，所能容纳的老年人也十分有限，缩小到由政府完全经营的公办养老机构，其所能提供的养老服务更是少之又少了。但同时，养老服务的准公共产品的属性又决定养老服务的提供必须由政府来主导，政府在主动提供养老服务的同时，还可通过承包及外包等向第三方或私人购买的形式来提供养老服务，承担起应有的财政责任。

2.3 相关研究方法

本书所采用的主要研究方法有微观与宏观相结合、定性与定量相结合、一般与特殊相结合、归纳与演绎相结合的方法。微观与宏观相结合进行研究时，从个人的储蓄函数出发，根据一个经济的人口总量，加总求出该经济的总储蓄函数，进而得出总储蓄率及与之而构造经济计量模型。定性与定量相结合，就是定性分析，对程度上和数量上的问题给出定量的解决方案，如对中国未来老龄化趋势的预测。一般与特殊相结合，研究世界范围内的养老保险制度的改革，从人口、收入、市场发育等经济社会因素相结合，研究适合中国道路。归纳与演绎相结合，就是对世界各国养老基金的资本市场有普遍性的模式，并根据经济全球化的发展趋势，对养老基金律进行推断和延伸，以此来指导中国老龄化成本的推算基础。从而为各级政府及管理部门制订科学合理的人口及经济发展政策提供一定的参考。

2.3.1 世代交叠模型

（1）基本原理。

由阿莱、萨缪尔森、戴蒙德等人开发的世代交叠模型（Over Lapping Generation Models，OLG 或 OG 模型）基于生命周期假说，即社会的每个成员的寿命都是有限的，并且随着老一辈的去世，新的人口继续进入经济生活，不同世代的人同时生活在一起。在完全竞争的条件下，世代交叠模型从微观角度分析了宏观经济总量的变化。家庭拥有资本并提供劳动力，然后进行消费和储蓄，从而使经济增长理论更加接近现实。同时，年龄差异和由此产生的收入水平差异对人们的消费和储蓄差异有很大影响。世代交叠模型考虑了经济个体的差异，将其分为不同的组进行分析，可以用来准确地分析个人消费和养老金安排等问题。

世代交叠模型假定每个消费者都存在两个阶段：青年阶段和老年阶段。在第一阶段青年时期的，通过劳动获得收入并将其用于消费和储蓄；在第二阶段晚年时期不劳动，依靠第一期的储蓄及所获得的利息进行消费，老年人死后不留财产，也不欠债。实际上，世代交叠模型不同于严格意义上的代表性经济主体模型，因为不同代际之间的人并不完全相同，如面临着不同水平的技术、消费水平和可以实现的效用水平。因此，要对整个经济的福利状况作评价，就必须面对如何权衡各个世代福利的问题。即使经济体系能够达到竞争性均衡，这种均衡仍然可能达不到最佳状态，其根源在于人们一代又一代的交替和延续，给政府提供了增加老年人消费的可能性，而增加老年人消费是市场所不能解决的问题。如果一个人想在老年时期消费更多，那他只能持有更多的资本，即使资本的实际利率很低。政府计划在完全可以让老年人消费不由他们持有的资本和利息来决定，而是用多种方法在青年和老年人消费之间进行调配，包括税收、补贴和转移支付。但是我们仍然可以讨论“帕累托最优”的问题，即是否有可能在不影响任何人的情况下改善其他群体或个体的福利。

（2）基本模型。

世代交叠模型建立在生命周期假说的基础上，即假定每个消费者都生存两期：青年时期和老年时期。在第一期青年时期通过劳动获得收入并用于消费和储蓄，第二时期老年时期不劳动，依靠前期储蓄及所获得进行消费，老年人死后不留财产、也不欠债。其基本假设如图 2－1 所示。

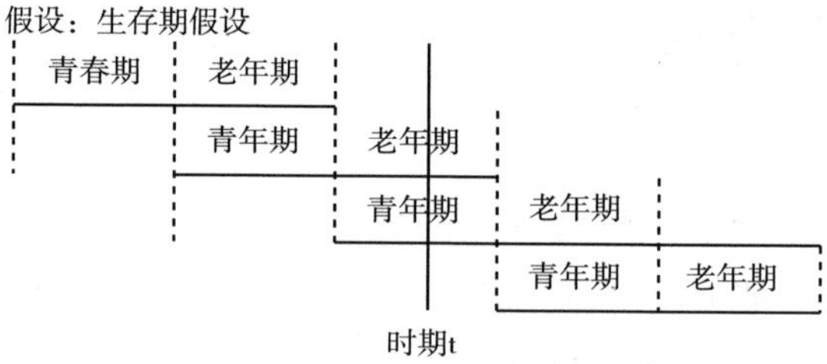

图 2－1　时代交叠模型生存期假设

令 t 时期出生的每个人在第 t 期消费为 C_{1t}，在 t＋1 时期的消费为 $C_{2(t+1)}$，t 时期的储蓄为 S_t，t＋1 时期的利率为 r_{t+1}，则消费者在两个时期的预算约束为：

$$C_{1t} + S_t = W_t \tag{2-1}$$

$$C_{2(t+1)} = (1 + r_{t+1}) S_t \tag{2-2}$$

把式（2－2）代入式（2－1）得到一生的预算约束，即：

$$W_t = \frac{C_{1t} + C_{2(t+1)}}{1 + r_{t+1}} \tag{2-3}$$

因此，消费者在给定的预算约束下，分配两个时期的消费水平和储蓄水平使他在两期获得的效用达到极大（贴现率 $\rho \geqslant 0$）。

$$\text{Max } u(C_{1t}) + (1+\rho)^{-1} u(C_{2(t+1)}) \frac{C_{1t} + C_{2(t+1)}}{1 + r_{t+1}} \tag{2-4}$$

从效应最大化的一阶条件和式（2－3）可以得出 C_{1t} 和 $C_{2(t+1)}$ 与变量 W_t 和 r_{t+1} 相关，关键的表达式是储蓄等式：

$$S_t = S(W_t, r_{t+1}) \tag{2-5}$$

对方程求导，$0 < S'w < 1$，表示储蓄是工资收入的增函数。可能 $S'r \geq 0$，也可能 $S'r \leq 0$，利率对储蓄的影响取决于两个方面：第一，利率上升会增加第一时期消费者的消费成本，因此消费者将在第二时期减少消费并增加储蓄；第二，当利率增加时，消费者收入增加，消费者支出也增加。因此，利率上升对储蓄的影响取决于哪种效应更好，即替代效应的规模和收入效应。

2.3.2 数据包络分析法

（1）基本原理。

数据包络分析（Date Envelopment A－nalysis，DEA）又称效率评价方法，是1978年在“相对效率评估”概念的基础上开发的一种新的系统分析方法，由美国著名运筹学家查尼斯（A. Charnes）和库珀（W. W. Cooper）等学者提出。通过使用线性规划模型，此方法研究具有多个资源输入（特别是具有多个输出的资源）的“生产部门”既具有“规模效益”又具有“技术效率”，并且可以评估决策部门的绩效，从而可以用于评估部门之间的相对有效性。

DEA方法现已广泛应用于各个领域（如医院、学校和政府）的绩效评估中，且DEA模型已在财政、环境和金融等领域获得了快速发展。但是，在社会保障领域的应用仍然比较少。从资源稀缺的角度来看，我们必须对社会基本养老保险资源的投入和产出进行DEA评估，这不仅仅是一个简单的再分配问题，更重要的是这也关系到民生。数据包络分析方法可以分析养老保险资源的投入产出效率，而我们评估核心目的是使中国的基本养老保险体系具有更系统的可持续性发展。从宏观的角度来看，运用DEA方法评估养老保险资源投入和产出的效率，在与精算模型结合的基础上，可以预测中国养老保险资源需求水平和上限，从而既可以表明需要改进政策和结构调整的方向，又可以分析是否可以在较大范围内做到养老保险资源供需平衡，进一步完善我国养老保险体系的评价指标体系，以使养老保险制度具有可持续的资金来源。从微观个体的角度出发，更有必要对养老保险资源的投入和产出进行DEA分析。通过DEA评估，分析了每个评估对象的相对收入状况，从而最大限度地提高了养老保险参保者的个人收入和效用。只有这样，我们才能确保参加养老保险的个人、政府和养老保险资源之间的协调。从长远来看，我们可以使系统更可持续地运行。

（2）基本模型。

DEA 模型非常适合多输出—多输入的有效性综合评价问题，无须对数据进行量纲化处理，在处理这类问题具有绝对优势。它的基本流程如图 2－2 所示。

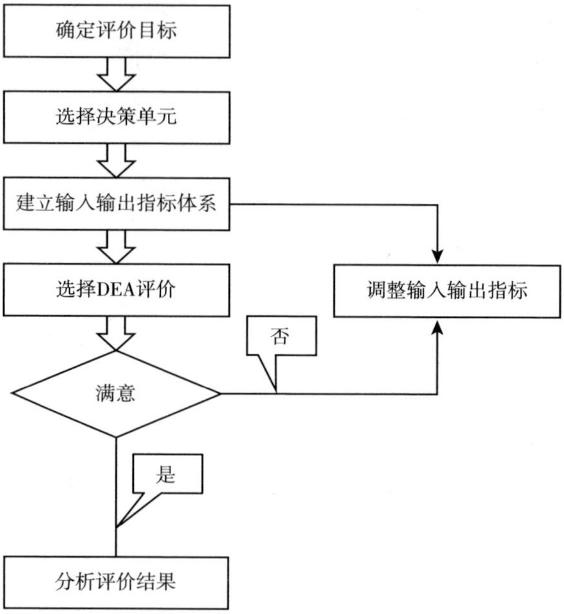

图 2－2　DEA 模型基本流程

本部分主要先介绍一下 C^2R 模型，DEA 方法中最基本的模型。假设有 n 个决策单元（j＝1，2，…，n），每个决策单元有相同的 m 种输入（投入），输入向量为：

$$X_j = (X_{1j,} X_{2j,} \cdots, X_{mj})^T > 0, j = 1, 2, \cdots, n \qquad (2-6)$$

每个决策单元有相同的 s 种输出（产出），输出向量为：

$$Y_j = (Y_{1j}, Y_{2j}, \cdots, Y_{mj})^T > 0, j = 1, 2, \cdots, n \qquad (2-7)$$

即每个决策单元有 m 种类型的"输入"及 s 种类型的"输出"。

X_{ij}表示第 j 个决策单元对第 i 种类型输入的投入总量；

Y_{ij}表示第 j 个决策单元对第 i 种类型输出的产出总量。

为了对所有输入和所有输出进行综合统一，我们需要对每个输入和输出进行赋权，使其成为仅包含一个投入和一个产出的简单生产过程。那么，假设输入和输出的权向量分别为：

$$V = (v_1, v_2, \cdots, v_m)^T \qquad (2-8)$$

$$U=(u_1,u_2,\cdots,u_s)^T \tag{2-9}$$

v_i为第 i 类型输入的权重，

u_r为第 r 类型输出的权重。

那么，对于每一个决策单元 DMU_j相应的效率评价指数：

$$h_j=\frac{u^Ty_i}{v^Tx_j}=\frac{\sum_{r=1}^{s}u_ry_{rj}}{\sum_{i=1}^{m}v_ix_{ij}} \tag{2-10}$$

根据历史资料或数据预测得到模型中 x_{ij}、y_{ij}为已知数，那么如何确定一组最佳的权向量 v 和 u，使第 j 个决策单元的效率值 h_j最大这是关键。一般来说，效率评价值越大表示该决策单元能够用相对较少的输入而取得相对较多的输出。

我们限定所有 h_j值（j=1，2，…，n）不超过 1，即 max $h_j\leqslant 1$；这意味着如果第 k 个决策单元 $h_k=1$，则该决策单元相对于其他决策单元来说具有最高的生产率，或者系统是相对有效的。如果 $h_k<1$，那么该决策单元相对于其他决策单元来说，生产必须改进，系统还不是最有效的。

根据上述分析，第 j_0个决策单元的相对效率优化评价模型为：

$$\max h_{j_0}=\frac{\sum_{r=1}^{s}u_ry_{rj_0}}{\sum_{i=1}^{m}v_ix_{ij_0}}$$

$$\text{s.t.}\begin{cases}\dfrac{\sum_{r=1}^{s}u_ry_{rj}}{\sum_{i=1}^{m}v_ix_{ij}}\leqslant 1,j=1,2,\cdots,n\\ v=(v_1,v_2,\cdots,v_m)^T\geqslant 0\\ u=(u_1,u_2,\cdots,u_s)^T\geqslant 0\end{cases} \tag{2-11}$$

上述规划模型是一个分式规划，必须将其化为线性规划模型才能求解，为此令：

$$t=\frac{1}{\sum_{i=1}^{m}v_ix_{ij0}},\mu_r=tu_r,w_i=tv_i \tag{2-12}$$

将其转化模型为：

$$\max h_{j_0}=\sum_{r=1}^{s}\mu_r y_{rj_0}$$

$$\text{s. t.}\begin{cases}\sum_{r=1}^{s}\mu_r y_{rj}-\sum_{i=1}^{m}w_i x_{ij}\leqslant 0,j=1,2,\cdots,n\\ \sum_{i=1}^{m}w_i x_{ij_0}=1\\ \mu_i w_i\geqslant 0,i=1,2,\cdots,m,r=1,2,\cdots,s\end{cases}\tag{2-13}$$

用向量形式表示为：

$$\max h_{j_0}=\mu^T Y_0$$

$$\text{s. t.}\begin{cases}\mu^T Y_J-w^T X_j\leqslant 0\\ w^T X_0=1,\ j=1,\ 2,\ \cdots,\ n\\ w\geqslant 0\mu\geqslant 0\end{cases}\tag{2-14}$$

线性规划中一个重要的有效理论就是对偶理论，通过建立对偶模型更易于从理论及经济意义上作深入分析，其对偶问题为：

$$\min\theta$$

$$\text{s. t.}\begin{cases}\sum_{j=1}^{n}\lambda_j x_j\leqslant\theta x_0\\ \sum_{j=1}^{n}\lambda_j y_j\geqslant y_0\\ \lambda_j\geqslant 0,j=1,2,\cdots,n\\ \theta\text{ 无约束}\end{cases}\tag{2-15}$$

进一步引入松弛变量 s + 和剩余变量 s -，将前面的不等式约束化成等式约束：

$$\min\theta$$

$$\text{s. t.}\begin{cases}\sum_{j=1}^{n}\lambda_j x_j+s^{+}=\theta x_0\\ \sum_{j=1}^{n}\lambda_j y_j-s^{-}=y_0\\ \lambda_j\geqslant 0,j=1,2,\cdots,n\\ \theta\text{ 无约束}s^{+}\geqslant 0,s^{-}\geqslant 0\end{cases}\tag{2-16}$$

设前述问题的最优解为 λ^*，s^{*-}，θ^*，则有以下结论与经济含义：

第一，若 $\theta^* = 1$，且 $s^{*+} = 0$，$s^{*-} = 0$，则决策单元 DMU_{j0} 为 DEA 有效，其经济活动同时为技术有效和规模有效。

第二，若 $\theta^* = 1$，但至少某个输入或者输出松弛变量大于零，则决策单元 DMU_{j0} 为弱 DEA 有效，其经济活动不是同时技术有效和规模有效。

第三，若 $\theta^* < 1$，决策单元 DMU_{j0} 不是 DEA 有效，其经济活动既不是技术效率最佳，也不是规模效率最佳。

另外，我们还可以用 C^2R 模型中 λ_j 的最优值来判别 DMU 的规模收益情况：

第一，若存在 λ_j^* $(j = 1, 2, \cdots, n)$，使 $\sum \lambda_j^* = 1$ 成立，则 DMU_{j0} 为规模效益不变；

第二，若不存在 λ_j^* $(j = 1, 2, \cdots, n)$，使 $\sum \lambda_j^* = 1$ 成立，则若 $\sum \lambda_j^* < 1$，那么 DMU_{j0} 为规模效益递增；

第三，若不存在 λ_j^* $(j = 1, 2, \cdots, n)$，使 $\sum \lambda_j^* = 1$ 成立，则若 $\sum \lambda_j^* > 1$，那么 DMU_{j0} 为规模效益递减。

如果经济活动是技术有效，则输出相对输入而言已达最大，即该决策单元位于生产函数的曲线上。如果经济活动是规模有效，则投入量既不偏大也不过小，是介于规模收入收益由递增到递减之间的状态，即处于规模收益不变的状态。从图 2-3 可以看出，如果用 DEA 模型来判断，DMU1、DMU2 和 DMU3 都处于技术有效状态，但 DMU1、DMU3 均不为规模有效，两者分别处于规模收益递增状态和递减状态；只有 DMU2 才是规模有效的，DMU2 对应的最优值 $\theta^0 = 1$，DEA 有效性。所以运用 C^2R 模型来判断 DEA 有效，其经济活动既要是"技术有效"又是"规模有效"。

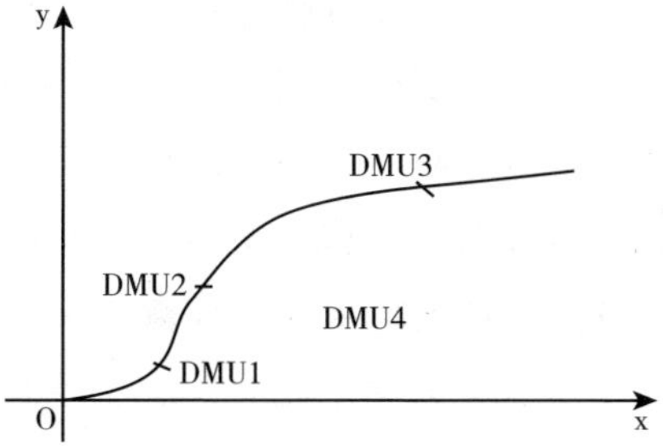

图 2-3 生产函数

2.3.3 双重差分法

（1）基本原理。

双重差分法（Difference - in - Differences，DID）又称倍差法，是估计处理效应中最广泛使用的计量方法，也是国内目前评估政策效果最广泛的研究工具。该方法的思想最初是由医学家约翰·斯诺（John Snow）在 1855 年对伦敦霍乱疫情的研究中提出的，并在 1915 年由奥本瑙尔（Obenauer）和冯·德·纽伯格（von der Nienburg）引入经济学以研究最小工资法的影响效应。为了估计治疗效果，比较治疗后与治疗前的差异，并从对照组前后的变化中减去治疗组前后的变化，即治疗效果。因此，它被称为“双重差异”。

DID 模型应用时满足的前提假设，即处理组与控制组在未受到处理前必须具有相同的变化趋势，称为“平行趋势”或“共同趋势”假设。如果检验发现满足共同趋势假设，则可以直接采用 DID 方法；如果检验发现不满足共同趋势假设，需要使用基于倾向得分匹配法的双重差分法（PSM - DID）。PSM - DID 的基本思想是：在总的控制组中使用 PSM 方法构造出一个与处理组具有共同趋势的控制组，即在总的控制组中选择与处理组具有相同或相似倾向得分值的样本，作为处理组的实际使用的控制组，使处理组与控制组满足共同趋势假设。

一项政策的实施过程等效于“自然实验”，其中受该政策影响的受众和不受该政策影响的受众是“实验组”和“对照组”。但是，由于政策实施的对象是广大群众，其过程不同于传统的科学研究，无法控制政策影响的“实验群体”和不受政策影响的“实验群体”的样本选择是完全随机。因此，有必要使用双重差分法来尽可能减轻使用单向比较法引起的评估偏差。与传统评估政策效应的方法相比，DID 模型设置更加科学、简便，容易理解和运用，并且可以准确地估计出政策效应。同时，可以通过控制不可观察的固定效应，控制某些内源性问题。近年来，DID 模型在国内被重视。本书使用的 DID 模型，简单来说就是用城乡居民基本医保一体化实施后各地区居民医疗负担的差异与城乡居民基本医保统一之前和之后各地区居民医疗负担的变动的差值来比较和衡量该政策的实施效果。

双重差分法可以控制不可观察的固定效应，从而控制一部分内生性问题。具体思路：一项政策的实施过程相当于进行了一次“自然实验”（natural trial），受政策影响的受众和未受政策影响的受众则为该次自然实验中的“实验组”和“对照组”。但因为政策实施的受众是广大群众，其过程不同于常规的科研性研究，无法控制政策影响的“实验组”与未受政策影响的“实验组”样本选择是完全随机的。因此，需要使用双重差分法来尽可能减轻使用单向的比较法评价政策时所带来的评价偏差。

其原理简单表达如下：假定参与一体化个人和未参与一体化个人作为划定的对比组，研究思路是利用实验组（参与一体化）在一体化前后个人医疗支出变化，减去参照组（未参加一体化）在同时期医疗负担的变化，来识别一体化带来的影响。考虑以下模型：

$$L_{it} = \alpha_t + \rho_{did} M + e_{it} \quad (2-17)$$

其中，L_{it}反映了个体 i（i = 0 为未参与一体化医保的个人，i = 1 为参与一体化医保的个人）在时期 t 医疗负担的情况，α_t 控制了时间固定效应，M 代表个人在 t 时期参与了医保一体化的虚拟变量。X_{it}是一系列可能影响个人医疗支出指标特征，e 代表残差。利用表 2 – 1 可以证明 ρ_{did}正好等于（L_{11} – L_{10}）–（L_{01} – L_{00}）。

式（2 – 17）如果不引入控制变量，则退化为

$$L_{it} = \alpha_t + \rho_{did} M + e_{it} \quad (2-18)$$

表 2 – 1　　　　DID 法估计系数的解释

	一体化前时期	一体化后时期
参与一体化	$L_E \quad \alpha \mid \beta$	$L_H \quad \alpha \mid \beta_1$
未参与一体化	$L_\theta \quad \alpha_A \quad \beta_\rho$	$L_d \quad \alpha_1 \quad \beta \mid \rho_{did}$

这样，影响医疗负担的共同冲击就被消除，可以得到对 ρ_{did} 的一致估计。这种差分滞后再回归的有利因素是能够排除其他影响因素的干扰，而单独提炼出由于 M 造成的对于 L 的冲击。马超等（2016）利用 Charls 2008 ~ 2012 年两期数据，采用双重差分 DID 方法对城乡医保一体化制度的政策效果进行了实证分析。但这个研究的数据由于时间跨度较大，其两个样本组自身的变化不能满足期初两组基本一致的强假设（所谓期初是指未发生一体化之前，而 4 年时间对于中国不同地区的变化差异极大）。因此，如作者所认识到的：“考虑到医保一体化制度本身就很可能是由其他城乡一体化进程中的经济政策导致，这些经济政策就会影响固定效应模型中个体不可观测变量不随时变的假设，同时也影响 DID 模型共同趋势的假设。因此，实证研究很难将医保一体化政策影响彻底干净地剥离出来，这也是本研究的一个不足之处。”

（2）基本模型。

双重差分法的基本思想就是通过对政策实施前后对照组和处理组之间差异的比较构造出反映政策效果的双重差分统计量，其基本的 DID 模型设置如下：

$$Y_{it} = a_0 + a_1 du + a_2 dt + a_3 du \cdot dt + \varepsilon_{it} \quad (2-19)$$

其中，du 为分组虚拟变量，若个体 i 受政策实施的影响，则个体 i 属于处理组，对应的 du 取值为 1，若个体 i 不受政策实施的影响，则个体 i 属于对照组，对应的 du 取值为 0。dt 为政策实施虚拟变量，政策实施之前 dt 取值为 0，政策实施之后 dt 取值为 1。du · dt 为分组虚拟变量与政策实施虚拟变量的交互项，其系数就反映了政策实施的净效应。

从 DID 的模型设置来看，要想使用 DID 必须满足以下两个关键条件：一是必须存在一个具有试点性质的政策冲击，这样才能找到处理组和对照组，那种一次性全铺开的政策并不适用于 DID 分析；二是必须具有一个相应的至少两年（政策实施前后各一年）的面板数据集。更进一步地，DID 设计的思想与表 2-2 中要表达的内容也可以通过图 2-4 来体现。

表 2-2　使用模型和表格来呈现 DID 设计

	政策实施前	政策实施后	差异
处理组	$a_0 + a_1$	$a_0 + a_1 + a_2 + a_3$	$a_2 + a_3$
对照组	a_0	$a_0 + a_2$	a_2
差异	a_1	$a_1 + a_3$	a_3

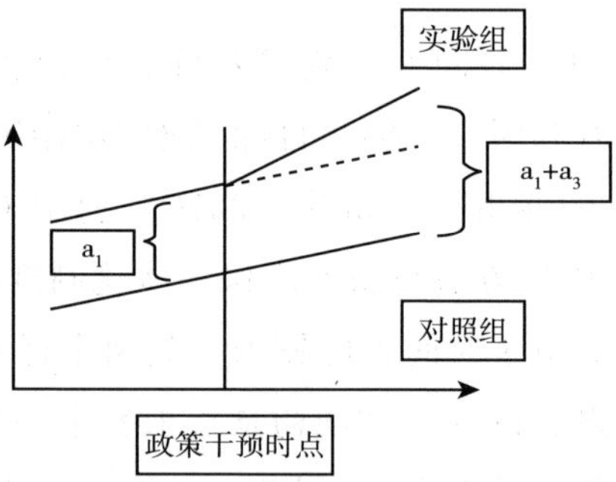

图 2-4　政策实施前后对照组和处理组的发展趋势

本书在评估城乡居民基本医保一体政策效果时，采用了倍差法的 DID 模型。基本思路是假定参与一体化个人和未参与一体化个人作为划定的对比组，利用实验组（参与一体化）在一体化前后个人医疗支出变化，减去参照组（未参加一体化）在同时期医疗负担的变化，来识别一体化带来的影响。简单来说，就是用城乡居民基本医保一体化实施后各地区居民医疗负担的差异与城乡居民基本医保统一之前和之后各地区居民医疗负担的变动的差值，来比较和衡量该政策的实施效果。

2.3.4 索洛经济增长模型

索洛经济增长模型是罗伯特·索洛所提出的发展经济学中著名的模型，又称作新古典经济增长模型、外生经济增长模型，是在新古典经济学框架内的经济增长模型。正当 1987 年世界股票市场暴跌之时，瑞典皇家科学院宣布该年度诺贝尔经济学奖授于一直与里根政府的经济政策唱反调，主张政府必须有效地干预市场经济的美国麻省理工学院教授罗伯特·索洛（Robert Solow）。许多经济学界人士认为，纽约股票市场的这场大动荡，恰恰证实了索洛坚持的理论，使他的经济增长理论成为当今世界热门研究课题之一（见图 2－5 至图 2－7）。

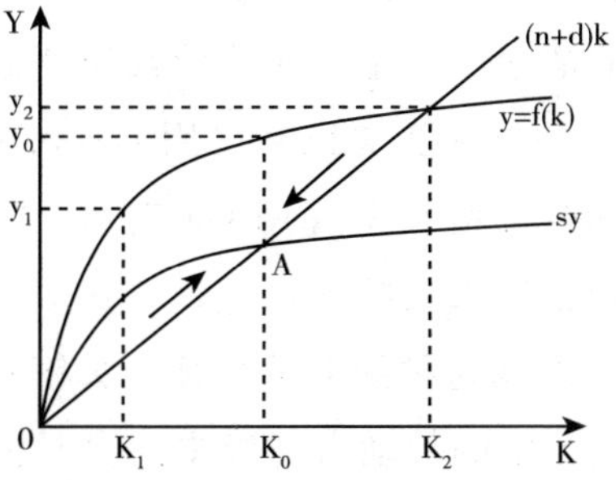

图 2－5 索洛基本模型

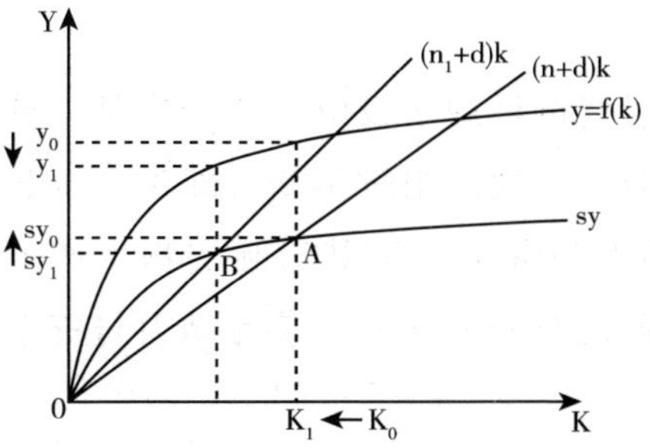

图 2－6 索洛模型变量

注：外生变量：储蓄率、人口增长率、技术进步率；内生变量：投资。

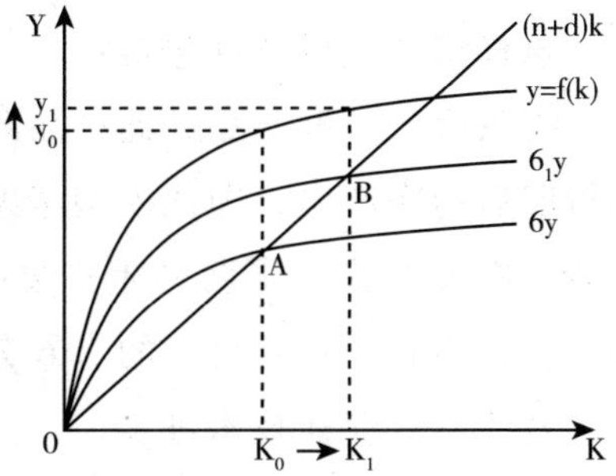

图 2－7 索洛模型变量

注：外生变量：储蓄率、人口增长率、技术进步率；内生变量：投资。

（1）索洛模型的数学公式。

$$Y = A \times F(K,L) = K^{\alpha} \times (AL)^{1-\alpha} \tag{2-20}$$

$$\frac{Y}{L} = \left(\frac{K}{L}\right)^{\alpha} \Leftrightarrow y = k^{\alpha} = f(k) \tag{2-21}$$

$$s \times f(K) = (\delta + n + g) \times K \Leftrightarrow s \times f(K) - (\delta + n + g) \times K = 0 \tag{2-22}$$

其中，K——资本；L——劳动；A——技术发展水平；I——毛投资；S——储蓄；k——有效劳动投入之上的资本密度；s——边际储蓄率；n——人口增长率；g——技术进步率；δ——资本增长率；y——有效劳动投入之上的人均国内生产总值。

（2）索洛模型的基本假定。

索洛在构建他的经济增长模型时，既汲取了哈罗德—多马经济增长模型的优点，又摒弃了后者的那些令人疑惑的假设条件。

索洛认为，哈罗德—多马模型只不过是一种长期经济体系中的“刀刃平衡”，其中，储蓄率、资本—产出比率和劳动力增长率是主要参数。这些参数值若稍有偏离，其结果不是增加失业，就是导致长期通货膨胀。用哈罗德的话来说，这种“刀刃平衡”是以保证增长率（用 Gw 表示，它取决于家庭和企业的储蓄与投资的习惯）和自然增长率（用 Gn 表示，在技术不变的情况下，它取决于劳动力的增加）的相等来支撑的。

索洛指出，Gw 和 Gn 之间这种脆弱的平衡，关键在于哈罗德—多马模型的劳动力不能取代资本，生产中的劳动力与资本比例是固定的假设。倘若放弃这种假设，Gw 和 Gn 之间的“刀刃平衡”也就随之消失。基于这一思路，索洛建立了一种没有固定生产比例假设的长期增长模型。

该模型的假设条件包括：

①只生产一种产品，此产品既可用于消费也可用于投资。②产出是一种资本折旧后的净产出，即该模型考虑资本折旧。③规模报酬不变，即生产函数是一阶齐次关系式。④两种生产要素（劳动力和资本）按其边际实物生产力付酬。⑤价格和工资是可变的。⑥劳动力永远是充分就业的。⑦劳动力与资本可相互替代。⑧存在技术进步。

在这些条件下，索洛建立的模型向人们显示出：在技术系数可变的情况下，人均资本量具有随时间推移而向均衡状态的人均资本量自行调整的倾向（图 2-5，k_1 与 k_2 逐渐趋向 k_o），即，当人均资本量大于其均衡状态时

(k_2)，人均资本量会有逐渐减小的趋势，即资本的增加就会比劳动力的增加慢得多；反之亦然。索洛是人均资本量入手集中分析均衡（即稳定状态）增长路径的。

(3) 索洛模型的基本框架。

索洛把经济中的全部产出看成仅仅是一种产品的产出。其每年生产量用 Y(t) 表示，代表社会的实际收入，其中一部分被消费掉，其余部分用于储蓄和投资。用于储蓄的占总产品比例 s 固定不变，即储蓄量为 sY(t)。K(t) 是资本存量。这种资本存量的增加量就是净投资，即 dk/dt 或 $\dot{K}$。因此，索洛模型的基本方程式可以写成：

$$\dot{K} = sY \qquad (2-23)$$

因产出是用资本和劳动力生产的，技术能力可用生产函数来反映：

$$Y = F(K,\ L) \qquad (2-24)$$

且该函数满足假设规模报酬不变。

把式（2-24）代入式（2-23），有：

$$\dot{K} = sF(K,L) \qquad (2-25)$$

由于人口的增长是外生变量，劳动力以一个不变增长率 n 增加。因此有：

$$L(t) = L_{oe}^{nt} \qquad (2-26)$$

索洛把 n 看成是在没有技术进步情况下哈罗德的自然增长率（Gn），把 L(t) 看成是在 t 时期可利用的劳动力供给。式（2-26）的右边表明劳动力从 0 期到 t 期的综合增长率。我们还可以把式（2-26）看作是劳动力的供给曲线，“它说的是以指数增长的劳动力完全无弹性地得到就业。劳动力供给曲线是一条纵向线，它随着劳动力按式（2-26）的增长而向右移动。于是，调整实际工资率以使全部可利用的劳动力得到雇用，而边际生产力等式决定着这种实际上得到控制的工资率”。

把式（2-26）代入式（2-25），索洛给出下列基本方程式：

$$K = sF(K,L_{oe}^{nt}) \qquad (2-27)$$

他把这个方程式作为在全部可利用的劳动力得到充分利用的情况下决定必须遵循的资本积累的时间轨迹方程式。资本存量和劳动力的时间轨迹一经确知，相应的实际产出的时间轨迹就可根据生产函数计算出来。实际工资率的时间轨迹可用边际生产力等式确定，即：

$$\omega = \frac{\partial F(K,L)}{\partial L} \tag{2-28}$$

索洛把经济增长过程概括为："在任何时候，可利用的劳动力供给都由等式（2-26）给定，而且可利用的资本存量也是一个已知数。既然生产要素的实际报酬可调整而使劳动力和资本得以充分利用，我们就能利用生产函数等式（2-24）求出当期产出量。于是，储蓄倾向告诉我们多少净产出将用于储蓄和投资，从而我们得知当期的资本净积累，再加之已积累的存货，这就为下一期提供了可利用的资本。"

①可能的增长类型。

方程式（2-27）有助于研究资本—劳动力比率（K/L）的行为。为此，索洛引入了一个新的变量 r，用来代表资本—劳动力比率，即人均资本量。因此，$r = \frac{K}{L}$或 $K = rL$。把方程式（2-26）代入该表达式中，得到：

$$K = rL_{oe}^{nt} \tag{2-29}$$

把方程式（2-29）对时间微分，得到资本存量变化率的方程式：

$$\frac{dK}{dt} = L_{oe}^{nt}\frac{d}{dt}r + r\frac{d}{dt}L_{oe}^{nt} \tag{2-30}$$

$$\dot{K} = \dot{r}L_{oe}^{nt} + nrL_{oe}^{nt} = (\dot{r} + nr)L_{oe}^{nt} \tag{2-31}$$

把方程式（2-27）代入方程式（2-31）中，得到：

$$(\dot{r} + nr)L_{oe}^{nt} = sF(K, L_{oe}^{nt}) \tag{2-32}$$

方程式（2-32）表明了，在假定劳动力是充分就业的且每一时期的储蓄是充分就业产出的一个比例 s 情况下，资本是如何持续增长的。

规模收益不变的假定，意味着生产函数是一阶齐次函数。用 L_{oe}^{nt} 来除以方程式（2-32），得到：

$$(\dot{r} + nr) = sF\left(\frac{K}{L_{oe}^{nt}}, 1\right) \tag{2-33}$$

方程式（2-33）的两边同时减去 nr，得到：

$$\dot{r} = sF\left(\frac{K}{L_{oe}^{nt}}, 1\right) - nr \tag{2-34}$$

最后，把资本—劳动比率$\frac{K}{L_{oe}^{nt}}$写成 r，得到索洛的基本方程式：

$$\dot{r} = sF(r, 1) - nr \tag{2-35}$$

其中，r——人均资本存量（K/L）；n——劳动力增长率（$\dot{L}/L$）；F(r, 1)——人均产出函数或人均收入函数 sF(r,1)——指人均产出中用于储蓄或投资的产品量。方程式（2-35）表明，实际用于储蓄的产品量［sF(r, 1) 与均衡状态所需要达到的产品量 nr 之间的差距，该方程式可以用来找到一条总能达到稳定状态且与劳动力增长率相一致的资本积累路径。

以基本方程式（2-35）为基础，索洛用图示说明了可能的增长类型（见图 2-8）。

在图 2-8 中，横轴为人均资本量 r，纵轴为人均产出量 y，（y = Y/L），通过原点的直线是函数 nr，另一条曲线为 y = sF(r, 1)。

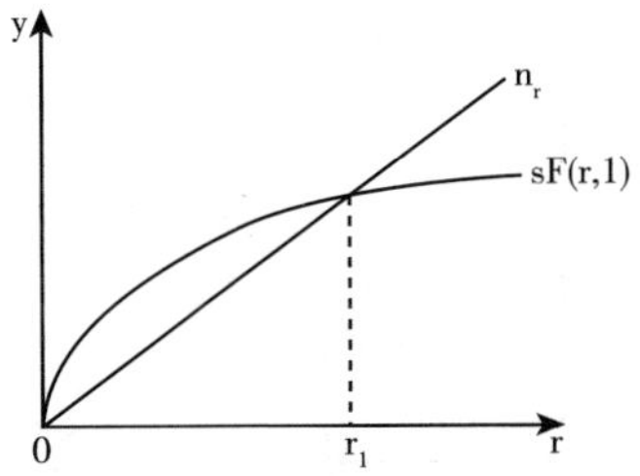

图 2-8　可能的增长类型

代表函数 sF(r, 1) 这样画出来的图示反映出资本的边际生产力递减。这两条曲线在 nr = sF(r, 1)，即 $\dot{r}=0$ 处相交，此时横坐标为 r′，当 $\dot{r}=0$ 时，人均资本量不变，而且人均资本量增长率与劳动力增长率相等且同为 n。资本—劳动力的比率 r′一旦确定就不变了，资本和劳动力按该比例增加。倘若规模报酬不变，实际产出也会以相同的相对比率（n）增加，而且每个劳动力的产出将不变。

如果 r′与实际 r 不一致，资本—劳动力比率情况将如何？若 r > r′，则 nr > sF(r, 1)，r 将降低以接近于 r′；相反，若 r < r′，nr < sF(r, 1)，r 将提高以接近于 r′。因此，均衡值 r′是稳定的。“不管人均资本量的初始值如何，该体系将以自然比率向平衡增长发展……若初始资本存量低于均衡值，资本和产出将以快于劳动力增长的速度而增加，直至接近均衡值。若该初始比率高于均衡值，资本和产出将以比劳动力增长速度更慢的速度增加。产出的增长总是处于劳动力和资本的增长速度之间”。

但是，图 2-8 所表现出来的那种很强的稳定性并不是绝对的，这取决于生产力曲线 sF(r，1）的形状。在图 2－9 中，生产力曲线 sF(r，1）在 r_1、r_2 和 r_3 三处与 n_r 曲线相交。r_1 和 r_3 是稳定的，而 r_2 则不稳定。“该体系不是按资本—劳动力比率 r_1 进行平衡增长，就是按 r_3 进行平衡增长，这取决于最初可观察到的资本—劳动比率。在任何一种情况下，劳动力供给、资本存量和实际产出将以比率 n 渐进增长；但在 r_1 左右，其资本量要比在 r_3 左右为少，故前者的人均产出水平比后者的人均产出水平低。那么，对于在 0 和 r_2 之间的初始比率，其相应的平衡增长均衡是 r_1，而对于大于 r_2 的任何初始比率，其相应的平衡增长均衡就是 r_3 比率 r_2 本身就是一种均衡的但不稳定的增长率，任何偶然的扰动在一定时期内都会被夸大。如此画出的图 2－9 使生产在没有资本的情况下也要进行。

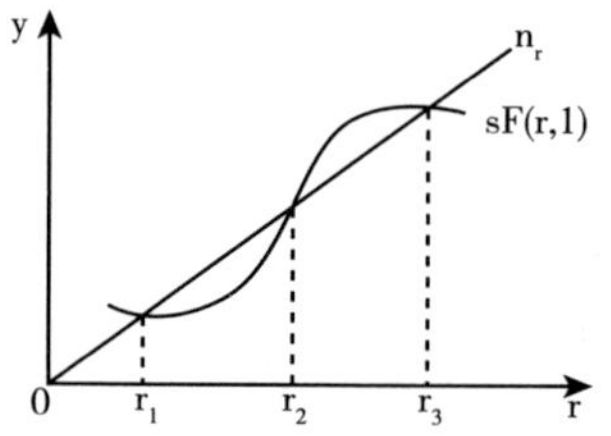

图 2－9　生产力曲线

索洛对他的长期增长模型作了这样的总结：“当生产在通常的比例变动和报酬不变的新古典条件下进行时，自然增长率与有保证的增长率之间没有明确的抵触是可能的。该体系能够调整任何既定的劳动力增长率，最终达到按比例增加的稳定状态。”即：

$$\frac{\Delta K}{K}=\frac{\Delta L}{L}=\frac{\Delta Y}{Y} \tag{2-36}$$

②索洛增长模型表明的基本含义。

索洛增长模型表明的基本含义是：人均资本拥有量的变化率 k′取决于人均收入储蓄率 sf(k）和按照既定的资本劳动比配备每一新增长人口所需资本量 nk 之间的差额。索洛增长模型 sf(k）= k′ + nk 还表明另一个含义。一个社会中的人均储蓄率 sf(k）有两个用途：一是用于人均资本拥有量的增加量 k′，即为每个人配备更多的资本装备，这被称作“资本的深化”；二是用于为每一新增人口提供平均的资本装备 n_k，这被称作“资本的广化”。换句话说，经济中的全部储蓄转化为投资后，一部分用于提高人均资本拥有量（资本的深化），另一部分则用于为新增人口提供平均数量的资本装备（资本的广化）。

如图 2－10 所示，横轴为人均资本拥有量 k，纵轴为人均收入 f(k)。集约生产函数曲线 f(k) 表明人均收入随着人均资本拥有量的增加而增加，人均产量即人均收入 f(k) 也相应增加。人均储蓄曲线 sf(k) 位于人均收入曲线 f(k) 的下方，因为储蓄只是收入的一部分，两者间的距离为非储蓄，即消费的部分。

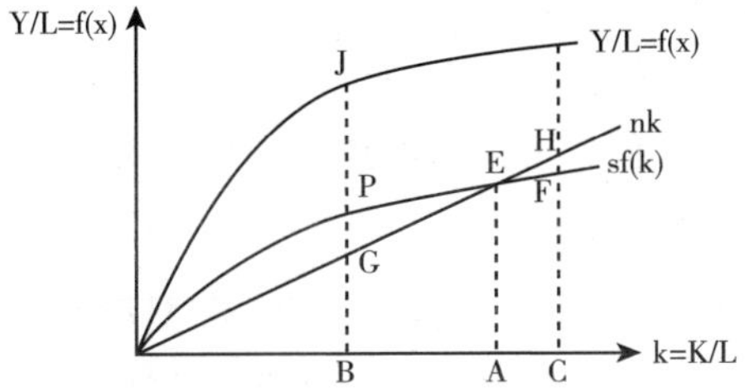

图 2－10　索洛增长模型

当人均资本拥有量 k 为 OB，则此时的人均收入为 BJ，人均储蓄为 BP，这部分人均储蓄一部分用于装备每一新增人口即资本广化的 BG 和一部分用于人均资本拥有量即资本深化的 GP。这意味着 k 将提高，于是导致 f(k) 增加，因此，B 点将向右移到 A 点。A 点资本的深化等于 0，全部的人均储蓄都被用于资本的广化，经济达到均衡。反之亦然。

③索洛模型的意义与不足。

作为创立新古典经济增长模型的先驱，索洛教授在构造他的长期增长模型过程中，不仅保留了哈罗德—多马模型的主要特征（如齐次资本函数、比例储蓄函数以及既定的劳动力增长率），而且还在理论模型的现实性方面有新的突破。主要表现在以下几个方面：

一是，他在分析经济增长的过程中采用了一种连续性生产函数，从此人们称其为新古典生产函数。二是，劳动力与资本之间可相互替代的假设使经济增长过程具有调整能力，从而该理论模型更接近于现实。三是，长期增长率是由劳动力增加和技术进步决定的，前者不仅指劳动力数量的增加，而且还含有劳动力素质与技术能力的提高，所以索洛的长期增长模型打破了一直为人们所奉行的“资本积累是经济增长的最主要的因素”的理论，向人们展示，长期经济增长除了要有资本以外，更重要的是靠技术的进步、教育和训练水平的提高。

从一定程度上说，技术进步、劳动力质量的提高比增加资本对经济增长的作用更大。这种观点在他30年后获奖前夕接受采访时又得到进一步阐述。他说，除了纯粹的农业国以外，这一理论对所有国家都适用。“发展中国家不能把本国经济的发展仅仅依赖于资本和劳动力的增长上。发展中国家，特别是起步较晚国家，要更多地研究如何在现有工业的基础上逐步提高劳动生产率、技术和教育进程。这样就能有效地跟上世界经济的发展”（顾耀铭，1987）许多国家都相继接受了他的理论，在中高等教育、研究与发展（R&D）等方面，政府不断增加投资和提供税收刺激措施，成效显著。

当然，作为一种理论模式，索洛的长期增长模型也并非尽善尽美。正如森（Sen，1970）教授指出的那样，索洛的模型也有其不足之处：

一是，索洛的增长模型考虑的仅仅是哈罗德的Gw和Gn之间的均衡问题，而忽略了G和Gw之间的均衡。二是，索洛的模型没有投资函数，此函数一旦引入，哈罗德模型的不稳定性问题即会出现于索洛的模型中。森教授认为，劳动力和资本间的替代性假设似乎并不是新古典学派和新凯恩斯学派对增长研究之不同的关键所在，其主要差异在于索洛模型没有考虑投资函数以及由此产生的企业家对将来预期的重要性。三是，索洛假设要素价格是可变的，这也会给稳定增长的路径设置障碍。例如，利息率由于流动“陷阱”问题而不会下降到低于一定的最低水平；反过来，这也许使资本—产出比率不能提高到实现均衡增长路径所必需的水平。四是，索洛模型是以提高劳动生产率的技术进步为假定前提构建的。然而，这一假定只是柯布—道格拉斯生产函数型哈罗德中性技术进步的一个特例，没有任何经济证据。五是，索洛增长模型的另一假设是“资本是同质的且易变的”，但事实上，资本品是高度异质的，因此而出现不能简单加总问题。结果，当存在多种多样的资本品时，稳定增长路径是很难实现的。

我们借鉴索洛经济增长模型，进行适当调整，引入人口老龄化诸多变量因素，利用时间序列分析方法，评估、预测老龄化对我国经济增长的多重影响。估算养老金总成本：$C_p = C_{S1} + C_B + T$，其中，C_p为养老金总成本，C_{S1}为DB制度下的养老金个人缴费，C_{S2}为养老金年金缴费，C_B为政府补贴，T为养老金在EET模式下的收益或其他税收模式下的转移。

第3章　老龄化成本构成与分担机制

国际金融危机与政府债务危机期间，快速老龄化和老年福利持续增长导致的老龄化成本高企，不仅成为国外学者研究的焦点，也成为我国学者异常关注的社会热点。人口快速老龄化不仅带来庞大的养老成本，还削弱了经济增长的基础。我国正在经历快速的老龄化过程，随之而来的是老年养老、医疗、照料等方面的支出持续增长，而“民工荒”的出现和蔓延也推动我国劳动力成本持续上升，进而引发了社会各界对经济增长动力持续性问题的担忧。构建可持续发展的养老体系，既是中央政府的承诺，也是当前迫切需要解决的重大现实问题。本书主要分析了老龄化成本的含义和结构，探讨了我国老龄化成本的基本特征和主要问题，根据经济增长适当优先的老龄化应对思路，提出了政府、社会（企业、NGO组织和社区）、家庭个人分担老龄化成本机制，使之其政策建议具有较强的现实性和可操作性。

3.1　老龄化成本构成研究

快速人口老龄化带来高额的老龄化成本，它不仅包括养老支出增长、医疗费用扩大和照料成本飙升等直接成本，也包括经济增长受限、财政收入下降等间接成本。我国老龄化成本表现出规模庞大、速度赶超、理论与政策应对准备不足，以及地区之间、城乡之间差异明显等特征与问题。因此，需要尽力达成积极老龄化的社会共识和社会氛围，坚持生产性社会福利模式，创建高龄劳动者友好型的劳动力市场环境，形成合理公平的老龄化成本共担—分担机制。

20世纪下半叶，发达国家老龄化程度日益严重（UN，2009），人口老龄化的影响及其应对越来越受学术界重视。国外多数学者研究表明老龄化对经济增长、储蓄和投资等都产生不利影响（Faruqee & Muhleisen，2002；MacKellar，2004），还导致政府养老金财政支出不断扩大，如欧洲老龄化比重每增加 1%，社会支出占 GDP 比重将提高 0.65%（EC，2009）。国际货币基金组织（IMF，2010）和标准普尔公司（2010）的研究表明，到 2050 年各国老年公共开支占 GDP 比重将普遍超过 15%，部分国家甚至达到 30%。

为应对日益严重的人口老龄化问题，巴特（Butler，1993）首先提出了生产性老龄化概念（productive aging），即老年人参与有报酬的或无报酬的商品生产或服务供给的活动，WHO 则倡导积极老龄化（active aging）概念，即努力为老年人提供切实的社会保障和参与机会。为此，欧盟（2010）将 2012 年定为“积极应对老龄化年”，采取社会和财政措施，调整劳动力市场和工作场所工作安排，鼓励老年人继续工作。同时，发达国家普遍进行了养老金制度改革，包括持续深化退休金与工资的联系，进一步提高退休年龄，强化预先积累基金的作用，建立行业性或企业性的年金基金计划，并将其广泛投资于股票证券市场等（OECD，2011）。

国内学者也深入研究了老龄化对我国经济的影响。杨燕绥、张芳芳（2012）认为老年赡养系数 0.2 是个警戒线。一旦老年赡养系数为 0.33，再加上失业率、低收入和提前退休等问题，老年赡养负担过重将导致社会陷入危机。彭希哲和胡湛（2014）、胡仕强和许谨良（2014）认为老龄化对储蓄、税收、投资与消费、社会福利体系、劳动力市场和产业结构等形成冲击。老龄化导致劳动力供求关系转变，进而出现劳动力短缺，不利于经济增长。郑秉文（2013）认为老龄化成本是欧洲债务危机的潜在诱因，提出将老龄化成本纳入公共财政体系，以反映人口老龄化对长期公共财政的影响。

老龄化对我国的养老金体系也带来不小的冲击。我国城镇养老金个人账户空账日益扩大，2012 年达到 2.2 万亿元，2016 年达到 2.8 万亿元（郑秉文，2016），长期养老金债务则更为庞大。同时，老龄化也意味着老年医疗和养老护理成本增长，老年人消费的医疗卫生资源一般是其他人群的 3 ~ 5 倍（全国老龄委，2016）。特别是 3300 万失能老年人和 1080 万完全失能老人（全国老龄委，2016），具有年龄、残障、性别等多种标志特征的老年残疾人（姚远，2010）将使老年救助和护理支出压力巨大。

就如何应对老龄化而言，学者认为要创造对劳动力的强劲需求，延长第一次人口红利；同时，应该充分使用劳动力，提高人力资本和劳动生产率，通过教育制度、就业制度、户籍制度和养老保障制度等一系列制度安排，形成新的储蓄动机，保持储蓄源泉，以获得第二次人口红利（蔡昉，2009）。莫龙（2011）则认为缓解未来人口老龄化经济压力必须以经济手段为主、人口手段为辅；并逐步放宽现行生育政策。胡鞍钢、刘生龙、马振国（2014）提出了“一揽子”的兼顾短期、长期和长远的政策思路：加快产业结构战略性调整，由要素驱动转向创新驱动经济增长，强化人力资本投资，发挥人力资源作用，稳健调整计划生育政策，适时调整劳动就业政策。

从研究趋势看，由于我国老龄化速度非常快、规模特别大，又是一个典型的发展中国家，迫切需要构建统筹分析老龄化成本的框架，厘清老龄化成本的含义、构成与特征，作为我国分析评估与预测中国老龄化成本的总规模，进而综合把握老龄化对我国经济增长、公共财政影响的基础。同时，我们还需要结合中国的现实情况和国外的经验教训，探索出最优的老龄化成本分担比例、模式、老龄化应对机制和策略措施。

3.1.1 老龄化成本概念诠释

虽然世界各国人口老龄化程度存在差异，但随着经济增长、预期寿命提高和生育率的下降，人口老龄化将成为未来几十年国际社会不得不面对的主要挑战，老龄化成本则成为影响国际社会经济社会发展速度和质量的最重要因素。国际货币基金组织（IMF）的研究也表明，2008 年开始的世界金融危机和政府债务危机导致的经济成本仅为其老龄化成本的二十分之一。由此可见，在人口老龄化时代，谈及经济增长和社会发展很难绕开人口老龄化的影响。

人口老龄化从多方面影响经济社会发展，产生经济、社会等成本。老龄化成本可以被理解为人口老龄化导致的经济社会发展风险和不确定性，这种风险和不确定性融入了经济社会的方方面面。从广义上讲，老龄化成本不仅包括经济成本，如养老金和老年医疗卫生费用增长，还包括由此引致的社会风险、政治风险等。狭义的老龄化成本仅指由于人口老龄化导致的经济增长风险和社会支出（社会用于老年人的社会保障开支和福利开支，它包括各种形式的养老金、老年人的护理费用和医疗费用以及老年人社会福利等）的扩张。严格说来，老龄化成本属于一个增量概念，因为即便是再年轻的社会也存在经济社会发展成本，而老年人口独有的特征使老龄化社会成本更高，因而，老龄化成本是指人口年龄结构老化导致经济社会发展所额外需要付出的代价。

老龄化成本可以分为直接成本和间接成本。老龄化直接成本是由于人口老龄化带来的养老金成本、老年医疗成本、老年福利成本和老年社会福利成本。老年人口增长自然导致公私养老支出和老年社会福利的增加，而老年人易病和重病大病较多特征也增加了医疗卫生成本；同时，随着年龄的增长，老年人自我生活和照料能力下降，而且大量失能老年人需要专门人员护理，遂导致护理成本增长。老龄化间接成本（机会成本）主要是人口老龄化导致劳动力老龄化、劳动力数量短缺，从而对经济带来的影响；同时，人口老龄化可能影响消费（消费需求不振）和投资（资本形成减少），不利于经济增长，进而导致财政收入下降。

一般来说，可以用社会支出中与老年人的相关支出来表示老龄化的财政成本，主要包括三个部分：一是老年人一般离开了工作岗位而领取退休金，社会支出中将有很大一部分用于支付老年人的养老金，这构成老龄化财政成本中最大的部分；二是随着年龄的增长，老年人身体抵抗和免疫能力下降，患病概率上升，因而，社会支出中还有一部分资金需要用于支付老年人的卫生、医疗和保障开支；三是随着高龄化，老年人的自理能力也呈下降趋势，失能和半失能概率大幅上升，同时还需要精神慰藉，社会支出中将有一部分用于老年人的长期照料、特殊照顾和精神慰藉，这就构成老年人的照料成本。

需要指出的是，老龄化成本与整个社会看待和对待老年人的观念和态度有关。如果社会仅将老年人简单视为资源消费者和社会负担，是需要照料、护理的特殊群体，因而不采取措施帮助老年人积极参与到经济社会生活。那么，人口老龄化必然意味着难以承担的庞大经济社会成本。反之，如果我们转变观念，将老年人看作是生产性资源，重视老年人的经济社会参与，构建积极老龄化社会，为老年人的参与活动提供必要协助，鼓励有能力的老年劳动者继续从事生产性劳动，则老龄化成本将会大大减轻。而这种生产性的、积极的老龄化应对态度既为我们提供了政策改变和实践提升的空间，也为我们制订积极老龄战略和政策提供了有益思路。

3.1.2 老龄化成本构成特征

在老龄化不断加速背景下，本书综合运用经济学、社会学、人口学和统计学方法，确定老龄化成本构成要素，评估不同人口政策下浙江老龄化成本的规模及变动规律，分析不同政策组合下政府、社会、家庭和个人承担老龄化成本的责任与能力；借鉴国外经验和教训，结合浙江养老传统和经济社会发展态势，评估和预测现在和将来一段时间内可能产生的老龄化成本，提出经济增长与养老保障相适应，职责明确、协调互补的新型老龄化成本分担机制和应对策略，以推进经济社会的可持续发展，保障老年人体面而有尊严的晚年生活。

（1）老龄化成本基本构成。

老龄化成本构成：老龄化成本主要是养老金成本、老年医疗成本、老年护理成本、老年社会福利设施建设支出、社会养老事业资助等直接成本；以及社会消费减少，投资下降，经济增长减缓，财政收入减少，养老支出增加，社会活力不足，科技进步缓慢，对家庭和老年人的精神心理影响等间接成本。直接成本可用货币形式计算，是一种显性成本，间接成本不能用货币形式精确计算，是一种隐性成本。

投入时间：由于人口老龄化有一个累积过程，有些成本需要在当年或当期支付；有些成本将在远期支出，如遗孀年金、抚恤金、安葬费用支出等。

变动趋势：在人口生育率不断下降的情况下，老龄化成本变动趋势主要表现为：因劳动人口减少导致的养老缴费减少，社会抚养比上升，养老总成本增加，公共养老财政支付压力巨大，家庭养老负担沉重等情境。

（2）老龄化成本基本特征。

基本特征。根据不同的研究视角和区分标准，老龄化成本具有不同的特征：按承担主体分，有个人（家庭）成本、政府成本、社会（企业、NGO 组织和社区）成本三种；按量化特征分，有显性成本与隐性成本；按支出方式分，有直接成本与间接成本；按投入时间分，有当期成本与远期成本。根据人的生命周期，老龄化成本还具有风险的累积性和投入后的不可回收性特征。

独特的经济社会发展国情，以及人口老龄化数量、规模与结构特征使我国老龄化成本规模和速度、区域分布等都有着明显不同于西方社会的特征，而这些特征又导致了特定的老龄化成本问题。概括起来，包括人口老龄化成本的规模前所未有，速度极其迅速，且具有赶超特征，而我国应对老龄化成本的理论和政策准备存在严重不足；同时，老龄化成本在不同地区间的分布也极不均衡，各地区老龄化成本的承受能力相差巨大。

①老龄化成本规模前所未有、发展速度极快。

我国老龄人口规模前所未有、增长速度极其迅速。从阶段来看，2001～2020 年是快速老龄化阶段，2020～2050 年是加速老龄化阶段，2051～2100 年是稳定的重度老龄化阶段。从60岁及以上老年人口占总人口比重由10%升至20%所需的时间来看，世界上最早进入老龄化社会的法国用了140年，西方发达国家总体用了50年以上，而中国只用了20年。从老龄人口规模来看，1991年中国60岁以上老年人口达1亿人左右，2014年达2亿人左右；2026年将达3亿人左右，2037年达4亿人左右，速度不断加快、规模不断扩大。

快速老龄化必然会导致老龄化成本上升。养老支出具有一定刚性，上升容易下降难，也就是说，即便在快速老龄化过程中，政府也很难通过降低养老待遇的方式来缓解养老支出压力。在这种情况下，老龄化快速发展将直接导致养老支出快速扩张。而且，由于我国目前老年养老金覆盖率、人均养老金待遇水平、人均享受的医疗卫生和社会服务，以及老年人社会福利水平仍然较低，因而虽然人均养老支出增长速度可能不如人口老龄化速度快，但随着时间慢慢积累，人均养老待遇和支出也会大幅度增长。这样，老年人口数量扩张以及人均养老待遇提高将双双加速老年支出的增长，导致巨量的老龄化成本。

②“未富先老”的养老格局是使我国老龄化成本具有赶超特征。

虽然我国在过去几十年中经济增长非常迅速，但是与人口老龄化对应的经济发展水平仍然较低，“未富先老”特征相对明显。工业化国家进入老龄化社会时的人均GDP水平普遍在5000美元以上，一些国家甚至超过10000美元，而中国2000年进入老龄化社会时的人均GDP仅为930美元（按汇率计算）；即便按照购买力平价计算，我国2000年人均GDP也不足4000美元，明显低于工业化国家的一般水平。从中国、日本和韩国比较来看（按照购买力平价），日本1970年人均GDP就超过中国2000年的1倍，韩国2000年更是超过3倍多（见表3-1）。

表3-1　中日韩三国人均GDP水平与养老金支出

年份	中国（国际元）	养老支出（占GDP比重）	日本（国际元）	养老支出（占GDP比重）	韩国（国际元）	养老支出（占GDP比重）
1970	783	—	9715	—	1954	—
2000	3976	2.1	26755	8.0	17380	1.5
2008	5962	1.4	34099	10.7	27939	2.2

注：中国养老金支出占GDP比重用当年城镇职工养老金支出占GDP比重表示。

资料来源：根据相关年份的《国际统计年鉴》整理，参见http://www.stats.gov.cn/tjsj/qtsj/gjsj/.

“未富先老”的养老格局使中国老龄化成本具有赶超特征。我国经济增长一直在赶超，并在一定程度上取得了成功，经济增长率远远高于发达国家，也高于发展中国家。与此同时，如果人口政策不作适当调整，快速人口老龄化也将推动我国老龄化成本表现出赶超特征。在人口老龄化社会，即便是人均养老支出不增长，老龄人口规模的增长自然会导致养老总支出的快速增长，更何况在人口老龄化时代，老年人的社会影响和社会要求更容易得到关注、更容易得到满足。国外经验也表明老龄化时代人均养老支出的增长在一定程度上是不可避免的。另外，经济全球化也不断推动了社会保障体系和待遇的收敛，即老年待遇水平较低国家的公共养老支出增长速度较快，而老年待遇水平较高国家养老支出的增长速度较慢。例如，1980～2010 年，日本、意大利、葡萄牙等国在初始人均养老支出明显较低的国家养老金支出明显较快，逐渐向高支出国家逼近。实际上，我国近年来养老金社会补助等、社会福利开支增长明显加快，这不仅源于政府更注重改善民生，也是满足社会养老需求快速增长的需要。

③应对老龄化成本的理论准备和政策积累双双不足。

从认识论角度，人类知识获得过程是不断积累、不断深化的过程，而这个过程需要时间的积淀。同样，经济社会政策也需要不断地探索和尝试，从而获得最佳的政策组合和实施路径。特别对于老龄化政策这样的涉及面极其广泛、利益群体牵涉较深的重大政策问题，前期研究和准备、顶层设计、具体政策制定、实施与完善等环节都不是短期可以完成的。但是，快速人口老龄化相当于我国要把本来工业化国家 50 年甚至更长时间才能完成的艰巨任务缩短到 20 年完成，而我国应对老龄化成本的理论准备和政策准备都明显不足。

一方面，在现阶段，我国学者对于人口老龄化的规模、速度和趋势都做了较为细致、科学的理论研究，并提出了许多有意义的见解和对策，但总体上看，人口老龄化对我国经济社会发展的短期干扰与长期影响的相关研究还比较欠缺；同时，我国人口老龄化成本的数量、规模、特征及其演变规律的研究也不多见。另外，一些学者提出了合理分担老龄化成本的理念，但是如何在政府、社会、企业和劳动者等各主体之间分担老龄化成本，应该采取哪些应对政策，以及这些政策的先后步骤和发展路径等方面的研究还有待提高。

另一方面，我国老龄化政策缺乏时间准备。任何政策都有其阶段性特征，都是一定经济社会发展阶段的产物。多数西方国家是慢慢进入老龄化社会的，其老龄政策有较长的时间准备、尝试、演变以至于渐渐成熟。虽然我国已经制定了一些针对老年人的法律法规，如《社会保险法》《老年人权益保障法（修订)》，但关于积极应对老龄化的法律和政策需求，现有制度和规章不仅过于宽泛，而且在实践中遇到各种困难，往往缺乏配套的操作程序和实施细则。而且，由于我国老龄化速度极快，政策制定、实施、改进以及完善都必须在较短时间内完成，这是当前面临的而且是必须解决的时间困境和政策困境。

④老龄化成本区域差异、城乡差异明显。

我国各地区人口老龄化程度都在不断加深，但不同地区老龄化状况与增长速度存在明显差异，老龄化的城乡差异也非常明显，这使各地区之间、城乡之间养老压力不同，进而导致公私养老支出差异。我国区域间经济发展水平明显不平衡，这既是劳动力大规模流动的结果，也是劳动力跨地区流动的原因，进而导致我国各省区市养老金收支与人口老龄化规模大小不一。如经济发达的广东、上海、浙江、江苏吸引了大量年轻劳动力，增加了养老收入来源，当前养老压力较小；东北等老工业基地的大量劳动者进入退休年龄，养老压力明显增加。特别需要指出的是，由于我国农村经济长期滞后于城镇经济，而大量年轻劳动者向外流出导致农村地区养老压力更大，如何统筹城乡、协调发展成为我国应对老龄化成本风险的一个重大挑战。

仅以养老金收支情况为例，各省区市之间相差巨大。2011 年，上海养老金支出为 994 亿元，江苏、山东、辽宁也超过 800 亿元，浙江支出为 543 亿元，而海南、宁夏、青海和西藏不足 100 亿元，最高的上海与最低的西藏相差高达 99 倍。2016 年，上海养老金支出为 1154 亿元，江苏、山东、辽宁也超过 875 亿元，浙江支出为 683 亿元，而海南、宁夏、青海和西藏不足 120 亿元。再从养老金收支结余来看，2011 年，广东当年养老金结余高达 636 亿元，浙江当年积余 369 亿元，江苏和山东超过 300 亿元，而辽宁和黑龙江的收支赤字则超过 100 亿元，而且，2011 年收不抵支的省份高达 13 个，占全国 31 个省份的 42%，也就是说，当前在我国人口红利还是最高时就有接近一半的省区市养老金收支失衡。2016 年，广东当年养老金结余高达 716 亿元，浙江当年积余 439 亿元，江苏和山东超过 300 亿元，而辽宁和黑龙江的收支赤字则超过 150 亿元。

⑤不同类型的劳动者的养老金收入差距明显，低收入者面临巨大养老风险。

我国养老金收入的再分配功能偏弱，在一定程度上使不同老年人群体收入差距扩大。这种收入差距明显表现为受限于户籍制度制约下城乡劳动者群体的养老金收入差距，城镇单位从业人员中的公务员、事业人员与企业职工三者差别，以及收入者已有财富积累与低收入者的无养老积蓄之间的矛盾；同时还表现为公共社会养老事业发展缓慢，老年养护人员的短缺，导致养老费用高企。虽然从 2005 年以来，我国连续 10 年以每年 10% 的标准提高了退休金，老年人，特别是低收入老年人状况有所改善，但由于同期劳动者工资增长速度更快，导致养老金替代率呈下降趋势，加上近几年物价水平，特别是与老年生活息息相关的食品、医疗和劳动服务价格上升迅速，部分老年人的养老风险增大。

3.2　老龄化成本分担机制研究

中国人口的问题不是数量问题，而是人口的结构，特别是年龄结构和人口的素质问题。主要表现在“未富先老”和劳动力短缺两个方面。我们应该创造更好的制度条件，合理分担改革成本和分享改革红利预期（蔡昉，2017）。老龄化程度的越来越高，直接反映在我们现实的经济中就是劳动力的短缺，不是指高技能的短缺，而是指普通劳动者，非技能劳动者的短缺。到目前为止因为劳动力短缺，普通劳动者的工资上涨速度非常之快，已经超过了劳动生产率的增长速度。我们知道工资上涨速度快于劳动生产率的速度，意味着单位劳动成本的提高，也就意味着中国制造业的比较优势在快速丧失，这也就是我们当前企业投资缺乏动力、投资回报率下降的原因，最终导致了潜在增长率下降，而实际增长率也在下行的趋势之中。因此，要求我们建立两种人口政策（“二孩”生育与放开生育）、三种养老政策（家庭养老，政府提供的社会福利养老，家庭、社会和政府三者分别承担责任的养老）组合下各承担主体的养老成本分担机制。

3.2.1　老龄化成本承担主体

承担主体：（1）个人和家庭是养老成本的第一责任主体。（2）政府是养老成本的第二责任主体。（3）社会（企业、NGO 组织和社区）是养老成本的第三责任主体。

3.2.2 老龄化成本分担方式

分担方式：(1) 个人主要承担缴纳个人社保费用、积累积蓄、延迟或返聘等责任，家庭承担养老资金支持、日常生活照料和精神心理慰藉等责任。(2) 政府承担社会保险基金和老年医疗的财政补贴、养老机构和社区养老的资金资助、贫困老年人口的国家救助、老年公共福利设施的兴建及改造费用支出等责任。(3) 企业承担社保基金缴纳责任及慈善捐款义务，NGO 组织和群众承担慈善捐助、开办公益性养老机构、进行志愿服务等义务，社区（村）承担老年生活服务责任。由于老龄化成本构成的多样性和层次性，其分担方式具有交叉性、共融性、互补性特征。

3.2.3 老龄化成本分担机制

分担机制：老龄化成本分担机制是指基于国家、社会、家庭和个人不同承担主体的责、权、利相统一原则的，家庭为主导，国家为兜底、社会为辅助的，多层次、多结构、相互协调的成本分担方式。考虑到养老成本分担主体的多元性、成本内容的层次性、分担方式的多样性、分担时间的阶段性，以及公共财政政策决策的非线性特征，拟用平滑转换自回归模型（STAR）来构建成本分担机制模型。

(1) 老龄化成本预测。

当前我国实行“二孩”生育政策，同时，假定在 2020 年我国再次调整人口政策，全面放开生育政策，以保证人口综合生育率均处于 1.8 ~1.9。现根据经济增长和人口政策的变化，对老龄化成本进行估算。

可建立以下联立方程组：

$$\begin{cases} K_i = K_{1i} + K_{2i} & (3-1) \\ K_{1t+1} = K_{1t} \times (1+n) & (3-2) \\ K_{2t+1} = Y_t \times \theta \qquad i=1,\ 2,\ 3\cdots t\cdots & (3-3) \\ Y_t = A(K_{1i} + K_{2i})^{\beta} & (3-4) \\ C_{ag} = A\ (K_{2i})^{\beta} & (3-5) \end{cases}$$

在前述方程组中，i = 1，2，3…t 表示年份。首先看式（3 - 1），假设用于经济发展的总资本量为 K_i，K_i 分为两个部分：用于劳动力人口消耗的资本量

K_{1i}，这部分资本可用于再生产，增加产出，因此，可以称 K_{1i} 为再生资本；用于老龄人口消耗的资本量 K_{2i}，这部分资本被纯粹消耗掉，因此，可以称 K_{2i} 为沉没资本。式（3－2）表示再生资本 K_{1t+1} 可表达为上一期再生资本 K_{1t} 的自然增长，假设增长率为 n。式（3－3）表示沉没资本来源于上一期产出 Y_t，它们之间的系数为 θ。式（3－4）即是柯布—道格拉斯生产函数，A 为全要素生产率，β 为资本产出的弹性系数。式（3－5）中，Cag 表示老龄化成本，同样也是柯布—道格拉斯生产函数形式。可以通过不同人口政策下的数据，分别估计模型中的参数。

（2）老龄化对经济增长、公共财政和社保收支的影响。

通过建立一个拓展的交叠世代模型，将技术进步和财政政策内生化，考虑家庭、政府、企业的因素，当市场出清并达到动态均衡时，探讨人口老龄化对经济增长的影响以及实现均衡增长的财政政策。后续将使用中国省级面板数据对模型进行实证检验。

$$G_{it} = \beta_0 + \beta_1 A_{it} + \beta_2 F_{it} + \beta_3 E_{it} + \beta_4 H_{it} + \beta_5 X_{it} + \mu_{it} \quad (3-6)$$

被解释变量 G 表示经济增长率，解释变量 A_{it}、F_{it}、E_{it} 和 H_{it} 分别指人口老龄化、财政支出规模、公共教育支出占财政支出的比重和健康保障支出占财政支出的比重，X_{it} 是一组控制变量，μ_{it} 代表随机扰动项。

（3）老龄化成本公共财政风险的预警模型。

养老保险是我国社会保障制度的重要组成部分。根据法律规定，对达到退休年龄的老年人，由国家及社会对其提供资金和物质帮助，以保证其晚年基本生活所需的社会保险制度。而基本养老保险制度可持续发展的核心条件是要有充足的支付能力。基本养老保险基金的支付能力极易受多种风险因素的影响，这就需要对基本养老保险基金支付能力进行风险控制，而预警正是基本养老保险基金支付风险控制的有效手段。因此，建立基本养老保险基金支付风险预警机制势在必行。

通过引入人工神经网络（Artificial Neural Network，ANN）中的 BP（Back Propagation）网络，对我国基本养老保险基金风险预警问题进行研究，运用养老保险基金风险预警的新方法，提高养老保险风险的管理水平。

预警机制的构建分为四步：第一，构建基本养老保险基金风险预警指标体系，包括警情指标和警兆指标；第二，依据 BP 神经网络系统的基本原理构建 BP 神经网络预警模型；第三，通过实证分析，验证 BP 神经网络模型的可行性；第四，对研究结果做出总结。

神经网络模型配置阶段具体公式为：

$$M = \sqrt{NP} + a \quad (3-7)$$

其中，n 代表输入层节点书，P 代表输出层节点数，a 为 1 ~ 10 的常数。

$$M = 2m + 1 \text{（kolmogorov 定理）} \quad (3-8)$$

其中，m 代表神经网络层数。

第4章　老龄化成本风险防范路径与机制

快速人口老龄化带来高额的老龄化成本，它不仅包括养老支出增长、医疗费用扩大和日常照料费用飙升等直接成本，也包括经济增长受限、财政收入下降等间接成本。我国2000年步入老龄化以来，发展速度迅速加快，老龄化成本不断上升，对维护社会安定和经济增长产生一系列现实问题和风险。因此，需要尽力达成积极老龄化的社会共识和社会氛围，坚持生产性社会福利模式，创建高龄劳动者友好型的劳动力市场环境，形成合理、公平的老龄化成本风险防范机制，在当前有着重大现实意义。

4.1　设计老龄化成本风险防范路径

4.1.1　明晰老龄化成本风险防范政策路径

老龄化成本可以分为狭义和广义之分。狭义的老龄化成本是指由于人口年龄结构老化导致的社会养老支出。老年人需要领取养老金，需要更多的照料服务，还需要一些特殊的社会福利设施和支出，同时，社会还需要为老年人的遗孀（survivor）提供必要的支出，如遗孀年金、抚恤金、安葬费用和其他福利等，这些养老支出项目加总，就构成整个社会的养老支出。广义的老龄化成本除了社会养老支出的增长之外，还包括人口年龄结构老化对经济增长、财政收入的不利影响等方面。我们从广义的老龄化成本角度出发，探索具有中国特色的人口、经济与养老政策组合的路径。

（1）加快完善人口政策，平衡人口年龄结构变动带来的成本风险。

我国当前人口问题是人口结构的问题。因此，通过生育政策调整调高生育率，增加0~14岁儿童的比例，可以缓解人口老龄化带来的诸多不利影响。政府应尽快做好政策衔接的工作，确保政策宣传到位，对生育“二孩”的家庭给予一定的抚养补贴和教育扶持，减轻家庭抚养的经济负担。同时，还应完善相关配套措施和基础设施建设，如完善产假与陪产假制度等。在鼓励民间参与的同时，政府直接或牵头兴建更多的托儿所，鼓励企业为职工提供托儿所福利、加大对基础教育投资力度，逐步将学前教育纳入义务教育等。

同时，制订循序渐进的延迟退休年龄方案，如许多专家学者探讨用10年左右时间分别将女工人和女干部退休年龄由50岁和55岁延迟至60岁，进而用15年左右时间同步延迟男女职工退休年龄至65岁。设置5年时间作为政策准备期，避免因利益调整幅度过大、改革措施过激、改革进度过急而引发社会稳定问题。通过平衡人口年龄结构的变动，缓解老龄化成本带来的压力。

（2）加快发展养老产业，挖掘“二次人口红利”增加经济新活力。

老龄产业是为老年人口提供产品或服务，满足老龄人口衣、食、住、行、用、娱等各方面需求的行业。调整产业结构，加快老龄产业的发展，既是满足日益扩大的老年人口需求、化解老龄化社会风险的必然要求，又是加快老龄社会经济发展的客观需要。当前，我们不仅要发展家政服务业、健康医护、日常用品、金融保险业，还要大力发展文化娱乐业、教育科研、生活咨询业以及其他行业。为此，政府及有关部门应在政策、税收、小额金融贷款等方面制订优惠政策，给予优惠条件、积极引导和鼓励社会各界广泛参与老年福利事业和服务产业的发展，大力支持研制、生产适宜老年人物质和精神需求的产品，努力推动老年康复护理、生活照料等福利服务业的快速发展，并结合农村老年人身体素质好、种植养殖经验丰富等特长，积极开发广大农村老年产业，增加老年人收入，拓宽老年产业渠道，确保他们也能享受到改革开放和社会进步带来的丰硕成果。

加大人力资本的投入，积极挖掘“二次人口红利”。2013年起我国劳动人口绝对增长消失，劳动力短缺日益加剧，企业用工成本显著提高；劳动力无限供给结束，投资回报率下降；劳动力从农业向非农业转移速度减缓，抑制了资源配置效率提高的速度，“传统人口红利”逐渐消失。我国应加大对教育的投入，大力开发人力资源，以实现“传统人口红利”向“二次人口红利”的转变，为经济增长注入新的活力。“经济是基础”，老龄化成本问题其本质是经济问题。要规避老龄化成本带来的一系列风险，就要解决庞大的老年人口需求与微弱的经济实力之间的矛盾。因此，要积极探索人口老龄时代的经济新增长点，通过经济发展，增加积累，扩大养老储备，以应付和满足日益庞大的老年人群的多样化需求。

（3）坚持“统账结合”，提高面向老年群体的保障效能。

基本养老和医疗保险是涉及国计民生的长期制度安排，为确保制度的平稳发展，减少外生经济和社会成本，要继续坚持社会统筹与个人账户相结合的制度框架和缴费比例，避免长期效果难以准确判断的颠覆性改革。考虑到在当前政府财力负担能力下，继续做实养老保险个人账户确有较大困难，因此可采用名义账户设计，兼顾参保激励功能，确定适当的记账利率，保证账户所有者享有合理的发展权益。改革医疗保险个人账户制度，鼓励有条件地方探索扩大个人账户资金利用途径，探索打通家庭内部成员间个人账户的使用边界，把社会共济和家庭互助有效结合，提高个人账户闲置资金利用效率。在不影响收支平衡前提下，允许把个人账户结余资金转用于医保门诊统筹和大病保险，更好地发挥对老年人及其家庭大病支出和灾难性卫生风险的分担作用。

4.1.2 厘清老龄化成本风险防范两个边界

劳动者和用人单位参与社会保险是法律硬性规定的义务和责任，社会保险具有强制性，缴纳社会保险费是用人单位与劳动双方的法定义务。西方政治学家威廉姆森和潘培尔通过考察德国、英国、瑞典和美国养老保险制度的发展历史，认为各种具体的制度安排实际上是各个利益集团相互博弈的结果，养老保险的再分配功能不可避免地取决于各个利益集团的政治取向。政府和企业作为养老保险体系中最重要的两个主体，必然会建立起博弈关系并进行博弈。目前，在我国老龄化成本承担主体主要集中在政府和企业之间，可以通过规范两者博弈行为分析，从而厘清我国老龄化成本风险防范的边界。

（1）政府方面。

人口老龄化的冲击给统筹养老金带来风险，导致了政府的财政补贴压力。从政府方面看，作为社会养老保险的第一责任主体，必须保护退休职工的养老权益，维护社会公平并维持社会稳定，这是政府的根本利益所在。与此同时，如何将成本尤其是政府支出成本最小化，也是政府极为看重的。要化解人口老龄化对统筹养老金的风险，政府有两个选择：降低统筹养老金成本率和提高缴费率。降低统筹养老金成本率无疑就是降低目标替代率或制度负担比。目标替代率反映了退休职工的生活水平，降低目标替代率直接影响退休生活。随着经济的不断发展，生活水平上升，降低目标替代率是行不通的。通过控制人口的方法可以降低制度负担比，但人口控制是一个长期的过程。因此，政府可以通过调整退休年龄使制度负担比相对降低。相对于企业来说，政府的最大优势是有权制订养老保险制度，决定企业的养老行为模式。在养老保险中，统筹账户的养老金来源于企业的缴费，目前企业按缴费基数的20%缴纳养老保险费，全部划入社会统筹账户。由此，政府提高缴费率就为养老保险提供了一定的财政担保，减少了自身财政补贴压力。

（2）企业方面。

从企业来看，它们是养老保险的缴费主体，但作为市场中自主经营的法人实体，其行为遵循的是利润最大化原则。政府强制企业为职工缴纳的养老保险费是企业成本的组成部分，其支付的多少直接影响企业利润的大小。我国企业职工养老保险实行收不抵支时政府兜底的原则，这就使企业产生“搭便车”现象。在制度执行过程中，企业采取各种对策回避缴费义务。历年的统计数据显示，企业在缴纳社会保险费方面存在严重的违法违规现象，主要表现在不办理社会保险登记、申报，少缴、漏缴社会保险费，不如实足额申报参保人数、工资基数等三个方面。同时，政府又处于信息严重不对称的不利地位，难以及时全面地了解各企业的状况，因而难以对企业的养老行为进行全面有效的监控。

人口老龄化的冲击导致政府在确保退休职工退休生活的基础上，为了政府支出最小化，通过推迟退休年龄和提高缴费率将财政补贴压力转嫁到企业身上；而企业在利润最大化的原则上，面对较大的缴费负担，则采取逃避对策，道德风险加剧。用人单位更多注重当前利益，而政府则关注社会的持续稳定发展，这就出现了用人单位与政府的博弈。

4.1.3 构筑老龄化成本风险防范四道防线

（1）完善国家防线：完善社会养老保障体系，实现政府兜底。

中国传统养老模式是以尊老敬老文化为支撑，以完善的法规政策为后盾，以家庭养老为主体，以政府养老为补充，以社会养老为辅助的制度设计。传统家庭养老制度本身就是历朝历代政府推动建立的，古人将对鳏寡孤独者的保障作为“仁政之先”并形成了较为完备的制度。计划经济体制时期的“三无”人员保障及政府承担有限责任的养老制度是传统养老模式在特定时段的合理延续。《老年人权益保障法》的修订实施，明确了政府对家庭养老的支持及政府养老的经济、服务等法定职责。应对人口老龄化必须建立社会养老服务体系的现实，倒逼政府必须强化养老服务职责。从国家基本公共服务制度权利责任主体的确立中可引申出“享有基本养老服务是公民的基本权利，保障人人享有基本养老服务是政府的重要职责”的现代社会保障理念。因此，完善社会养老保障体系，是政府缓解老龄化成本风险的基本防线。

（2）构筑社会防线：实现多元化养老服务体系，以社区为依托。

社区作为与人民群众密切联系的基层组织，是居家养老、日间托老机构建设的有力支撑。针对老年人的养老需求，可以在社区实行以“三个老有”为基础的多元化养老服务，即“老有所养，老有所医，老有所为”。“老有所养”就是要充分发挥社区作为养老体系建设重要平台的作用，使一些孤独无助的老年人在社区的帮助下切实解决好养老问题；“老有所医”就是要依靠社区的地缘优势和资金实力，专门搭建老年人医疗救助的平台；“老有所为”就是鼓励老年人结合自己的知识、经验等积累，走向社会发挥余热，实现自身价值。通过实现以“三个老有”为基础的多元化社区养老服务，在很大程度上分担老龄化养老成本风险。

从社会角度来说，基金会、社会服务机构、NGO和NPO等力量可以发挥作用，在一定程度上分担对孤寡老人、多病老人以及有精神需求的失独老人遭遇的养老风险。形成一个长效的帮扶机制，这对分担养老有困难的老人家庭风险具有重要作用。社区居家养老服务中除了生活照料服务外，文体娱乐服务的影响最大，生活照料服务的影响最小。因此，应着力发展精神慰藉和文体娱乐服务，同时，要加强医疗保健和生活照料服务，全方位满足老年人的社区居家养老服务需求，提升老年人的健康水平。

（3）健全家庭防线：以儒家文化延续情感支持，完成基本义务。

1996年《中华人民共和国老年人权益保障法》“家庭赡养与扶养”内容中的“老年人养老主要依靠家庭”被修改为“老年人养老以居家为基础”。在对赡养人的养老责任进一步明确和规范的同时，明确“国家建立健全家庭养老支持政策，鼓励家庭成员与老年人共同生活或者就近居住，为老年人随配偶或者赡养人迁徙提供条件，为家庭成员照料老年人提供帮助”。这是国家（政府）

积极介入家庭养老的庄严承诺，也是确保传统家庭养老功能延续与发挥的责任担当。同时，家庭养老一直是我国传统的养老方式，家庭提供给老年人的感情和心理支持是任何社会力量无法比拟和替代的，所以要充分发挥家庭和亲属的作用，帮助他们发展一些兴趣爱好，丰富老年精神生活。相比社会力量来说，来自家庭内部的关怀和帮助对降低家庭精神赡养风险具有更为重要的作用。

（4）注重个人防线：建立良好的身心健康调适水平，多元化保障。

从传统的家庭来看，家庭养老一直是我国最主要的养老方式。家庭规模小型化和家庭结构老化导致家庭保障机制的稳定性和可靠性受到了多重冲击，家庭成员数减少使家庭无法承载风险池的职能。为了确保老龄人口能够老有所养、病有所医，在要求政府建立并不断完善制度化养老和医疗保险制度的同时，积极主动参与政府鼓励或引导具备条件的居民购买的各类商业保险，以增加他们在退休后在养老方面的保障，从而提高他们在老年时的抗风险能力。也可以寻求其他如以房养老相结合的模式，对化解老龄社会成员经济供养不足风险具有一定的现实意义。

另外，老年人日常要合理安排生活，培养积极的心理状态，保持自身的社会化。其一，要培养兴趣爱好，多参与各种娱乐活动并增强人际交往，以丰富老年生活，摆脱孤独感；其二，多参与社会公益活动，从事适合社区老人做贡献的活动；其三，发挥老年人间的互助作用，提倡低龄老人为高龄老人服务，健康老人为体弱老人服务，促进老年人间的优势互补，增加老年人之间的沟通和交流，以利于其心理健康。

4.2 构建老龄化成本风险防范机制

老龄化成本风险防范路径主要是构建“四大风险应对机制”：建立老龄化成本的公共财政风险预警机制；通过财税政策建立老龄化成本风险防范的协调机制；根据老龄化发展阶段，分析不同责任主体应对老龄化成本的能力，建立动态调整的多主体“共担—分担”机制；建立基于社会养老需求的、国民协商的老年公共政策制定与改革机制。

4.2.1 建立老龄化成本公共财政风险预警机制

随着人口老龄化的加剧，养老保险制度中领取养老金待遇的人数将逐步超过参保缴费的人数，积累到一定程度之后，养老保险制度财务收支的失衡将给国家公共财政带来沉重负担，严重时将导致公共财政风险。公共财政承担社会保障风险的依据是政府社会保障公共财政责任的法定性，基本养老保险制度作为一种收入关联计划固然以自我平衡为特征和目标，但政府仍然对其负有不可推卸的责任，一般情况下国家公共财政在养老金制度中只需要承担代际负担的平衡、转制成本的补偿等责任，但如果在人口老龄化等系统性风险冲击下出现了财务收支缺口，制度的自我平衡能力将受到严重威胁，国家公共财政仍有义务承担起兜底责任。当制度参保人员和其他主体无力维持制度自我平衡，公民基本生活陷入困境，政府公共财政有责任帮其渡过难关。在扮演“最后风险承担者”的角色中，养老金收支缺口的风险自然就传导到公共财政上，一旦超过公共财政的承受能力，公共财政风险就产生了。其后果要么是挤占其他公共财政支出项目，要么是增加公共财政赤字、举借政府债务，甚至是增加企业和居民税收负担等。因此，参照姚金海（2016）研究表明人口年龄结构、养老金收支与财政之间的关系，建立理论模型对老龄化成本的公共财政风险进行测算。考虑实际核算问题，该模型以养老金支付为主，对狭义的老龄化成本展开研究。

（1）理论模型。

该模型于 1965 年由 Diamond 创立，基于两期世代交叠模型（OLG）展开，目前已广泛应用于社会保障尤其是养老金研究领域的诸多方面。Auerbach 等创造性地构建了一个动态生命周期模型，并在不断修正和完善的基础上使之成为养老金制度分析的经典工具。Fanti 等用 OLG 模型分析了年龄、劳动力供给、税收等因素与养老金制度之间的动态关系。本书基于 OLG 一般均衡模型，对影响养老金收支平衡的人口结构因素、经济发展因素等进行讨论和分析。我国城镇企业职工基本养老保险实行社会统筹与个人账户相结合的部分积累制度模式，即统筹部分的现收现付制度和个人账户积累制度相结合。因此养老金收支是否平衡取决于统筹和个人账户各自的养老金收入总量和支出总量之间的余额：

$$G_{\kappa} = G_{\kappa-1} + G_{\kappa2}$$

$$= (W_\kappa \gamma_{\kappa1} L_\kappa J_\kappa - W_\kappa SR_\kappa L_{\kappa-1} T_\kappa) + (W_{\kappa-1} \gamma_{\kappa2} L_{\kappa-1} J_{\kappa-1}(1+R_\kappa) - W_\kappa SR_\kappa L_{\kappa-1} T_\kappa) \quad (4-1)$$

其中，$G_{\kappa1}$、$G_{\kappa2}$、G_κ分别代表统筹养老金收支结余、个人账户养老金收支结余和养老基金总结余，大于 0 代表养老金产生盈余，等于 0 代表养老金收支平衡，小于 0 代表养老金出现缺口；在 OLG 模式下任取一个时 间 κ 均可将人口分为劳动人口（处于两期生命周期中的第一期）和退休人口（处于两期生命周期中的第二期）两部分，并进一步假设从 κ 起处于不同期的人将整体进入下一期；κ 时劳动人口数为 L_κ，而 κ − 1 时的劳动人 口数 $L_{\kappa-1}$即为 κ 时的退休人口数，设 κ 时总人口为 N_κ，于是有 $L_\kappa + L_{\kappa-1} = N_\kappa$，设 κ 时人口老龄化率为 δ_κ，则 $\delta_\kappa = L_{\kappa-1}/N_\kappa$；W 为平均工资；J、T 分别代表工作、退休年份数；$\gamma_{\kappa1}$、$\gamma_{\kappa2}$分别代表统筹、个人账户供款率；SR 为替代 率；R 代表工作期个人账户养老金的总收益率。

如果设 $W_\kappa = \lambda_\kappa \cdot (Y_\kappa/N_\kappa)$，则将 W_κ用人均产出的概念体现出来了，此时，对式（4 − 1）进行整理可得：

$$\frac{G_\kappa}{Y_\kappa} = \gamma_{\kappa1} J_\kappa \lambda_\kappa (1-\delta_\kappa) + \gamma_{\kappa2} J_{\kappa-1} \lambda_{\kappa-1} \frac{Y_{\kappa-1}}{Y_\kappa}(1+R_\kappa)(1-\delta_{\kappa-1}) - 2SR_\kappa T_\kappa \lambda_\kappa \delta_\kappa \quad (4-2)$$

但式（4 − 2）体现的只是养老金收支结余和年度总产出之间的关系，为了研究养老金收支结余和财政之间的关系，我们还需要进一步转换，因为财政支出 $F_\kappa = \psi_\kappa \cdot Y_\kappa$，且 $\psi_\kappa \in (0, 1)$，故有：

$$\frac{G_\kappa}{F_\kappa} = \frac{G_\kappa}{\psi_\kappa \cdot Y_\kappa}\left[\gamma_{\kappa1} J_\kappa \lambda_\kappa (1-\delta_\kappa) + \gamma_{\kappa2} J_{\kappa-1} \lambda_{\kappa-1} \frac{Y_{\kappa-1}}{Y_\kappa}(1+R_\kappa)(1-\delta_{\kappa-1}) - 2SR_\kappa T_\kappa \lambda_\kappa \delta_\kappa\right] \Big/ \psi_\kappa \quad (4-3)$$

本书重点关注人口老龄化冲击下养老金收支缺口（即 $G_\kappa < 0$ 的情况）对财政支出带来的压力，令 $\Omega_\kappa = -G_\kappa F_\kappa$，当 $\Omega_\kappa > 0$ 时，则表示养老金系统出现缺口，故有：

$$\Omega_\kappa = \left[2SR_\kappa T_\kappa \lambda_\kappa \delta_\kappa - \gamma_{\kappa1} J_\kappa \lambda_\kappa (1-\delta_\kappa) + \gamma_{\kappa2} J_{\kappa-1} \lambda_{\kappa-1} \frac{Y_{\kappa-1}}{Y_\kappa}(1+R_\kappa)(1-\delta_{\kappa-1})\right] \Big/ \psi_\kappa \quad (4-4)$$

（2）关键变量影响分析。

式（4 − 4）表明，养老金收支缺口占财政支出比例受到多个变量的影响。

通过 Ω_κ 对各关键变量分别求偏导数，我们可以更清楚地看到多个变量对 Ω_κ 产生影响的数量关系：

人口老龄化对 Ω_κ 的影响：

$$\frac{\partial\Omega_\kappa}{\partial\delta_\kappa}=\frac{\gamma_{\kappa1}J_\kappa\lambda_\kappa+2SR_\kappa T_\kappa\lambda_\kappa}{\psi_\kappa} \tag{4-5}$$

工作年份数对 Ω_κ 的影响：

$$\frac{\partial\Omega_\kappa}{\partial\delta_\kappa}=\frac{-\gamma_{\kappa1}\lambda_\kappa(1-\delta_\kappa)}{\psi_\kappa} \tag{4-6}$$

退休年份数对 Ω_κ 的影响：

$$\frac{\partial\Omega_\kappa}{\partial\delta_\kappa}=\frac{2\gamma_\kappa\delta_\kappa SR_\kappa}{\psi_\kappa} \tag{4-7}$$

替代率水平对 Ω_κ 的影响：

$$\frac{\partial\Omega_\kappa}{\partial\delta_\kappa}=\frac{2T_\kappa\lambda_k\delta_\kappa}{\psi_\kappa} \tag{4-8}$$

上述四个公式中，各变量的取值范围均大于零，因此，人口老龄化、退休年份数和替代率水平与 Ω_κ 都是同向变化的，也即这三个因素的上升都会导致养老金收支缺口占财政支出的比重上升；只有工作年份数与 Ω_κ 是反方向变化的，也即工作年份数的增加会导致养老金收支缺口占财政支出的比重下降。

（3）人口老龄化和养老金收支缺口下的公共财政风险测算。

经过多方测算研究表明人口老龄化和养老金收支缺口之间的内在关联。在测算的初期，因为养老金支出主要是没缴费或者缴费不完全的老人和中人，而新人尚处于纯缴费积累期，所以此时养老金收支的压力主要源自转轨成本，财政没有承担这一转制成本而形成了对个人账户的透支和挪用。但在测算的中后期，尤其是随着老人群体性消失和中人高峰期后开始逐渐衰减，养老金收支缺口的压力源已经转移至人口老龄化。也就是说，此时即使中人也群体性消失，新人的养老金收支压力仍然存在，因为此时在人口老龄化的背景下享受待遇人数将大大超过养老保险参保缴费人数，在基本养老保险制度财务上不可持续时，风险势必转嫁为财政风险。

4.2.2 建立老龄化成本风险防范财税协调机制

财税政策是政府解决老龄化问题的重要经济杠杆。为了缓解政府资金压力，应适当延长退休年龄；但在人口红利时期，延长退休年龄又会加大年轻人的就业压力。因此，现阶段解决老龄化成本风险防范应当主要依靠财税政策，以财税政策刺激经济发展，缓解老龄化的成本压力；以财税政策鼓励老年产业投入，大力发展老龄事业；以财税政策鼓励社会各界投入，广泛筹集社会资金。

（1）财税政策促进老龄化成本风险防范的协调机制分析。

①财税政策通过促进社会经济协调发展解决人口老龄化问题。

解决人口老龄化的根本出路是进一步发展经济，增强经济承受能力，构建符合实际的养老模式和养老制度。中国是在经济不发达的情况下迎来人口老龄化的，因此，解决人口老龄化所带来的问题，最为关键的一点是大力发展经济，壮大经济实力，以强大的经济实力作后盾缓解老龄化对社会经济的巨大压力。财税政策能够调动积极因素、减少或消除消极因素的不利影响，通过促进社会经济的协调发展来缓解或解决人口老龄化问题。

②财税政策通过加大政府扶持与鼓励社会支持解决人口老龄化问题。

老年人消费市场是一个特殊市场，需要政府积极介入，也需要得到全社会的协助和支持。由于老年人口众多，需要解决的问题很多，中国短时间内不可能像发达国家那样对老人实行高福利政策，目前只能从国情出发，采取国家、社会、家庭、个人共同负担的办法，依据“政府支持、社会力量兴办、自主经营、自负盈亏”的原则，建立适合中国特色的老龄产业良性运行机制。就政府角度而言，应从多方面创造条件支持老龄产业发展，包括给予特殊的财税政策扶持，如考虑到当前老年人口总体收入水平较低，对老年人生活服务市场政策中采取低税或免税优惠政策，使从事此类市场的经营者能有适当营利和拓展产业的能力；各级政府应当根据当地经济发展水平，逐步增加对老年福利事业的投入，兴办老年福利设施。同时，政府还应通过制订财税政策措施来鼓励社会各界积极参与，开展邻里互助，组织低龄老人、健康老人参加力所能及的社区服务工作，动员社会各方为老人服务，并对于部分项目可按照微利原则提供有偿服务，对其收入予以税收优惠等政策扶持，调动社会支持老龄工作的积极性。

③财税政策通过鼓励家庭化养老和完善社会化养老解决人口老龄化问题。

目前中国的大部分老年人在家里度过晚年，依然采取传统的家庭养老方式。家庭养老模式有诸多优点，不仅可以作为解决养老问题的依托和主要供养来源，而且可以在亲情交流中弘扬孝文化精华。从目前国情出发，以家庭养老为主要方式；从长远角度出发，随着独生子女夫妇面对4位老人甚至更多老人的现象越来越普遍，传统的居家养老受到挑战，社会养老将逐渐成为多数人的选择，国家应充分完善现有财税政策，大力支持发展社会化养老，提前做好迎接人口高龄化阶段到来的准备，最终建立“以居家养老为基础，社区养老为依托，机构养老为补充”的中国特色养老模式。

（2）促进人口老龄化与社会经济协调发展的财税政策选择。

联合国提出，在一个地区进入老龄化高峰的前20年，就应该做好应对养老压力的准备。据此推算，2020年前后，中国的养老产业、养老政策必须相当完备，才能够从容应对老龄化高峰的到来。但现行财税政策中，对于相应的扶持引导政策较少，仅在税收方面规定了少数政策，如对个人通过非营利性的社会团体和政府部门向福利性、非营利性的老年服务机构的捐赠，准予在缴纳个人所得税时在应纳税所得额中全额扣除；对于养老院提供的养育服务收入，免征营业税和企业所得税。而2008年实施的新修订的《企业所得税法》又取消了关于企事业单位、社会团体等社会力量对于老年服务机构公益性捐赠全额税前列支的优惠。很明显，有利于老龄化事业和产业发展的财税政策过少，未能充分发挥财税杠杆应有的调节和导向作用。为此，需要及时出台相关政策和措施，积极扶持老龄产业发展。财税政策的研究和制定应相互配合，以积极促进老龄产业发展为调节目标，把老龄产业当作社会经济发展的重要有机组成部分，在国民经济发展、长期发展规划制定、城市建设、社会保障体系建立等方面，增加财政投入，采用包括税收减免、开征特殊税种等多种税收调整政策，加大对老龄产业的投入和扶持力度。

①满足老年人口商品消费需求的财税政策。

人口老龄化程度的加深催生老龄产业迅速发展。不同于经济学意义上的产业概念，老龄产业内涵与老年人密不可分。作为由老年消费市场需求增长带动而形成的产业，它包括所有有关满足老年人特殊需求的生产、经营、服务等设施和经济活动。从消费项目分析，老年群体在衣食住行、文化体育、医疗保健、生活福利、休闲娱乐等方面有着特殊需要。从消费总量分析，2003年，全国老年人消费需求总量约3100亿元，2005年实现6000亿元，2010年实现1.4万亿元，预计2020年老年人口消费规模将接近4.3万亿元，2030年将达到13万亿元。从消费比重分析，老年人口消费占总消费的比重由2000年的9.67%

上升为2010年的11.39%，预计2020年达到15.43%，2050年达到28.29%。随着老年人口占总人口的比例日益增大，适应老年人口的消费要求将不断丰富，消费结构将不断完善，并由此成为产业结构不断调整、产品结构不断变化的导向性因素，最终改变着社会的经济结构和消费热点。

面对老年人口庞大的消费需求和广阔的老年消费市场，大力推动老龄产业快速发展，意义十分重大。目前国内老年消费群体的整体需求存在巨大的缺口，如国外已有不少用于预防老年痴呆症的老年人玩具，为生活不能自理的老人提供的特殊产品，但是中国还未开发。建议对老年人口专用消费品生产企业予以鼓励和照顾，如公布政府的采购意向，通过政府采购方式给老龄产业中竞争性行业适当的支持，通过利用其对市场投资和经营活动所产生的导向效应，间接发挥出政府对老龄产业发展的有效引导作用；在公共财政许可范围内，以各种形式加大对老龄产业的投入能力，引导企业生产满足老年人各种需求的门类齐全、品种多样、经济适用的老年用品，鼓励商家、厂家针对不同层次老年人口需求，围绕老年人衣食住行开发各种商品，拓展银色市场，解决老有所需的问题，满足老年人口的消费需要。

②满足老年人口收入保障需求的财税政策。

建立与社会经济发展和人口老龄化水平相适应的养老保障制度，是发展老龄事业的重要任务和优先领域（汤普森，2003）。鉴于中国人口老龄化加速发展的态势，建议借鉴国际先进经验，加快建立社会保障制度，完善基本养老保险、企业补充养老保险和个人储蓄性养老保险相结合的多层次养老保险体制，基本养老保险实行国家、集体和个人三方合理负担，采取部分积累的筹资方式；增加财政支持力度，逐年扩大养老保险在财政预算内的份额。在城镇，继续推进社会统筹与个人账户相结合的，由国家、企业、社区、家庭和个人多方面负担的养老保险模式；对于退休金实行指数化，随物价的涨落而及时进行调整；在农村，加快建立以个人储蓄积累养老保险为主、国家和集体予以必要支持的社会保险和家庭保障相结合的农村养老保障体系。最终时机成熟时，在全社会范围内开征社会保障税，并使其成为筹集社会保障资金的主要途径，解决老有所安的问题，满足老年人口的保障需要。

③满足老年人口的医疗保健需求的财税政策。

随着老年人口数量不断增加和高龄老人占老年人口的比重逐步加大，建议尽快建立和健全老年医疗保险制度，扩大养老保险覆盖面，使最大多数的老年人口进入社会保障网络；强化基金征集，提高基金征集率，建立和健全养老保险行政执法机制；通过财政渠道扩大基金来源，多渠道筹措养老保险基金，将其作为基本养老保险的后备基金纳入地方财政预算，专项用于基本养老保险支出，缓解不断增长的医疗需求与有限的医疗资源之间的矛盾。与此同时，积极发展商业养老保险，一定时期内继续保留对于保险赔偿免征个人所得税的优惠政策，引导人们购买商业养老保险，加快商业养老保险法规建设，通过市场化实现社会基本养老保险管理，协调发挥市场机制作用和政府部门调控作用，解决老有所医的问题，满足老年人口的医疗需要。

④满足老年人口生活服务需求的财税政策。

鉴于老年人口在社会服务方面的需求主要集中在饮食供应、医疗护理、文化娱乐、体育活动等方面，建议短期内根据社会发展特点，对于针对老年人口的洗衣做饭、购物送餐、打扫卫生等社会服务收入，予以一定时期内营业税免税政策，积极培植老龄服务产业并保护其健康发展；对于医疗卫生系统改善基层医疗服务、直接服务于老人求医的开设家庭病床、培训家庭护理人员、送医送药上门、定期检查身体、组建传呼医疗组等相关医疗收入，免征营业税，尽快建立健全社区养老服务体系，为家庭养老转向社会养老进行前期铺垫，解决老有所养的问题，满足老年人口的服务需要。

⑤满足老年人口居家养老需求的财税政策。

鉴于居家养老仍然是老人首选的主要养老方式，针对独生子女家庭面临的赡养一个甚至多个老人的现状，建议对于个人所得税工资薪金所得项目的必要生计费用扣除，采用固定扣除加调节扣除的办法，在全国统一的基本扣除标准 3500 元/月的基础上，允许各地依据经济发展状况在 20% 的幅度内进行调整，以家庭为单位进行个人所得税的计算缴纳，并增加家庭赡养老人的单项扣除项目，减轻家庭养老的经济负担，发挥家庭在对于老年人口的供养、照料和慰藉方面的巨大作用，切实鼓励居家养老模式的推广与发展。空巢家庭增多，将使社区居家养老业成为新的创业商机。对此，应出台相关扶持政策，以吸引社会资本进入；尽快明确《中华人民共和国企业所得税法》中关于“企业安置其他需要安置人员的工资加计扣除”办法，对于吸收和培训社区里面的下岗失业人员从事老人尤其是高龄、特殊群体老人的紧急救助、康复等照料和护理等服务项目，以具体的工资加计扣除税收优惠加以扶持和鼓励，解决空巢老人实际困难的同时解决下岗失业人员的就业问题；在财政能力许可的条件下，优先考虑由财政支持社区护理站的财政、设施、护理人员等方面的投入，使老年人住在社区也可以享受到护理、陪伴、购物、清扫、送餐及做家务等养老院式的服务，探索以社区为基础的居家养老新模式，最终解决老有所养的问题，满足老年人口的居家养老需要。

⑥满足老年人口福利设施需求的财税政策。

鉴于由家庭承担的养老任务正逐渐转向社会，建议依据《关于加快发展养老服务业意见的通知》精神，逐步增加财政对老年公益事业的投入；在企业所得税完善过程中，按照产业化思路，对于个人、企业和海外侨胞、外国投资者投资兴办老年福利院和老年公寓，一定时期内暂免企业所得税和土地增值税，鼓励、扶持社会各方面出资投入老年服务机构；对社会力量兴办的为老年人开展养护、托管、敬老院、康复中心等社会福利机构取得的收入，免征企业所得税，并视其投资额度由财政部门每年给予一定额度的补贴；在《中华人民共和国企业所得税法》中，恢复对于企事业单位、社会团体等社会力量向福利性、非营利性的老年社会福利院、敬老院、养老院、老年服务中心、老年公寓等老年服务机构的公益救济性税前所得额中全额扣除的规定，针对老年福利设施发展滞后于老年人口增长的现状，从多种渠道筹集老年事业资金，解决老有所居的问题，满足老年人口的居住需要。

4.2.3 建立动态调整多主体“共担—分担”机制

要化解老龄化成本风险压力的加剧，政府、企业、家庭和个人都必须共同积极地应对人口老龄化问题，建立动态调整的多主体“共担—分担”机制。从养老保险承担主体来考虑，健全、稳定的养老保险制度是老龄化社会的重要支柱，只有确保养老保险制度的运行效益，才会实现可持续发展。

(1) 开辟多渠道筹资，实现养老金的保值增值。

面对人口老龄化带来的统筹养老金支付压力，为确保基本养老金的足额发放，一方面，应该开辟多渠道的养老金筹资模式。中国养老保险的缴费来自企业和职工，社会统筹账户基金主要来自企业，而企业的缴费率不得超过当地平均工资的20%。对照目前我国人均高达28%的世界最高缴费率，提高缴费率已不可能。所以开辟多渠道的筹资方式是养老金可持续发展的重要保障。借助智利等国家的经验，国家应调整财政支出结构，合理地增加财政对社会保障的投入，应对现收现付制统筹养老金的支付压力。另一方面，提高养老保险基金的积累。中国养老保险制度中个人账户具有基金积累功能，基金的收益率只有高于通货膨胀率和社会平均工资增长率时，才能保障老年人的收入目标。在做实个人账户的基础上，个人账户基金不仅要避免通货通胀引起的贬值，还要满足退休职工的生活需求。所以个人账户基金的积累反映了基金的抗风险能力和潜在支付能力。

（2）多支柱的养老保险制度，减轻单一制度财务压力。

世界银行大力倡导的“养老保障改革最佳方案”——多支柱养老，即三支柱模式：第一支柱是强制性现收现付制的社会基本养老保险；第二支柱是强制性基金积累的养老保障；第三支柱是自愿性的补充养老保障。三支柱模式不仅满足不同人的养老需求，而且保证养老保障目标的实现。于宁利用基本养老金贡献率（第一支柱与第二支柱之和占老年收入来源的比重）这一指标评价基础养老支柱的作用。指标越低，说明退休老年人收入来源多元化，生活水平越高，对基本养老保险制度依赖性越低。实际表明，我国基本养老金贡献率与国际水平相差甚远，必须鼓励发展多支柱养老方式。鼓励企业发展企业年金制度作为补充性养老保险，加大对商业保险的优惠扶持，多元化地提高退休职工的生活水平。同时积极发展家庭赡养、社区养老、以房养老等非经济性支柱。强化养老保险多支柱制度建设，既能有效地分散养老金风险，又能减轻国家的财政负担，保证养老保障的持续发展。

4.2.4 建立老年公共政策制定与改革机制

我国已经进入老龄社会，老龄化的程度也在不断提高，老年人口的新特征和新问题大量出现，原有制度体系已经滞后，新的政策尚未全面建立，公共政策体系显然不能有效满足老年人日益增长的多样化需求。因此，我国各个领域的改革和公共政策的制定必须充分考虑老年人的需求、权利和利益，确立积极老龄化（active aging）和健康老龄化（healthy aging）的价值取向，在基础性法律法规和导向性政策两个方面构建老年人公共政策体系。

“十三五”国家基本公共服务与政府养老服务职责进一步明确《国务院关于印发“十三五”推进基本公共服务均等化规划的通知》（国发〔2017〕9 号），将建立基本公共服务清单制作为国家基本公共服务制度的核心：“国家建立基本公共服务清单制，依据现行法律法规和相关政策确定基本公共服务主要领域，以及各领域具体服务项目和国家基本标准，向社会公布，作为政府履行职责和公民享有相应权利的依据”。清单“包括公共教育、劳动就业创业、社会保险、医疗卫生、社会服务、住房保障、公共文化体育、残疾人服务等八个领域的81个项目”。其中，八个领域中明确涉及养老的有社会保险、医疗卫生、社会服务三大领域。总体上主要呈现以下特点：

（1）责任主体明确。“享有基本公共服务是公民的基本权利，保障人人享有基本公共服务是政府的重要职责”。为确保政府职责实现，建构了以下制度框架：“国家基本公共服务制度紧扣以人为本，围绕从出生到死亡各个阶段和不同领域，以涵盖教育、劳动就业创业、社会保险、医疗卫生、社会服务、住房保障、文化体育等领域的基本公共服务清单为核心，以促进城乡、区域、人群基本公共服务均等化为主线，以各领域重点任务、保障措施为依托，以统筹协调、财力保障、人才建设、多元供给、监督评估等五大实施机制为支撑”。

（2）服务内容适中。“适中”表现在对“基本公共服务”内涵的明确以及对基本公共服务均等化“不是简单的平均化”的强调：“基本公共服务是由政府主导、保障全体公民生存和发展基本需要、与经济社会发展水平相适应的公共服务。基本公共服务均等化是指全体公民都能公平可及地获得大致均等的基本公共服务，其核心是促进机会均等，重点是保障人民群众得到基本公共服务的机会，而不是简单的平均化”。并且明确国家基本公共服务制度是“政府保障全民基本生存发展需求的制度性安排”，蕴涵着面向全民提供“适度”保障的内涵。

（3）落实措施具体。清单81个项目“每个项目均明确服务对象、服务指导标准、支出责任、牵头负责单位等”。如“基本社会服务”领域的“老年人福利补贴”项目，“全面建立针对经济困难高龄、失能老年人的补贴制度，并做好与长期护理保险的衔接。提高城乡社区卫生服务机构为老年人提供医疗保健服务的能力，加快社区居家养老信息网络和服务能力建设，推进医养结合发展”被纳入该项目重点任务之一的“社会福利”，并明确了任务落实的具体保障措施。除养老服务体系建设外，还有“推进无障碍通道、老年人专用服务设施、旧楼加建电梯建设，以及适老化路牌标识、适老化照明改造。积极开展养老护理人员培养培训。搭建养老信息服务网络平台，推广应用便携式体检、紧急呼叫监控等设备”。

具有针对性的基本公共服务，能够更好地满足老年群体日益增长的美好生活需要。同时，老年人需要免费体检等个人层面的关怀，也需要公共资源方面的投入，这些需求只有更具针对性的公共服务才能满足。因此，至少从三个方面重构老年人公共政策的核心价值和社会意义：从将老年人定义为社会发展负担转换为承认其人力资本价值，确保老年人充分参与社会发展过程并平等分享社会发展的成果。构建以能力建设导向为核心的政策体系，将单纯地针对老年人的物质支持和健康保障转变为承认老年人的需求多元化，满足老年人精神需求和社会参与需求。从为老年人提供部分支持性服务转向为老年人创造一个良好的支持性环境，让老年人保有健康而有尊严的生活方式。

第5章　中国老龄化社会的风险防范体系构建

我国社会养老保险资金管理主要实行统筹地区的地方人民政府行政负责制，人民代表大会负责执法监督、财政和省级部门负责财务监督，而社会保险监督委员会实施社会监督。根据《中华人民共和国社会保险法》规定，县级以上地方人民政府社会保险行政部门负责本行政区域的社会保险管理工作，县级以上地方人民政府其他有关部门在各自的职责范围内负责有关的社会保险工作，并规定基本养老保险基金逐步实行全国统筹，其他社会保险基金逐步实行省级统筹，社会保险基金专款专用，社会保险基金存入财政专户。同时，在地方人民政府及其组成部门的管理下，财政部门、社会保险行政部门、审计机关对全国社会保障基金的收支、管理和投资运营情况实施监督。

5.1　养老金总成本测算和公共财政支付能力评估

2005～2018年，我国连续第14年提高企业退休人员养老金水平。2018年6月，国务院印发《关于建立企业职工基本养老保险基金中央调剂制度的通知》，决定建立养老保险基金中央调剂制度，自2018年7月1日起实施。2018年6月13日，国务院发布《关于建立企业职工基本养老保险基金中央调剂制度的通知》。《通知》明确，7月1日起正式实施养老保险基金中央调剂制度。2020年2月19日，人社部办公厅下发《关于切实做好新型冠状病毒感染的肺炎疫情防控期间社会保险经办工作的通知》，明确要求确保各项社会保险待遇按时足额发放。

5.1.1 养老金总成本测算和公共财政支付能力评估

基本养老金根据个人累计缴费年限、缴费工资、当地职工平均工资、个人账户金额、城镇人口平均预期寿命等因素确定。基本养老金由统筹养老金和个人账户养老金组成。所谓统筹养老金，原先称为基础养老金，就是指从用人单位缴费组成的统筹基金中向退休者支付的那部分养老金；而所谓个人账户养老金，就是指从职工个人账户积累中向退休者支付的那部分养老金。这两部分养老金的计发方法分别是：基本养老金 = 统筹养老金 + 个人账户养老金。

（1）养老金总成本测算。

当前我国实行“二孩”生育政策，同时，假定在 2020 年国家再次调整人口政策，全面放开生育政策，以保证人口总和生育率均处 1.8 ~ 1.9 之间。根据经济增长和人口政策变化，对养老金成本进行估算。

养老金总成本：$C_p = C_{S1} + C_{S2} + C_B + T$，其中，$C_p$ 为养老金总成本，C_{S1} 为 DB 制度下的养老金个人缴费，S_{S2} 为养老金年金缴费，C_B 为政府补贴，T 为养老金在 EET 模式下的收益或其他税收模式下的转移。

（2）公共财政支付能力评估：分析老龄化对经济增长、公共财政和社保收支的影响。

利用大数据处理技术以及充分考虑动态性，使用比较先进的变参数方法以衡量非线性关系和一些收入的风险变动，分析公共财政支付能力。这既能保障老年人的正常生活水平不下降，又能使政府财政可负担。

（3）在社会保险基金投资体制下，我国存在多种投资管理渠道。

第一种形式是社会养老保险行政负责地区自行投资，各省区市或者将养老金资金存于银行，或者用于购买国债，资金约有 15000 亿元。第二种形式是委托投资渠道。目前约有 9 个省区市与社会保障基金理事会有委托合同，由国家社会保障基金理事会代为投资经营，资金为 4000 亿 ~ 5000 亿元。第三种形式是国家社会保障基金自有资金投资。目前约有 8800 亿元，实行价值投资、长期投资和责任投资宗旨，其再投资方式与资产配置上与各省区市自行投资的养老金存在明显不同。

（4）我国社会养老保险金投资存在两个突出问题。

一是养老金基金管理体制不畅、投资渠道单一。我国养老金存在多种管理体制，各种管理体制之间缺乏统一管理和规范、协调性不足。城镇职工养老金基金目前除了部分委托给全国社保基金理事会代为投资管理之外，其余全由各省区市分散管理，另外还有1200亿元的农村新型养老保险甚至是由县级单位统筹自我管理，导致养老金基金投资成本较高。

二是各省区市自行管理的养老金投资收益率过低。2011年，我国养老金基金投资利息收入为446亿元（大部分来自全国社会保障基金理事会委托管理的利息收入），各省区市社会养老金自身投资收益几乎为零。这种收益率不仅与我国年均8%的经济增长率不相称，与年均超过8%的工资增长率不相称，也明显低于通货膨胀速度，不仅未能实现增值，而且出现了实际上的贬值。

（5）日本公共养老金管理模式的借鉴。

中国共产党的十八届三中全会明确指出要“建立更加公平可持续的社会保障制度”，而“可持续性”的关键要素之一是我国庞大的养老基金的科学管理和不断保值增值。一方面，随着我国人口老龄化程度不断加深，经济增长速度趋缓，养老金财政风险问题日益凸显，使养老金投资和入市问题备受关注；另一方面，国际货币危机与欧洲债务危机期间一些发达国家养老金基金投资损失惨重的残酷现实，又迫使我们重新认识养老金基金投资的安全性和收益性的协调问题。党的十九大报告提出，加强社会保障体系建设。按照兜底线、织密网、建机制的要求，全面建成覆盖全民、城乡统筹、权责清晰、保障适度、可持续的多层次社会保障体系。放眼世界，同样地处东亚的日本面临极其快速的老龄化，其公共养老金规模异常庞大，且与中国养老金体系存在颇多相似之处，其公共养老金投资管理模式经过了长期的探索与改革，经验和教训都很多。因而，通过日本公共养老金投资管理模式及其演变历程分析，总结日本的经验教训，借鉴其管理体制的优点。

①日本公共养老金管理模式的发展与演变。

从1942年建立工厂男性工人为参保对象的劳动者年金制度，到1961年创立国民年金制度，日本花费了近20年时间逐步建立了覆盖全民的公共养老体系。20世纪60年代以来，随着日本经济快速扩张、劳动者工资水平不断增长和社会养老保险覆盖面持续扩大，日本公共养老金规模日益庞大，以至于其在支付退休金之后，仍然存在大量结余。因而，如何管理与经营公共养老金资金结余，使其获得稳定收益，便成为日本政府需要着力解决的养老金管理问题。20世纪80年代以前，日本政府并没有构建独立的公共养老金投资机构，而是将其存放到大藏省负责管理的信托基金局（Trust Fund Bureau，TFB）。信托基金局将其负责的公共养老金基金、邮政储蓄存款连同邮政人寿保险资金等捆绑在一起，创立“财政投资与贷款项目”（FILP），统一用于投资和管理。在资金运用方面，财政投资与贷款项目中80%的资金投资于或借给政府金融机构和地方政府，剩余的20%被用于为政府债券提供保险。

从1986年开始，日本政府开始将FILP项目中的部分养老金借给一个特殊账户，该账户由厚生劳动省管理下的年金福利公共服务公司（Nenpuku）负责管理和运营。在具体操作上，国内债券由年金福利公共服务公司自身负责投资管理，其他投资品，如国内股票、国外债券以及股票则被委托给外部投资机构负责。总体上说，该公司投资效果不甚理想，1986～2001年，该公司年平均收益率为4.12%，低于其向TFP借贷资金的贷款利率4.87%，到2001年3月，公司账面亏损2.3万亿日元。因此，日本展开新的养老金基金管理制度改革。

2001年，日本政府组建新的公共养老金管理机构——政府年金投资基金（GPIF）。政府年金投资基金自2001年接管原属信托基金局管理的养老金基金，逐渐将TFB管理的养老金基金逐渐转移到该机构账户上。根据协议，2001年起，信托基金局管理的养老金基金将在7～8年之内全部转移到新成立的政府年金基金账户上。到2012年，政府年金投资基金资产高达112万亿日元，是世界上最大的养老金基金管理机构。

②日本公共养老金管理体制与投资效果分析。

日本社会养老保障制度的发展面临与西方国家明显不同的经济社会环境，并存在发展阶段上的差异，因而，日本养老金投资既有发达国家具有的普遍共性，还有鲜明的国家特征。兼之日本从20世纪60～70年代的一个相对的年轻国家快速演变为目前世界上最老的国家，其在应对经济发展、制度改革与投资管理方面展开了持续的改革与探索，进而形成了目前中央集中监管、政府年金基金投资公司运营的养老金基金管理模式。

日本公共养老金运行体系的核心是政府年金投资基金（GPIF），它在《雇员年金保险法》《国民年金法案》《GPIF法案》等法律约束下管理和投资公共养老金，通过支付养老金基金投资回报到政府设立的年金特别账户，来保障公共养老金和雇员年金保险的财政稳定性。政府年金投资基金有两个主要目标：进行一定程度的证券组合投资，并保障年金支付具有充足的流动资金。

在组织上，政府年金基金设有一名总裁、七个部门，包括综合管理部、计划部、信息办公司、研究办公室、投资管理部、内部投资办公室以及内部审计办公室等。GPIF 总裁根据后生劳动省大臣提出的养老金基金投资中期计划，制订具体的基金投资计划，分配并修订资产投资领域与范围，管理外部的资产投资机构，并执行自身内部的基金投资计划。GPIF 内部成立了一个投资委员会，它包括不多于 11 名的，从金融、经济和其他相关领域挑选的，由厚生劳动省大臣任命的委员。投资委员会有权利讨论中期计划，并提出相关建议；同时，投资委员会还拥有监督 GPIF 投资政策和计划实施情况的权利，并就管理和投资方面的重大事宜发表意见，以回应总裁的询问，或者就被视为必要的问题递交建议书等（见图 5－1）。

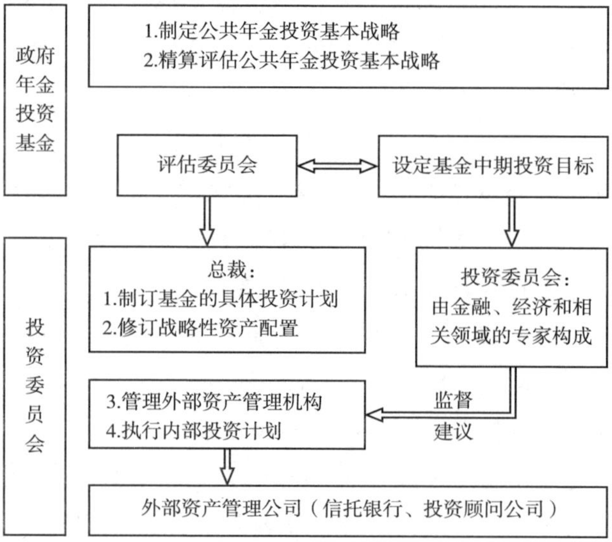

图 5－1　日本公共养老金投资管理构架及其体制

从管理体制上来看，日本实行中央政府统一负责的基金管理模式和民间投资公司具体负责投资的运营模式。政府年金投资基金（GPIF）在确定投资策略和投资组合之后，自身并不直接进行养老金基金投资（其只负责小部分 FILP 项目中政府债券的运营），而是将年金基金委托给外部私有的投资机构进行投资，即 GPIF 并不进行市场化养老金基金投资，而是负责挑选、监督和评估那些外部投资机构。2009 年，GPIF 将年金基金委托给 15 个外部投资管理者，而这些外部管理者共投资了 28 个基金。

日本公共养老金经历了从推动经济增长为主到以获取养老金收益为主的转

变，具有与时俱进的特征。早期，日本公共养老金基本被用于购买国债或者直接贷给各级政府，进行基础设施和公共设施建设。在日本经济快速成熟和公共养老支出不断扩张的背景下，2001 年成立的政府年金基金公司投资主要目标转为追求稳定而可观的收益。从表 5－1 可以看出，日本养老金投资资产国债市场化投资倾向明显，国外债券投资比重趋势上升，从 2002 年的 37.22% 上升到 2010 年的 52.05%；公共投资债券比重则趋于下降，从 2002 年的 30.86% 下降到 16.47%；而且，为分散风险，国外债券和股票投资比重也持续增长。

表 5－1　　不同时期养老金基金投资资产分配表　　单位：%

资产类别		2002 年 3 月底	2005 年 3 月底	2008 年 12 月底	2010 年 12 月底
国内债券		68.08	69.77	75.90	68.52
其中：	市场化投资	37.22	36.76	54.33	52.05
	FILP 债券	30.86	33.14	22.46	16.47
国内股票		17.68	14.24	9.46	11.79
国外债券		3.49	6.64	7.82	7.76
国外股票		9.90	9.34	6.66	10.41
短期资产		0.85	0.04	0.17	1.52
总投资资产（万亿元）		38.60	87.62	116.63	116.20

资料来源：2003～2010 财政年度《日本政府年金投资基金运营报告》，参见日本政府年金投资基金，英文网站 http：//www.gpif.go.jp/en/fund。

日本政府年金投资采用了数量化投资准则。日本公共年金基金并不是依据短期市场的波动来确定投资组合，而是根据对市场的长期表现来确定资产组合目标。而且，政府年金投资基金允许资产配置组合可以存在一定程度的波动和偏差，以反映实际市场的情况，而且不同类型资产组合之间的偏差范围也是有差异的（见表 5－2）。这种重视长期投资价值，并允许实际偏差的投资准则既能够有效抵御市场波动，又能够取得更佳的投资收益。

表 5－2　　日本政府年金投资基金政策性资产组合及其允许的偏差

资产类别		国内债券	国内股票	国外债券	国外股票	短期资产
政策性资产组合	目标权重	67%	11%	8%	9%	5%
	允许偏差范围	±8%	±6%	±5%	±5%	—

注：政策性资产组合的预期（目标）回报率为 3.37%，风险为 5.55% 的标准差。

资料来源：2006－2012 财政年度《日本政府年金投资基金运营报告》，参见日本政府年金投资基金，英文网站 http：//www.gpif.go.jp/en/fund。

GPIF还实行相对消极的投资策略。GPIF认为养老金基金规模非常大，积极投资可能会对投资交易市场产生不利影响（干扰市场）。而且，市场本身在很大程度上是有效率的，难以在长期内获得超过市场表现的收益。因而，GPIF采取了相对消极的投资管理策略。他们编制了一套反映国内外债券市场和股票证券市场波动的指数，并以这些指数为基础，制定了养老金基金中期投资回报基准，并规定外部投资者的投资收益率达到这些投资回报基准便被视为达到了投资收益标准。

③日本公共养老金投资效果总体良好，但波动性较大。

从20世纪90年代开始，日本政府年金基金规模一直处于世界第一水平，在高速老龄化过程中（当前日本老龄化率接近24%），资产规模仍然持续增长，到2009年达到最高的122842亿日元。但近年来，由于人口老龄化加剧，养老金支出持续增长，从2010年开始，日本政府年金投资基金规模开始下降，对日本年金基金支付能力带来不利影响，并对年金基金投资收益能力提出了更高的要求（见表5-3）。

表5-3　2003~2012年日本年金基金资产及其投资收益情况　单位：%

年份	2003	2005	2007	2009	2010	2011	2012
总资产（亿日元）	703411	102871	119887	122842	116，272	113611	111930
一年期利率（%）	0.1	0.27	0.81	0.5	0.12	0.1	0.02
GPIF收益率（%）	8.40	9.88	-4.59	7.91	-0.91	2.32	3.27

资料来源：GPIF收益率数据来自2003~2009财政年度《日本政府年金投资基金运营报告》，参见日本政府年金投资基金，英文网站 http://www.gpif.go.jp/en/fund；一年期存款利率数据来自相关年份《国际统计年鉴》。

从投资收益上看，2001~2012年日本政府年金基金投资平均收益率接近3%，部分年份（2005年）的投资收益率接近10%。如果在经济快速增长阶段，3%的投资收益率可能不算理想，但是如果考虑到20世纪90年代初泡沫经济破灭以来，日本经历长期经济停滞甚至衰退，通货紧缩持续了20多年，名义工资也呈下降趋势，银行利率相当低，日本政府年金基金投资绩效还是比较合理的，在很大程度上实现了养老金基金的保值增值。

但日本政府年金基金投资也存在两大问题：一是投资收益率不稳定，受经济波动影响大。2003年、2005年和2009年日本政府年金投资基金年收益率较高，接近甚至超过8%，但受国际金融危机影响，2007年的投资收益率为

-4.59%，2013 年甚至降为 -7.57%，这种投资收益率的巨大波动与养老金基金稳健性目标相差甚远。二是近年来的数据似乎显示养老金基金投资高收益率的时代已经过去，2010 年以来的投资收益率只在 2%~3% 波动，可能难以返回到以往 8%~9% 的高收益率状况。

（6）构建中国特色养老金投资模式。

从人口因素来说，中国也正在经历与日本速度类似，且规模庞大的人口快速老龄化进程，日本为应对老龄化而采取的公共养老金投资体制与模式的改革对中国构建社会养老保险投资体系具有特殊借鉴意义。借鉴日本经验，结合我国养老金基金投资的现存问题，我国需要加快加强社会养老保险金投资运营的进程，加快养老金体系的全国统筹，构建合理、有效的养老金投资模式，从而既为经济增长的提供重要资金来源，又获得合理的投资收益，进而使之成为解决未富先老养老格局的一剂良方。

①建立权威的中央政府养老金基金管理构架，加快养老金基金全国统筹。

我国养老金基金的规模日益庞大，且各省区市差异逐渐凸显，统一养老金投资、协调养老金管理已经成为当前养老金保值增值的现实途径。一方面，我国养老金基金累计结余从 2000 年的 947 亿元，迅速增长到 2015 年的 19496 亿元，增长了 20 余倍，养老金贬值风险加大，加强投资管理的必要性日益增强。另一方面，各省区市养老金基金收入和支付能力的差异也日益凸显，一些地方政府也希望实现养老金的全国统筹协调。2011 年，广东、江苏、山东征缴收入超过 1000 亿元，宁夏、海南、青海和西藏等四省区不到 100 亿元，地区之间的差异非常明显。另外，广东、结余 319 亿元，江苏、山东和北京结余也超过 200 亿元，而东北三省则存在大规模亏损，需要大量财政补贴，地区间的不平衡现象日益严重，而且分散管理的高成本、低效率已经凸显，必须加快养老金基金的全国统筹与管理。

构建中央政府统筹负责的养老金基金管理框架。实行养老金全国统筹，就要求中央政府统一管理全国各省区市的养老金基金，建立中央统筹的养老金基金管理局，并制订可操作性的《养老金基金管理条例》，通过法规形式对养老金基金管理局的功能和作用、我国养老金基金投资运营体制等做出明确而权威的规定。养老金基金管理局可以设置在人力资源与社会保障部下，专门负责养老保险基金投资战略，并将城镇职工基本社会养老保险资金、新型农村社会养老保险缴费资金和城镇居民社会养老保险缴费资金统一纳入养老金基金管理局，由养老金基金管理局设立专门的养老金基金账户，负责监督管理。

②建立政府监管、机构投资、人大监督的竞争性养老金基金运营模式。

国际上存在多种养老金基金管理模式，主要包括拉美盛行的私人养老金基金公司管理模式、发达国家的职业年金基金会管理模式，以及部分亚洲国家中央政府集中管理模式。而中央政府监管的养老金管理模式又可以分为政府养老金管理机构直接投资运营的韩国模式和中央政府集中监管、委托民间机构投资运营的日本模式。日本中央政府负责资金监管和战略制定、金融投资机构负责投资的养老金管理模式一方面强调中央政府在养老金资金监管和投资上的战略性和方向性，从而确保养老金投资稳健性，另一方面，又通过委托多个金融机构投资管理，提高了养老金投资的竞争性，有利于获得更好的投资收益。

目前，我国需要构建中央政府负责投资战略和资金监管、委托金融机构展开投资的养老金基金运营模式。在我国当前经济、政治体制改革背景下，人力资源和社会保障部自行成立养老金基金投资运营公司，实际展开投资业务不合时宜，更好的选择是由政府负责战略制定和监管，委托投资机构进行投资的养老金运营模式。目前可以将部分城乡养老金基金委托给全国社会保障基金理事会代为投资，另外选择一些具有良好信誉和资质的国有投资机构，如四大国有银行投资机构代为投资管理部分养老金基金，实现养老金基金投资的竞争性。另外，为了确保人民群众养老钱的安全性和稳健性，需要加强养老金基金投资运营过程中的社会监督和人民监督，由养老金基金管理局定期向全国人民代表大会常务委员会汇报养老金的投资产品配置、收益以及投资计划等。

③实行以经济发展目标为主，阶段性养老金投资目标和领域。

在不同经济增长阶段，日本养老金基金投资重点存在差异，这不仅是推动经济增长的现实需要，也是获得稳健和有效投资回报的必然要求。日本在经济发展急需资本积累的20世纪50～70年代，将公共养老金购买公共设施和基础设施建设的国债，社会养老保险金成为推动资本积累和经济增长的利器，实现了经济增长与收益提升的双赢结果。而在经济成熟之后，日本又将养老金投资主要目标转为追求投资收益，但稳定性仍然是其首要投资原则。2008年世界金融危机导致各国养老金损失惨重的现实也使发达国家重新审视养老金投资的风险问题，更强调养老金投资的稳健性原则。

我国在经济上还属于发展中国家，同时却具有发达国家的人口老龄化特征，“未富先老”特征明显，经济增长成为抵御老龄化风险的重中之重，因而，建立有利于经济增长的养老金投资模式成为当下所需。国债属于一种比较稳定，收益率又相对于银行存款明显较高的投资品。国债收益稳定性较强，且在经济快速增长过程中资金的需求量大，国债的利率也是我国当前比较理想的养老金投资品种。借鉴日本经验，我国可以考虑将养老金基金购买中长期国债，特别是中西部地区基础设施发行国债。我国可以专门针对西部大开发等国家性战略的投资需要，尝试定向发行一批养老金基金特别国债，可以实行一定程度的优惠利率（如以中长期国债利率为基础，上浮 10%），实现资金取之于民、用之于民。

④提高养老金金投资运营的透明度和信息公开力度。

现代社会保障制度的创建便是应对信息不对称和信息不完全而产生的道德风险和逆向选择，信息完备性和充分性对于现代社会保障体系的功能与效率发挥着重要作用。发达国家普遍意识到社会养老保险信息问题的重要性，在社会保障教育、社会养老信息的发布、跟进等方面做了大量工作，使民众享有较高的社会保障知情权。如发达国家普遍及时而详尽地公布公共养老金投资信息，包括公共养老金投资准则、资产配置方式、资产投资收益、资产分配情况以及养老金长期财政状况等，让民众能够及时了解养老金投资动态，一方面提高民众养老金体系的理性认识，降低养老金改革的阻力；另一方面为民众提供有效监督信息，推动养老金投资机构提高投资效率。

我国在养老金投资信息披露方面相对滞后，不能满足民众投资信息的需求，因而需要加强公共养老金基金来源、投资收入及其分配等信息的公布。近年来的《人力资源和社会保障事业统计公报》《全国社会保障基金年度报告》等将我国社会养老保险资金和社会保障资金的收入来源、支出和累计结余等情况都做了公告，但是这些信息并不详细、不完备，如养老金基金资产分配、收益结构、管理成本以及养老金基金如何使用、使用在哪些方面等都没有公布。理论上，养老金基金属于共有资产，人民群众应该享有对自身资产的知情权。投资收益好民众也不知情，投资亏损民众也不知情，将人民群众置之于社会保险资金投资利益相关者之外，不利于民众的知情权也不利于社会保险投资运营运行。

5.1.2 老年幸福感比较研究——基于中韩老年人口追踪调查数据

子女数量和家庭养老的质量关系密切，根据韩国 KLoSA 和中国 CHARLS 数据，运用国际微观数据比较方法，分析中韩两国老龄人群部分特征的异同。研究证明，韩国多子女老人的自评幸福感强于单子女老人，且对于社保和经济收入的依赖明显小于后者。基于韩国相对于中国的经济先发和文化同质性特点，由此得出中国应该大力推进“二孩”政策，促进农村家庭养老发展的结论及相关对策建议，以展示跨国微观数据比较研究的学术价值和实际应用价值。

2012 年以来，我国明显提高了对社会福利普惠的重视程度，短期内使农村养老保险参与度达到 95% 以上，成绩斐然，也显著地促进了老龄人口幸福感的提高。老年人幸福感提高的政策措施涉及经济支持以及社会养老和家庭养老问题的讨论，其中最重要的是在有限政府财力下，使用何种路径才能以最有效率地保证在中长期内老年人幸福感的稳步提高显然，在中国农村，长期以来，家庭养老的作用大于社会养老，而家庭养老的关键是子女数量。着眼于 20 年后的中国老龄化社会，子女数量和孝道文化变化对老人幸福感的影响，值得讨论。

一般认为子女数量越多，老年人生活幸福感越强（Pinquart & Sorensen, 2001），但并非所有的家庭关系都与促进幸福有关，某种家庭关系也可能会产生积极或消极的后果。非自愿接触的家庭关系或在紧张状况下的接触可能对老年人的健康产生不利影响（Sherwood et al. , 2005）。例如，不自愿访问父母或不太愿意与儿女密切联系的老年人不会从这种接触中获得和其他老人相同的健康益处。另外，如果一个年龄较大的老人和他/她的老年父母收到很少的退休福利，那么他们可能会归咎于个人和家庭，并可能会使家庭关系紧张。在这些情况下，淡漠化的父母或孩子关系可能不会促进健康。总而言之，老年人家庭关系的存在并不固有地转化为社会资源，也不确定一定能促进健康和自我满足。

因此，子女数量对幸福感的影响，是一个精细的问题，独生子女、“二孩”家庭和三子女的老年人幸福感应该有很大差异，而且幸福感不应和子女数量呈现线性关系。Jae - Hyun Kim（2015）等基于韩国 KLOSA 数据对于子女数量和生活水平的关系作了详细的分析，他们具体把老年人口依据性别分组，使用子女的男女性别数量和性别细分对生活水平进行回归，但在实证中，由于分组过多而显得纷乱，如不同性别和不同子女数量对老人幸福感的影响经常出现一些方向相反且不易解释的结果。利用中国 CHARLS 微观数据的研究，都是把子女数量作为定序自变量，没有子女数量分组研究的报告，且关于机理分析也比较粗糙，可能的原因是数据样本量和时间跨度都不够（何泱泱、周钦，2016）。

其实，不仅是多子多福的政策评估，国内很多其他的老年研究都面临数据不够丰富的问题，并且由于涉及未来其他因素的诸多变化，使大多数政策评估滞留在推理阶段。针对这一问题，本书拟使用国际微观数据比较的方法做些新的尝试，同时也将说明国际微观数据比较的困难和解决方法。

（1）跨国比较研究的成就、难点。

人口老龄化几乎影响着世界各个国家，人口老龄化的速度在不同国家间有很大差异，但跨国老龄化研究的假设各国可以相互借鉴学习。到2050年，韩国预计将成为世界第三大老龄人口高比例国家，再过20年中国超过65岁的人口将会从2014年的10%增长到25%，（郑秉文，2016）。各国老龄化程度的不同意味着一些国家在面对人口老龄化挑战方面有更多的经验，跨国交流可以帮助梳理和提出有成功希望的做法和政策。此外，跨国可比较微观数据由于问卷的丰富从而使社会文化背景如何影响个人和政策的机制研究成为可能。

①老年问题跨国比较研究已取得成果。

现有可用于比较的跨国老年追踪调查数据由各个国家的政府及其关联研究机构资助，从美国健康和退休调查（HRS）开始，已经先后建立了包括欧洲二十国及以色列数据（SHARE）、日本（JSTAR）、韩国（KLOSA）、中国（CHARLS）、印度（LASI）、澳大利亚（ALSA）、墨西哥（MHAS）和非洲（包含在SAGE中）等数据库。基于这些数据库的跨国比较已经在健康关怀领域取得了非常多的比较成果。在人力资源领域，关于实际退休年龄、养老金支出水平和增长率三者关系也有很多的讨论，甚至在最具有难度和受到争议的文化和心理差异领域，从北美居民的跨种族研究（Roberts et al.，2015）到东西欧和南北欧比较（Cruikshank，2013），从东亚生产福利主义的深入分析（Choi，2012）到泛太平洋区域的国家比较（Ambigga et al.，2011），在家庭养老、尊老孝道、社会平等以及宗教教义等文化因素异质性的详细比较和同质性的归纳方面做了很多工作。

②老年问题跨国比较研究的困难。

微观数据可比性、机理复杂性引起的同质性归纳困难以及争取政府对于研究结果的采纳是摆在老年问题跨国研究面前的三个难题。

第一，数据可比性。

各国调查数据虽然结构接近，但是在健康、就业、志愿者等方面都存在定义和测量方法差异。例如，在各国的照顾（护理）和志愿服务实施中，体现了因社会文化差异而导致的数据差异，在美国 HRS 中，护理是指向 ADL 和 IADL 提供援助，中国 CHARLS 问卷中的护理却有包括工具和财务支持在内的更广泛的定义，在韩国的 KLoSA 中也观察到不同的方法。关于志愿服务的选项，KLoSA 将样本限制为加入志愿团体的人，这显然与中国的情况差异很大。对于什么是照顾的文化理解差异或什么构成志愿服务的定义差别明显，影响了调查结果的可比较性。

另外，不同的测量方法也造成了数据比较的困难。各国志愿服务的问卷选项的答题项都使用序数排列，但是强度不同，在美国 HRS 中以分类方式报告志愿者时间，在 CHARLS 和 KLoSA 中使用每天每周等的频率测量来获取志愿者的强度。对志愿者参与的不同测量方法也许反映出在志愿服务期望方面的差异或跨文化的时间概念差异。总之，衡量标准的差异挑战了信息的可比性，并对跨国比较研究构成了威胁。

第二，遗漏变量和机理不清引起的比较困难。

即使排除了以上数据定义和题目设定的差异，仍然需要考虑行为与政策之间的反馈（甚至可以包括个人对政策变化的反应）的异质性，还需要排除其他因素（例如，宏观冲击），最后还要落实看似可比的变量在各国文化中的实际可比较程度。

第三，获得政府认同的努力。

世界各国政府和其关联科学机构是健康和退休等方面的老龄研究的主要资助者，其主要动机在于所收集的信息和基于数据的分析将有助于在面对全球化剧烈变化的情况下改进政策决策，所以最终从国际比较中获得的见解需要转化为政策建议并且得到政府的采纳。虽然国际化和全球化的理念越来越得到认同，但十分显然的是各国政府都有强调各自异质性的倾向，即使在发起这项比较工作的西方世界，由于欧洲和美国对福利主义的不同看法，使政府和民众对一些向对方学习具体措施的政策建议时产生抵触。这种情况更加普遍地存在于亚洲各国，东西方差异和亚洲差异成为抵制政策建议的潜台词。

（2）跨国研究的数据和方法。

虽然有如此多的困难，但是，跨国可比较微观追踪老年数据确实提供了前所未有的信息量，并且其结构化数据非常有利于利用固定效应模型来进行政策分析，就像 Suzman 和 Harper（2013）所说：跨国微观数据的开发为我们提供了一个研究老年问题以及提供政策建议的新时代，当然也有很多研究正致力于这些困难的克服（Davidov et al.，2014）。

从计量方法上有别于国内已有研究把子女数量作为定序自变量考察其对老人幸福感的影响系数，而是根据子女数量把样本分组，观察不同子女数量样本组的各影响因素对于幸福感影响程度的差异，并且把韩国数据和中国数据的差异以及调整做详细说明，以显示可比较性。

①数据来源和变量设定。

选取韩国数据和中国数据作为比较样本，理由如下：

中国现阶段的子女数量对老年人幸福感提升的研究不具有太多的超前预判价值，而相邻的韩国，由于其社会经济发展水平略高于中国，而对于家庭养老的重视也有更好的政府支持和民间基础。中韩有相似的孝道文化基础，基于国际上对于东亚福利主义的研究和批判，以及对于东亚地区未来由于高速工业化和快速老龄化而可能产生的孝道文化的实际衰落，因为韩国的孝道文化的今天，在某种意义上可作为中国孝道文化发展的未来可能。另外，韩国没有计划生育政策，其子女现状，可以作为中国在开放“二孩”后和未来工业化程度提高之后的一个模拟样本，这样，中韩在这个问题上进行对比，就具有了某些现在和未来比较的意义。

韩国老年人口历年调查数据是由韩国职业信息中心（Korea Employment Information Service（KEIS））组织的，调查样本为 45 岁以上成年人，包含全国 999 个社区中 7574 个家庭的 11796 个调查样本的数据库，目前为止进行了 2006 年、2008 年、2010 年和 2012 年四次。我们采用 2010 年和 2012 年数据。

中国健康与养老追踪调查（CHARLS）是由北京大学国家发展研究院主导的两年一次的追踪调查数据，收集中国 45 岁及以上中老年家庭和个人的高质量微观数据，涉及全国 28 省、150 县级单位、450 个村级单位、约 1 万户家庭中的 1.7 万人。本书采用 2011 年和 2013 年调查数据。

被解释变量使用自评幸福感。有些文献使用了情绪和自评健康作为老年幸福的判断指标或者稳健性检验指标，但是自评幸福感作为幸福指数有更多的理论和实证使用支持。关于幸福感的定义和指标选取是一个古老的话题，从亚里士多德的主观幸福到 Sen 融合了主观客观、享乐主义和利他主义的意见以及继阿马蒂亚·森以后 Nussbaum（2011）的发展，使自评幸福感和健康自评成为两个最重要的幸福感评价指标。健康自评往往在医学和保健领域被使用，而自评幸福感作为 SWB 的表征，由于其隐含更丰富的内容，被社会科学研究广泛使用。

金钱、健康，年龄、教育程度、生活自理能力及护理、平等感、参与社群活动等更加细致的研究作为老年幸福感的影响因素纳入解释变量。本书选取金钱（包括财产、收入、子女经济支持）、自评健康、年龄、教育程度作为解释变量。生活自理能力缺失在中国样本中占比很小，如果进入模型会造成样本量急剧缩小；护理因素由于中韩的定义和问卷有差异，平等感和社群活动参与本身的牵涉问卷项目和指标太多，会给国际比较造成更多的困难。因此，为了模型简化以及国际比较减少歧义，舍弃了后面的这五个指标（减少自变量和控制变量数量是国际比较的一个方法，虽然牺牲了解释力度，但是这在社会科学的研究中还不足以成为一个严重问题）。选取的变量的量纲在两个数据库中存在差异，变量统计性描述中说明了调整的方法。

自评生活满意度选项：1. 极其满意；2. 非常满意；3. 比较满意；4. 不太满意；5. 一点也不满意。婚姻选项：1. 已婚与配偶一同居住；2. 已婚，但因为工作等原因暂时没有跟配偶在一起居住；3. 分居（不再作为配偶共同生活）；4. 离异；5. 丧偶；6. 从未结婚；7. 同居。两国都把已婚和同居作为 1，其他作为 0，但在实证中采用三级选项，345 为 0，6 为 1，127 为 2，以避免共线性。教育选项：1. 未接受正规教育；2. 未完成小学但能阅读；3. 私塾；4. 小学；5. 初中；6. 高中；7. 职高；8. 大专；9. 大学；10. 硕士，中国样本 3、4 合并，6、7 合并比韩国少 9 选项。自评健康选择：1. 极好；2. 很好；3. 好；4. 一般；5. 不好，调整转换成由低到高，123 转换为 1，4 转换为 0。社保选项：1. 农村养老保险（老农保）；2. 城乡居民养老保险；3. 城镇居民养老保险；4. 以上都没有。收入选项为全年收入加社保收入。子女经济支持选项为所有子女每月经济支持（见表 5 -4）。

表 5 -4　　调整后的变量描述性统计

变量	韩国 KLoSA		中国 CHARLS	
	样本量	均值	样本量	均值
自评幸福感	22727	3.30	16461	3.45
年龄	22735	64.31	15112	61.95
教育	22735	3.33	15120	2.78

续表

变量	韩国 KLoSA		中国 CHARLS	
	样本量	均值	样本量	均值
子女资金支持	9024	749.66	1537	1361.76
健康	22735	3.01	9122	3.89
参与社保	21316	0.24	18629	0.80
子女拜访	14889	65.44	8388	163.05
子女通信	14886	182.27	6029	101.20
收入	18273	2157.81	7328	20328.86
婚姻	22735	0.77	18585	0.87
资产	3631	11946.83	13938	12483.67
子女数量	22727	2.99	8360	2.42

韩国的年龄样本均值较高，说明寿命较长。教育程度也较高，健康自评和幸福感自评韩国低于中国（估计是两国老年被调查样本的文化和表达差异）。韩国社保参与率远远低于中国，但是如果考虑替代率因素，则无法比较。但是我们仍然作为一个 0、1 型变量进入模型。子女联系的两个选项中中国子女的拜访频率高于韩国，但是通信联系低于韩国，原因可能是韩国具有更高的通讯设备普及率和更普遍的使用习惯。收入方面，韩国计量单位为万韩元，中国为万元，韩国均值按照 1 万韩元 =60 元人民币，折合为 12 万元人民币，为中国 6 倍。资产数更是中国的 60 倍，韩国人均资产高于中国可以理解，但是差距如此悬殊的一个原因是韩国收入和积累的民间资产高于中国，另外可能是韩国人更加愿意说明自己的资产而中国没有这样的传统。韩国家庭的子女数量在此调查样本中平均比中国多 0.57 个。值得注意的是，在回答问题的缺省值方面，中国数据的缺失值远远高于韩国（中国问卷的资产要求实际数据，而韩国是分等级提问，可能韩国的问卷更加容易回答）。尤其在子女经济支持问卷选项中，中国样本的回答比例太低。但子女经济支持作为考量收入和孝道以及社保替代的重要变量，还是需要保留。

②中韩不同子女数量的老年人幸福感及各影响因素的作用系数比较。

首先，比较不同子女数量的老人幸福感（见表 5 - 5），由于中国样本选择的大多数人在生育期未受到计划生育政策影响，中韩两国样本的子女数量分布基本一致，对于自评幸福感的最低取值有差异（表 5 - 4 由于篇幅原因省略了最大值和最小值的列示），所以不能直接进行自评幸福感的横向比较，但是可以就各国样本内的不同组别进行比较。韩国老年人在二子女组的幸福感最高，三子女以上组高于单子女组，但是低于二子女组。中国老年样本则呈现随着子女数量增加而自评幸福感单边递增的关系。怀疑多子女家庭的父辈资产可能是一个原因。这需要留待下一步的影响因素的系数分析进一步讨论。

表 5－5　　中韩老年人分组幸福感比较

	韩国自评幸福感					中国自评幸福感				
	样本量	均值	标准差	最小值	最大值	样本量	均值	标准差	最小值	最大值
1个子女	1573	3.18	1.04	1	5	1152	3.38	0.58	3	5
2个子女	7921	3.45	0.91	1	5	5792	3.42	0.59	3	5
3个以上子女	12661	3.26	0.94	1	5	7689	3.47	0.62	3	5

接下来分析影响老人幸福感的因素的作用系数，从表 5－6 中我们梳理中韩两国老年人口的共同点和差异性。

表 5－6　　中韩老年人幸福感分组影响系数

被解释变量：老人自评幸福感	韩国1子女组	韩国2子女组	韩国3子女组	中国1子女组	中国2子女组	中国3子女组
	系数	系数	系数	系数	系数	系数
年龄平方	－0.0002	－0.0001	－0.0001	－0.0001	－0.0001*	－0.0001*
	－1.09	－1.04	－0.04	－0.26	－1.93	－0.08
教育	0.4580*	0.2770***	0.3724***	－0.2478***	0.7575*	－0.1354
	1.75	4.09	7.76	－2.57	1.76	－0.84
子女资金	－0.3518*	－0.0880*	0.0573	－0.5288	0.7406*	0.1498
	－1.64	－1.67	1.45	－0.93	－1.94	1
健康自评	0.8240**	0.7656***	0.7737***	－0.1751	0.2955	0.3861**
	2.31	8.25	13.1	－1.35	0.67	2.04
参加社保	0.0809	0.4202***	－0.0173	0.1895	0.2815**	0.4251
	0.12	2.77	－0.12	0.69	2.01	0.67
子女拜访	0.1311	0.0613	0.0551	0.0679	0.0269	0.0548***
	0.57	1.03	1.19	1.01	0.1	3.56
子女电话	0.6576**	0.2492***	0.1747***	0.0575	0.0269*	0.0328
	2.38	3.57	3.21	1.69	1.78	1.32

续表

被解释变量：老人自评幸福感	韩国 1 子女组	韩国 2 子女组	韩国 3 子女组	中国 1 子女组	中国 2 子女组	中国 3 子女组
	系数	系数	系数	系数	系数	系数
收入	0.2819 *	0.0233	0.0078	0.0920 **	0.0827 *	0.0782 **
	1.66	0.79	0.4	2.38	1.78	2.29
婚姻	0.7713	0.7157 ***	0.3505 ***	0.0035	0.0156	0.0090
	1.2	4.05	3.19	0.02	0.13	0.02
资产	-0.3702	0.1778 ***	0.1943 ***	0.1182 *	0.1381 *	-0.0915
	-0.89	2.65	2.67	1.89	1.86	-0.19
样本量	135	1216	2792	98	872	1367

注：***、**、*分别表示在1%、5%、10%情况下通过显著性检验。系数下方为Z统计量。

中韩共同点：

拥有“一孩”和“二孩”的老年人口都对子女资金支持持负面态度，“三孩”以上多子女的老年人则乐见其在经济上的孝顺体现；随着年龄增大，自评幸福感都降低，这在中韩两国具有一致性，且系数都相近；健康对SWB有正向作用，但是在中国独子家庭，却出现了统计不显著的负向作用；社保对中韩“二孩”家庭的老人自评幸福感都有正向作用，但“一孩”和“三孩”以上家庭社保对于老人自评幸福感的影响都统计不显著；子女联系的作用都是正向的，收入在韩国老年人口中的影响随着子女增加而显著减少，中国亦有这样的趋向。

中韩区别点：

在资产和收入方面，资产对于幸福感的作用，韩国的系数明显大于中国，但韩国和中国老年人对于资产的重视，没有随着子女增加而有线性的变动；韩国单子女家庭反而有负向的资产对于幸福感的影响，而中国“三孩”以上家庭也是负向（在80%的显著性水平上有负向作用），可以理解成或许是因为资产越多，子女的矛盾可能性越大，但对于韩国单子家庭的资产影响系数为负，不容易做出解释；韩国各组家庭对子女经济支持的反应不够显著，而对于自己财产的重视程度比中国高很多，原因可能是韩国已经到达一定的经济发展阶段，国民财富有所积累，而中国农村老年人口的资产拥有量远少于韩国，这点从数据统计描述中可见；在家庭关系方面，韩国老年人更加喜欢子女的通信联系，韩国三组样本中的子女电话联系的系数比中国家庭高了一个数量级，这可能的原因是由于韩国老年人的经济收入和文化水平较高，电子通信设备的普及先于中国；韩国家庭婚姻和老年幸福关系正向且显著，而中国家庭婚姻对于幸福感的影响统计不显著，关于这一问题，符合常识判断。

关于教育在“单孩”和“三孩”子以上家庭的负面作用，需要更加详细的分析，涉及价值观焦虑感等，亦有内生性问题，限于篇幅，不做过多的深入讨论。

我们还发现在问卷指标的互相验证性上，韩国数据的质量明显高于中国。在本书实证研究中，中国和韩国结果的差异，不仅来自以上的分析，可能存在的原因是我国调查数据的质量（低缺失率）不如韩国数据（这不一定是调查过程的问题，而可能来自中国被调查对象的习惯），造成有效样本量过小，从而统计不显著。

（3）跨国研究结论及对策建议。

①简短结论。

在不同国家和地区，由于受经济发展水平、社会政策设置、人文历史文化影响，其老年人的幸福感有所不同。本书通过对中韩老年追踪微观数据的比较，提出以下结论：

随着个人资产的增加，老年人自评幸福感对自我财富的依赖会增强，这一点在中国家庭中表现不明显。其可能的原因在于中国老年人的财富积累还没有达到一个能够足以作为晚年生活依赖的临界点。2016 年，韩国人均 GDP 为 27533 美元，而中国只有 8123 美元（人民币 53980 元），相差近 3 倍，自然韩国老年人比中国的高。

韩国老年人较之中国老人显然更加重视子女的探访，说明其在社会生活中可能更加孤独。可能的原因是：韩国的城市化率比中国更高，城市工作节奏更快；同时，在中国家庭关系中传统的慈孝文化影响更深厚，由此，父母与子女间的感情联系更密切。由于比较关系，没有加入宗教因素，这是否暗合了 North 和 Fiske（2015）的关于快速工业化进程中，名义上对老年人口的尊重而实际却出现了对于孝道传统的背道而驰呢？由于东亚现代化水平的快速提升，东方和西方在对老年人的态度上可能会趋同。

现代化是老年人被歧视的最重要的动力（Branco & Williamson，1982；Nelson，2005）。传统的孝道文化影响一方面源于经济不发达，另一方面可能来自普遍的受教育程度较低，而这种情况随着经济社会的快速现代化已经发生了极大的改变；而工业化劳动一般强调年轻、速度和活力却不太重视老年经验，那么快速的工业化则会让老年人在社会生产中的价值更加降低。换句话说，“西化”除了潜在地破坏传统的老人角色，现代化也会威胁和侵蚀孝道传统（Cheung & Kwan，2009；Lee & Hong - Kin，2005）。

社会保险的作用无论在相对贫穷的中国还是在相对富裕的韩国作用都有限，家庭养老依然是支撑老年幸福体验的最重要方式。因为社会保障只是一种物质生活上的保证，而人作为一种有感情的动物，更需要家庭的亲情关怀；特别是在社会养老保险还不能全面覆盖老年人物质和精神生活的情境下，家庭仍然是养老的主体，支撑着老年幸福感的获得和维系。

②对策建议。

在老龄化社会，老年幸福感的提高是由多种因素共同决定的，包括经济保障、健康状况、生活照料、精神慰藉以及子女数量等，涉及经济、社会和家庭生活的方方面面。因此，我国政府要出台一系列政策措施，发展积极老龄化，不断提高老年人的生活质量和幸福感，以实现中国老龄社会的可持续繁荣。

第一，及时出台鼓励生育政策。中国自 2000 年开始进入老龄社会，即 65 岁及以上人口占总人口的比例达到了 7%。截至 2017 年底，我国 60 岁及以上老年人口为 2.41 亿人，占总人口 17.3%；同时，由于长期的计划生育政策的影响，我国人口出生率持续下降，由 2000 年 14.03‰下降到 2015 年 12.07‰，减少两个百分点；即在 2016 年我国实行全面开放“二孩”政策后，出生率也只有 12.95‰（全国老龄办，2018），而在 2017 年全国出生人口反而比 2016 年减少了 63 万人，由此，导致人口老龄化率不断增长。因此，迫切需要在国家层面出台鼓励生育政策，包括生育补贴、生育期休假，子女教育资助等，减轻子女抚养负担。通过一系列政策措施，在 2030 年前，将总和生育率由当前的 1.2 提高到 1.6 左右，以保证人口大体平衡。同时，提高生育率不仅会弥补中国未来劳动力不足的问题，从而保证经济的可持续增长，而且能够使 20 年后的家庭养老有更多保证，使老年幸福感不断提升。

第二，大力宣传孝道文化，形成敬老、爱老、养老、助老的良好社会氛围。孝道文化是中华民族的优秀文化血脉，包括“敬亲、奉养、侍疾、立身、谏净、善终”等内容，核心是对父母的孝敬和奉养，这也是中华民族生生不息、繁衍昌盛的根源。因此，政府和社会要大力宣传新时代的孝道文化观念

（中华民族的优良传统与社会主义核心价值观的有机融合，包括孝敬、保障、共享、和谐等），教育年轻人承担家庭责任，关爱老人，照顾老人，使父辈们能够愉快地安度晚年生活。

第三，加强家庭情感支持，提高老年幸福感。已有研究和社会实践证明，“情感支持对老年人的身心健康、生活满意度或是主观幸福感都有着非常重要的作用，特别是子代提供的情感支持尤为重要”（黄鹂、林学翔、徐欣欣，2012）。家庭情感支持能较好地缓解老年人的心理压力，有益心理健康和生活质量提高，而且，获得较多情感支持的老年人对晚年生活满意度一般较高。我们的研究也表明，家庭亲情支持与老年幸福感显著相关，并有显著的正向作用。因此，要鼓励青年人多关心长辈的日常生活、情感需求和心理抚慰，有空与老人多联系，多回家看看，以增进老年人的幸福感。

第四，建立以家庭养老为主体、社会养老为辅助的社会养老服务体系。当前，中国的经济社会发展水平还有待于进一步提高，老年人的生活照料和精神抚慰全部由社会负担一时难以做到，所以家庭养老仍然是目前最主要的养老方式。但在以家庭养老为主的同时，政府、单位特别是社区可适当承担一部分责任和功能，包括经济支持、医疗保障、老年健康服务、发展养老机构和开展志愿者活动等，以减轻子女的养老照料压力。建立社会养老服务体系，形成“居家与机构相融合的社区养老，医疗与养护相融合的健康养老，数据与服务相融合的智慧养老，市场与政府相融合的产业养老，物质与精神相融合的文化养老”的新局面，提高老年人幸福指数，从而促进老龄化社会的稳定和繁荣。

5.2 医疗保险与医保一体化政策效果评估

医疗保障制度是关系全体民众切身利益的一项民生工程，是我国社会保障制度的重要组成部分和重要任务。2014 年 12 月，习近平总书记在镇江考察时，就提出“没有全民健康，就没有全面小康”，不断完善医疗保障制度的各项医疗政策是推动我国社会保障工作和实现全面小康社会的基本动力和根本保障。目前，我国已经基本建成以医疗救助为底线，城镇职工基本医疗保险、城镇居民基本医疗保险和新型农村合作医疗三种基本医疗保险制度为主，多种补充医疗保险为辅的覆盖多数民众的医疗保障体系。因此，建设和完善覆盖全体民众的基本医疗保障体系就更加尤为紧迫。

5.2.1 医疗保险与医保一体化制度改革的初步成效

我国医疗保障改革的制度性探索，从 1994 年的“两江”试点开始，到 1998 年国务院下发《关于建立城镇职工基本医疗保险制度的决定》，开始了全面推进医疗保险制度改革之路。随后，《中共中央、国务院关于进一步加强农村卫生工作的决定》明确指出，要“进一步建立以大病统筹为主的新型农村合作医疗制度”，启动新型农村合作医疗试点；2007 年，在《国务院关于开展城镇居民基本医疗保险试点的指导意见》的指导下，城镇居民基本医疗保险制度开始在城市试点，随后试点范围扩大，2010 年开始在全国范围内展开。

（1）城镇职工基本医疗保险。

城镇职工基本医疗保险（简称“职工医疗保险”）是国家构建多层次保障体系的核心，主要覆盖城镇就业人口。该制度采取社会统筹与个人账户相结合的筹资模式，医疗保障费用由用人单位和职工个人共同负担，并规定了单位和个人的缴纳比例，用人单位缴费率控制在职工工资总额的 6% 左右，职工缴费率为本人工资收入的 2%，其中 30% 记入个人账户，剩余部分用于建立社会统筹基金，实施社会统筹、互助共济的医疗保险制度。当劳动者因疾病或其他突发事件导致身体或健康损害时，为避免或减轻劳动者因患病、治疗等所承受的经济风险，医疗保险经办机构给予一定的经济补偿。

职工医疗保险制度是在改变了原计划经济体制下的公费医疗和劳保医疗而建立起来的适应社会主义市场经济体制的新型医疗保险制度。从 1998 年 12 月，《国务院关于建立城镇职工基本医疗保险制度的决定》的出台，到 2014 年 8 月《人力资源社会保障部关于进一步加强基本医疗保险医疗服务监管的意见》，以及党的十九大报告明确提出“全面建立中国特色基本医疗卫生制度、医疗保障制度和优质高效的医疗卫生服务体系”，不断深化、全面地分阶段逐步展开解决公民医疗保险问题的决心。截至 2018 年底，我国参加城镇职工基本医疗保险人数为 3.16808 亿人，比上年末增加 1358.1 万人（见表 5-7）。

表 5－7　　2011～2016 年中国职工医疗保险基金发展现状

年份	参保人数（亿人）	基金收入		基金支出		基金结余			保障水平	
		规模（亿元）	增长率（%）	规模（亿元）	增长率（%）	当期结余（亿元）	当期结余率（%）	累计结余（亿元）	人均筹资（元）	人均补偿（元）
2011	2.52	4945	25.03	4018	22.82	927	23.07	5704	1960.20	1592.74
2012	2.65	6939	40.30	5543	37.96	1395	25.17	7644	2619.87	2092.80
2013	2.74	8248	18.88	6801	22.68	1447	21.28	8331	3005.50	2478.23
2014	2.83	9867	17.45	8134	19.60	1553	19.09	9117	3423.45	2874.61
2015	2.89	9084	－6.22	7532	－7.41	1552	20.61	10997	3143.84	2606.69
2016	2.95	10273	13.09	8287	10.02	1986	23.97	12972	3479.54	2806.77

注：当期结余＝当期基金收入－当期基金支出。基金结余率＝基金当期累计结余/基金支出×100%。参保率＝参保人数/年末人口数×100%。

资料来源：《中国统计年鉴》（2012～2017 年）。

（2）城镇居民基本医疗保险。

城镇居民基本医疗保险（简称“居民医疗保障”）是面向不属于城镇职工基本医疗保险制度覆盖范围的中小学阶段的学生（包括职业高中、中专、技校学生）、少年儿童和其他非从业城镇居民的一项保险制度。它坚持低水平起步，重点保障城镇非从业居民的大病医疗需求，其基金筹集是以家庭缴费为主，政府给予适当补助。参保居民按规定缴纳基本医疗保险费，享受相应的医疗保险待遇。为实现基本建立覆盖城乡全体居民的医疗保障体系的目标，我国从 2007 年起开展城镇居民基本医疗保险试点，这是一项以自愿参保为原则，采取以政府为主导，以居民个人（家庭）缴费为主，政府适度补助为辅，面对城镇非从业居民的医疗保险制度，包括所有未参加城镇职工基本医疗保障的成年居民、非成年居民及在读大学生，缴费金额及享受比例根据各地经济发展水平不同而略有差别。截至 2012 年底（见表 5－8），我国参加城镇居民基本医疗保险人数为 2.7155 亿人，比上年末增加 5089 万人，制度覆盖面在不断扩大。

（3）新型农村合作医疗保险。

新型农村合作医疗保险（简称“新农合”）是由政府组织、引导、支持，农民自愿参加，个人、集体和政府多方筹资，以大病统筹为主的农村医疗互助共济制度。2002 年 10 月，我国明确提出各级政府要积极引导农民建立以大病统筹为主的新型农村合作医疗制度。从 2003 年“新农合”试点以来，制度发展势态良好。2009 年，我国作出深化医药卫生体制改革的重要战略部署，确立

“新农合”为农村基本医疗保障制度的地位，这也是我国政府历史上第一次为解决农民的基本医疗卫生问题进行的大规模投入。据统计（见表5-9），2011年开展“新农合”的县（区、市）为2637个，参加“新农合”人数为8.32亿人，当年补偿受益13.15亿人次，参合率达到97.5%。新型农村合作医疗试点工作开展以来，各地认识明确，组织有力，工作扎实，稳步推进，取得了明显的成效，受到了广大农民群众的欢迎，为探索新形势下做好农民医疗保障工作，逐步完善新型农村合作医疗制度积累了经验。可以看出，新型农村合作医疗制度的实施，较好地满足了我国农村居民的基本医疗保障需求。

表5-8　城镇职工与城镇居民基本医疗保险情况

年份	参保人数（万人）					城镇职工基本医疗保险收支（亿元）		
	合计	城镇居民基本医疗保险	城镇职工基本医疗保险			基金收入	基金支出	累计结余
				在岗职工	退休人员			
2005			13783	10022	3761	6969.0	5401.0	6066.0
2006			15732	11580	4152	1747.1	1276.7	1752.4
2007	22311	4291	18020	13420	4600	2214.2	1551.7	2440.8
2008	31822	11826	19996	14988	5008	2885.5	2019.7	3303.6
2009	40147	18210	21937	16411	5527	3671.9	2797.4	4275.9
2010	43263	19528	23735	17791	5944	3955.4	3271.6	4741.2
2011	47292	22066	25226	18948	6278	4945.0	4018	5683.2
2012	53641	27155	26485	19861	6624	6061.9	4868	6884.2

资料来源：《中国卫生统计年鉴（2013）》http：/www.nhfpc.gov.cn/htmlfiles/zwgkzt/tpjnj/year2012/index2012.html.

表5-9　新型农村合作医疗情况

年份	开展“新农合”县（市、区）（个）	参加“新农合”人数（亿人）	参合率（%）	人均筹资（元）	当年基金支出（亿元）	补偿受益人次（亿人次）
2005	678	1.79	75.66	42.10	61.75	1.22
2006	1451	4.10	80.66	52.10	155.81	2.72
2007	2451	7.26	86.20	58.90	346.63	4.53
2008	2729	8.15	91.53	96.30	662.31	5.85
2009	2716	8.33	94.19	113.36	922.92	7.59
2010	2678	8.36	96.00	156.57	1187.84	10.87
2011	2637	8.32	97.48	246.21	1710.19	13.15

（4）城乡医疗救助制度及多种形式的补充。

医疗救助制度是指政府通过提供财务、政策和技术上的支持以及社会通过各种慈善行为，向贫困人口中的疾病患者提供专项帮助和经济支持，使他们获得必要的卫生服务，以提高其基本生存能力，改善健康状况的一种医疗保障制度。在党中央、国务院的高度重视下，我国医疗救助试点工作进展迅速，城乡医疗救助制度从无到有，从试点探索到全面推开，从制度建设到机制创新，不断得到完善和发展，已经成为我国医疗保障体系的重要组成部分。通过合理确定救助范围，实行多种方式救助，完善救助服务内容，合理制订补助方案等，充分发挥医疗救助的便民救急作用。2011 年我国民政部门城乡医疗救助支出合计 187.6 亿元，超出 2010 年 50.6 亿元；城乡医疗救助 8519 万人次，超出 2010 年 963 万人次，为解决城乡贫困家庭成员的医疗问题做出了重要贡献。但是从总体上来看，这项制度仍处于探索和起步阶段，贫困家庭“因病致贫”“因病返贫”的现象仍然突出。同时，以商业健康保险为主的补充医疗保险也正在发展与完善中，有效减轻了国民对社会医疗保险和社会医疗救助的依赖。需要加强医疗救助等补充医疗保险与基本医疗保障制度之间的衔接，探索实行“一站式管理服务”，要结合城镇职工基本医疗保险、城镇居民基本医疗保险与新型农村合作医疗制度的建立，统筹协调，更好地发挥各项制度的整体效能。

（5）基本医疗保险一体化制度。

基本医疗保险作为维护健康权这一基本人权的主要制度，是一个提供起点公平的制度，与其他社会保险不同，它的核心价值观是“平等”。到 21 世纪中叶实现全民统一的、保障水平适度的基本医疗保险制度已成为政学两界的共识，有分歧的是关于实现目标的路径。当前主流观点和多地的试点政策主张的是走先合并城乡居民医保再考虑合并居民医保和职工医保的“居民—职工”模式。基于人均筹资是否能基本实现均等化的模拟分析表明，此模式下居民制度和职工制度在人均筹资上的绝对差距只会越来越大，一体化之路几无可能。如果以退为进，选择基于常住地参保、家庭联保、强制参保原则的，先实现城镇内部诸制度一体化，同时改革完善“新农合”制度，进而顺时顺势实现城乡制度自然融合的“城镇—农村”模式，则不仅全民基本医保一体化的目标可以实现，同时还可达成优化医疗卫生体制、助推城镇化进程的正外部效应。

5.2.2 医疗保险与医保一体化相关政策存在的问题

“病有所医”是每个人对医疗保障政策的一种期望，而我国医疗保障制度的改革目标已经是“全民医疗保障”。从政策层面来说，在现行的制度框架下，基本上每个人都能找到可对应的医疗保险制度。但这只是在政策层面上涵盖了所有的人，还远不能达到“全民医疗保障”的目标。现行的基本医疗保险制度实际上只是让不同的群体根据不同的情况参加不同的医疗保险体系。真正的“全民医疗保障”应该是基于一个统一的、没有身份限制的基本医疗保险制度框架。即每个国民获得的社会福利待遇相同，与其收入状况无关，这种“统一待遇”的原则完全抛弃了具有待遇差异的碎片化问题。我国已经建立以城镇职工基本医疗保险制度、城镇居民基本医疗保险制度和新型农村合作医疗制度为主体的基本医疗保险制度体系，现行基本医疗保险制度体系的三大主体制度分属不同的部门管理，政出多门，且各自独立封闭运行，并且三者的筹资水平、保障水平差异较大，筹资公平性较差，呈现明显“碎片化”特征。

（1）政策不统一，公平性不足。

我国现行的医疗保障制度是由“三险一助”构成的多元医疗保障体系，各制度之间依据不同的政策标准，各自封闭运行。这些标准包括行业部门标准（公职人员与普通劳动者）、就业标准（城镇劳动者与非就业的居民）、户籍标准（城镇居民与农民），整个医疗保障制度根据这些标准被人为地分割成若干板块，造成了多元分割与政策不统一的现象。各个宏观政策在运行过程中，覆盖对象、筹资义务分配、制度强制性、个人缴费与享受医疗服务水平等差异的存在，使公民在参加医疗保障时公平性不足。医疗保险各个制度，体现了该制度下的职业界限和劳动者身份界限，不同职业、不同所有制、不同区域的劳动者享受不同的医疗待遇，在一定程度上扼杀了劳动者对医疗消费需求的固有特性和一般规律。在不同的制度下，将劳动者人为地分为三六九等，实际上是一种职业歧视，这与我们倡导的职业平等是相悖的。同时也赋予了一些职业“天然”的优越感，人的平等往往被职业的不平等所掩盖。尤其是以职务定待遇的做法，忽视了劳动者的现实需要，反映了人的等级差别和尊卑观念，强化了劳动就业的制度壁垒，为劳动者在职业选择上提供了不对称的信息，从而成为统一、开放、竞争、有序的劳动力市场形成的体制性障碍，也不利于农业工业化和农村城镇建设的开展。

（2）政策层次低，管理“碎片化”。

著名社会保障学者郑功成认为，在医疗保障改革中，一个重要的共识便是制度安排不能“碎片化”，因为多元分割的制度安排不仅不利于在更大范围内分散疾病医疗风险，还直接影响到医疗保障制度自身的财务稳定，而且不可能公平，极易衍生交叉、重复、缺漏参保的现象，导致资源浪费或低效。郑功成表示，从当前的现实出发，城乡分割、群体分割、管理与经办分割是我国医疗保障制度“碎片化”的基本表现。在我国现行的医疗保障体制下，我国医疗保险政策实行的是属地管理模式，各个地区利益分割，各自为政。三项医疗保险主要由各地区市、县级统筹管理，统筹层次过低，难以体现保险的大数法则及承担风险分担责任。城镇职工基本医疗保险制度和城镇基本居民医疗保险制度归人力资源和社会保障部门管理，而新型农村合作医疗制度则归卫生部门管理。部门之间在管理制度、人员配置和技术手段等方面差异较大，这不仅造成管理成本的居高不下，基本医疗保障制度的运行效率低下，而且成为制度公平性的一大障碍，加剧了整合城乡基本医疗保障制度的难度。一是参保难度大，流动人口尤其是农民工群体在户籍地参加“新农合”不方便，参加工作所在地医疗保障又身份界定不清，处于两不靠的尴尬境地；二是异地就医难，统筹层次过低导致各地区的医疗服务收费标准、报销比例不尽相同，结算手续复杂；三是转移接续难，医疗保障信息的不共享使流动人口的医疗保障难以跨区域转移，直接损害了参保人的利益。这种管理及政策上的“碎片化”，固化了我国城乡二元结构，不利于我国城镇化进程的推进及人口流动。

（3）政策模糊，具体执行困难。

我国医疗保障政策的模糊性，主要体现在参保主体身份界定的不明确上。现有的我国城镇职工、城镇居民和农村居民均被纳入医疗保障体制范围内，但实际情况是，我国非正规就业人口数量十分庞大，而医疗保障政策对这部分人群参保时的身份却并未作出明确规定。2003 年劳动和社会保障部下发了关于灵活就业人员可以参加基本医疗保险的文件，但各个地区在制订具体政策时，因这部分群体自身身份的多重性，对他们的身份界定并不清晰，且政策不尽相同，模式也不一样，政策执行起来十分困难。近年来我国农民工、失地农民等灵活群体数量越来越庞大，流动性极强，他们的医疗保障问题逐渐被提上议事日程，但因政策界定不清晰，应保未保、双重参保现象十分严重。

（4）政策失衡，重治疗、轻预防，重保险、轻管理。

目前，我国医疗保障制度的设计主要体现在对疾病的治疗上，尤其是大病医疗。国家有关政策过分强调分散大病风险，政策所规定的大多是对看大病时住院治疗产生的医疗费用进行费用补偿，而一般的门诊费用和起预防作用的疾病检查费用、预防保健费用被排除在费用补偿之外。这种“重治疗、轻预防”的政策思路，使居民自身在日常生活中忽视了疾病预防的重要性，易把小病拖成大病，加重医疗负担。同时，我国在健康保险的发展过程中，忽视了健康指导和健康维护等管理环节，易使数量庞大的亚健康人群转为疾病人群。当下我国居民膳食谱、疾病谱以及生活方式的变化，急需医疗保障政策转变“重保险，轻管理”的思路，将健康保险与健康管理紧密结合，大力发展健康管理行业。

5.2.3 城乡居民医保一体化政策效果评估

本书在评估城乡居民基本医保一体政策效果时，采用了倍差法的 DID 模型。基本思路是假定参与一体化个人和未参与一体化个人作为划定的对比组，利用实验组（参与一体化）在一体化前后个人医疗支出变化，减去参照组（未参加一体化）在同时期医疗负担的变化，来识别一体化带来的影响。简单来说，就是用城乡居民基本医保一体化实施后各地区居民医疗负担的差异与城乡居民基本医保统一之前和之后各地区居民医疗负担的变动的差值，来比较和衡量该政策的实施效果。

（1）基本思路。

评估城乡居民基本医保一体政策效果时，使用倍差法的 DID 模型。其模型如下：

$$L_{it} = \alpha_t + \rho_{did}M + e_{it} \tag{5-1}$$

其中，L_{it}反映了个体 i（i = 0 为未参与一体化医保的个人，i = 1 为参与一体化医保的个人）在时期 t 医疗负担的情况，α_t 控制了时间固定效应，M 代表个人在 t 时期参与了医保一体化的虚拟变量。X_{it}是一系列可能影响个人医疗支出指标特征，e 代表残差。可以证明 ρ_{did}正好等于 $(L_{11} - L_{10}) - (L_{01} - L_{00})$。

式（5－1）如果不引入控制变量，则退化为：

$$L_{it} = \alpha_t + \rho_{did}M + e_{it} \tag{5-2}$$

（2）数据来源和变量。

采用《中国健康与养老追踪调查》（CHARLS）2011 年全国基线调查与

2013 年全国追踪调查数据。“实验组”微观个体（样本）的遴选原则是：完整参与了两轮调研、在 2011 年时参加了城镇居民医疗保险或新型农村合作医疗，且在 2013 年参加了合并之后的城乡居民医疗保险。“对照组”微观个体的遴选原则是：完整参与了两轮调研、在 2011 年时参加了城镇居民医疗保险或新型农村合作医疗，且 2013 年时参与的基本医疗保险种类未发生变动。根据遴选原则，CHARLS（2011）与 CHARLS（2013）中符合的样本分别有 6461 个和 10835 个。

①被解释变量。

被解释变量为居民医疗负担，考虑到数据的完整性，本书使用居民的家庭医疗负担来衡量。居民家庭医疗负担：家庭年医疗支出/家庭年总收入。

②解释变量和控制变量。

个人特征类：性别、年龄、城乡分类、所在地域、文化程度、自评健康状况、ADL 系数、患慢性病数量和生活满意度。

家庭特征类：婚姻状态、子女交往状况。其中，子女交往状况为：子女交往状况与各子女交往频繁程度的评分总和/子女总个数。

经济特征类：反映样本个体在受访时的经济水平特征的变量。包括家庭年收入、子女给予经济支持、固定资产。其中，家庭年收入为个人年收入加上家庭其他成员年收入。

描述性统计见表 5－10，其中家庭总收入、医疗负担以及医疗负担收入比剔除了 5% 的异常值。

表 5－10　　　　原始数据描述性统计

变量		样本数	均值	标准差	最小值	最大值
年份		16982	2012.28	0.96	2011	2013
t	对照组：0，执行组：1	16982	0.02	0.15	0	1
p	未实施：0，已实施：1	16982	0.64	0.48	0	1
受访时的参保类型	城镇居民医疗保险：2 新型农村合作医疗：3 城乡居民医疗保险：4	16982	2.98	0.23	2	4
城乡类别	农村：1，城镇：0	16982	0.72	0.45	0	1
地域	东部：1，中部：2，西部：3	16982	2.01	0.82	1	3

续表

变量		样本数	均值	标准差	最小值	最大值
性别	男：1，女：0	16980	0.46	0.50	0	1
年龄		16982	60.63	27.75	0	2013
教育程度	文盲：1，半文盲：2，私塾：3，小学：4，初中：5，高中：6，中专：7，大专 =8，本科：9，硕士：10，博士：11	16981	1.75	1.96	0	11
婚姻	已婚并同居：1，暂时分居：2，分居：3，离异：4，丧偶：5，未结婚：6，未结婚同居：7	16982	1.68	1.45	0	7
子女关系	数值越高，与子女交往越密切	16982	6.84	4.26	0	37
生活满意度	极其满意：1，非常满意：2，比较满意：3，不太满意：4，一点也不满意：5	16967	2.66	1.30	0	18
自评健康程度	很好：1，好：2，一般：3，不好：4，很不好：5	3.517816	1.04	0.00	9	
ADL 系数	系数越低，健康状况越好	16982	16.68	6.04	0	49
慢性病数量	患有的慢性病的数量	16982	1.36	1.37	0	10
家庭年收入		16982	23754.18	42161.31	0	1.68E+05
子女经济支持	子女每年给予的经济支持估计值	16982	2133.92	3364.40	0	12000
资产	现有房产估计市值	16982	82689.98	111684.70	0	400000
医疗支出收入比		16982	0.53	1.27	0	5
医疗支出		16973	3537.25	10685.81	0	400000

（3）实证分析。

①简单均值差分。

按照式（5-2），参加一体化的个体医疗负担在基期为0.53，未参加一体化的对照组在基期均值为0.84，而在第二期，只参加“新农合”或城镇居民医疗保险负担均值为0.36，参加一体化的为0.25，一体化样本医疗负担下降没有只参加“农保”或城乡居民医疗保险的快。城市和农村都呈现了同样的情形，整体上看，城市的医疗负担低于农村。

以上只是均值上简单的一个双重差分，并不考虑控制变量即个体差异的影响，而且结果不够统计显著，总体样本虽然接近88%的概率，但是离90%的一般标准有微小差距。

表5-11　　简单均值差分

简单均值比较（总体）				简单均值比较（农村）			简单均值比较（城市）		
被解释变量	医疗负担比	t统计量	P>t	医疗负担比	t	P>t	医疗负担比	t	P>t
基期									
对照组	0.848			0.903			0.698		
执行组	0.534			0.597			0.452		
差异	-0.313	-2.96	0.003***	-0.307	-2.14	0.032**	-0.246	-1.64	0.101
第二期									
对照组	0.36			0.38			0.306		
执行组	0.251			0.277			0.216		
差异	-0.109	-1.41	0.158	-0.103	-0.99	0.322	-0.09	-0.82	0.413
倍差	0.204	1.56	0.12	0.203	1.15	0.252	0.156	0.84	0.403

注：系数下方为t值，***、**分别为1%、5%情况下拒绝原假设，统计显著。

②倾向值匹配（Propensity Score Matching，PSM）。

因为在使用DID模型选取实验组和对照组的微观个体（即样本）时并非随机分配，微观个体在个人特征、家庭特征、经济特征、健康特征等方面存在较多差异，这些干扰可能会影响计量结果。为了解决这种偏差带来的影响，需要引入倾向系数分析方法与DID配合使用以纠正样本选择偏差。倾向系数分析是一种以观测数据为基础分析变量间因果关系的数据分析方法，能够在一定程度上减轻样本选择过程中产生的偏差。利用PMS计算观测样本在给定的一系列干扰变量的影响作用情况下被分配到实验组或对照组的条件概率，并依据倾向系数在全体样本中为每一个实验组样本匹配一个与之相似的对照组样本，进一步通过测量两者之间的医疗负担差异来估计一体化。

使用Probit模型选取特征变量（特征变量选取结果略），然后进行PSM匹配，基于倾向值进行匹配，样本只通过了核匹配而没有通过半径匹配，给出核匹配结果（见表5-12）。

表 5 – 12　　**倾向值匹配结果**

变量		均值		标准误	标准误减少	t – test	
		执行组	控制组			t	p > t
参保类型	匹配前	3. 6176	2. 961	158. 6		62. 51	0. 000
	匹配后	2. 9014	2. 9634	– 15	90. 6	– 2. 09	0. 037
城乡类别	匹配前	0. 57353	0. 72849	– 32. 9		– 6. 93	0. 000
	匹配后	0. 57042	0. 73071	– 34. 1	– 3. 4	– 2. 86	0. 005
教育程度	匹配前	1. 7966	1. 7473	2. 5		0. 50	0. 617
	匹配后	3. 1197	1. 7464	70. 2	– 2688. 2	6. 26	0. 000
婚姻	匹配前	1. 674	1. 6847	– 0. 7		– 0. 15	0. 883
	匹配后	1. 8099	1. 6902	8. 2	– 1016. 8	0. 67	0. 506
自评健康	匹配前	3. 4779	3. 5188	– 4		– 0. 79	0. 432
	匹配后	3. 5282	3. 5204	0. 7	81. 1	0. 06	0. 950
家庭年收入	匹配前	41915	23312	38. 9		8. 82	0. 000
	匹配后	32074	23145	18. 7	52	1. 85	0. 065

③双重差分法模型结果。

为了消除不随时间变化的干扰自变量因素的影响，运用 DID 的方法在 PSM 处理后对实验组和控制组进一步进行估计。估计结果如表 5 – 13 所示。

表 5 – 13　　**DID 模型结果**

变量	总体	农村	城市
一体化前两组差异	– 0. 236 **	– 0. 099 ***	– 0. 169
（执行组高于对照组）	– 2. 32	– 3. 06	0. 052
参加一体化引起差异	0. 234 **	– 0. 3 ***	– 0. 169
	2. 35	– 8. 15	0. 052
一体化后两组差异	– 0. 002	0. 202 ***	– 0. 054
	– 0. 03	4. 12	– 1. 18
城乡类别	0. 095 ***	0. 085 ***	0. 12
	9. 64	7. 346	5. 911
性别	0. 045 **	0. 035	0. 052
	2. 519	1. 494	1. 451
年龄	0	0	0 *
	0. 125	0. 251	– 0. 033

续表

变量	总体	农村	城市
教育程度	-0.02 ***	-0.017 **	-0.021
	-3.104	-2.576	-2.401
婚姻	-0.047 ***	-0.054 ***	-0.029
	-5.837	-6.314	-2.929
子女关系	0.012 ***	0.014 ***	0.009 *
	5.068	4.688	2.085
自评健康	0.089 ***	0.095	0.068 *
	8.964	7.656	4.042
ADL	0.013 ***	0.015 ***	0.009 *
	6.285	5.802	2.699
家庭年收入	0 ***	0 ***	0 *
	-36.813	-31.259	-17.645
子女经济支持	0 ***	0 ***	0 *
	3.509	4.586	1.083
R - square:	0.09	0.09	0.07 *

注：系数下方为t值，***、**、*分别为1%、5%、10%情况下拒绝原假设，统计显著。

从总样本看，参加一体化前执行组医疗负担比对照组低0.24，一体化后两组差异缩小为-0.002，说明一体化医保政策缩小了医疗负担在两组间的差距，但是这个结果是以参加一体化的相对于未参加一体化的群体的医疗负担上升导致的。

但从农村样本观察，两组差异增加，参加一体化的执行组的医疗负担比没有参加的下降了0.3-0.1=0.2，城市样本的政策差异没有统计显著性。

为了解释分组样本间政策效应的不同，对不同医疗负担的样本进行分位数分析，以寻找更多的线索。

④分位数倍差法分析。

医保一体化后，农村享受一体化政策的农村医疗负担0.9分位的人群比没有享受一体化的显著提到了2.83的负担比，而0.7分位的人群则提高了有限的0.23，0.5分位的人群只提高了0.02的医疗负担比，说明对于农村穷困体弱个体的医疗负担增加了。

城市也是相同的情形，医疗负担比也呈现负担越大的人群，一体化政策使他们的医疗负担相对只参加“新农保”和“居保”的群体改善越少。

因此，公平性应是当代中国非常重要的政策目标。但从以上实证分析可看出，城乡医保一体化后，农村穷困且体弱个体的医疗负担增加了，城市也是相同的情形，医疗负担比也呈现负担大的人群，一体化政策并没有使他们的医疗负担相对缩小。对于原有体弱多病且经济收入低的群体，两个保险一体化的结果不尽理想，虽然也减少了一些医疗负担，但是相对于原有更加少进行医疗消费的人群，还是拉大了医疗负担的差距，这一点与医保一体化帮助贫困人口减轻其医疗负担的目标有一点差距。例如，根据浙江省宁波市 2017 年的城乡居民医疗保险政策，参加医保 A 档（缴费 700 元）的政府财政补助 2000 元，参加 B 档（缴费 400 元）补助 1000 元。也就是说，经济能力较强的人可获得更多的补贴，使医疗负担相对较轻。这也说明医保一体化对减轻健康不佳居民负担的效果有待观察，还需要采取更多的政策措施来保障相对困难群体的社会公平。

但是经济绩效不理想不等于健康绩效不理想。医疗服务价格的下降带来了合意健康消费的增加。人们比参合前消费更多的医疗服务（尤其是医疗服务需求弹性较大时），从而可能使健康水平上升。有研究显示，“新农合”提高了参合者寻求正规医疗的概率，并增加了患者得到医院及时救治的可能性；医疗服务利用率的提高成为医疗保险安排改善影响参合者健康水平的一个重要渠道；同时，医疗价格的相对下降也使参保者有动机寻求更贵更好的医疗服务（使用数据由于时间跨度较短，如果使用固定效应方法考量健康指标，比较牵强，则没有做实证分析）。

参合者的医疗服务支出、医疗服务利用率和健康水平三者之间存在密切联系：“新农合”的医疗补贴降低了参合者大病支出的自付比例，这等于降低了医疗服务的价格，导致人们合意的健康存量水平上升。由于基础医疗服务需求具有弹性较大的特征，一方面使参合者提高了寻求医院治疗的可能性，或消费更多更好的医疗服务，从而改善了参合者的健康水平；另一方面，医疗服务价格的下降在很大程度上被医疗服务需求的快速上升所抵消，这导致以实际医疗支出和大病支出发生率为评价指标的“新农合”的经济绩效并不显著。无论如何，我们应该把提交健康绩效放在第一位，所谓的“新农合”经济绩效指标需要被修改或者弱化。

第6章　老龄化成本分担、风险防范与应对策略

日益增长的老龄化成本将是我国未来几十年都无法绕过的巨大障碍，应该未雨绸缪、长期规划，积极应对。应对老龄化成本的基本思路在未富先老的独特养老格局下，以经济增长适当优先为基础，构建积极的、生产型的老龄化社会，达成长者友好、长者优先的社会共识，整合全社会养老资源、统筹城乡发展，最终实现可持续发展的和谐老年社会。具体说来，我国需要达成积极老龄化社会的观念转变和社会共识，降低养老体制改革的阻力；坚持带有生产性特征的社会福利模式，避免老龄化福利增长给经济增长带来过多的负面影响。同时，通过创造积极的高龄劳动者市场政策，鼓励老年人积极参与经济社会生活，构建政府、社会、企业和个人更合理、更公平分担老龄化成本的机制，最终实现老有所养、老有所学、老有所为和老有所乐的长者友好型社会。

创新社会理念，达成风险共识，建立制度和环境友好型老龄化社会。如前所述，老龄化成本与社会看待老年人的态度密切相关，如果社会能够积极地协助老年人参与到经济社会生活，就能降低老龄化成本，即形成积极老龄化社会的普遍共识是有效应对老龄化风险的社会氛围。近些年，欧洲委员会（1999）、世界卫生组织（2002）和国际经合组织（2005）都在大力提倡积极老龄化。从整个环境来讲，改革养老金制度、控制提前退休、提高退休年龄已经在发达国家的政府、社会、企业和个人达成了较大层面上的共识，而这种共识产生之后，养老政策和老龄化政策的改革与发展能相对容易进行。

从宏观上，我国需要深入宣传老龄化成本及其影响，营造积极老龄化的社会氛围。中国目前还缺乏积极应对老龄化成本的共识，社会上很多人对我国老龄化问题的认识还停留在10年前，不清楚我国老龄化风险的严重程度。因而，当前需要深入宣传我国人口老龄化进程及其各方面的不利影响，让民众知晓我国老龄化的现状以及老龄化风险程度。同时，定期公布和更新我国应对人口老

龄化成本的战略和政策，从而营造长者友好型的社会氛围，进而在整个社会做好应对快速老龄化风险的思想与观念准备。

从微观上，建立形式多样的老龄教育体系。身体健康、精神愉悦的老年生活是降低老龄化成本的重要途径，但这种生活往往与个人中年甚至青年时期的生活习惯、工作态度等密切相关。在内容和方式上，高龄教育主要涉及老年健康、护理、老年生活等知识，帮助老年人掌握参与和融入社会、社区的能力，并采取实验或实践的方式协助老年人有效融入老年群体，融入健康快乐的老年生活，使老年人“老有所学”“老有所为”“老有所乐”。在体制上，应设置专门机构，如在社区（居委会）、乡镇建立高龄教育中心，提供相应的活动空间和活动经费，构建一个地方政府、企业、社会、家庭和老年人共同参与的老年教育、活动与实践场所。

保持生产性福利模式，实现社会养老保障公平化、效率化。生产性福利模式是以日本和韩国为代表的，将经济社会资源优先用于经济增长，通过经济高速增长过程中国民收入的快速增长来提高国民生活水平、改善社会福利的一种福利模式。日本和韩国的经验表明生产性福利模式在很大程度上推动了其经济腾飞，也帮助他们在相同老龄化水平上的公共社会开支明显低于欧洲国家，是一种相对较好的快速老龄化应对政策。在改革开放过程中，我国提出经济发展优先的经济社会政策，带来了我国 40 年的经济高速增长和繁荣。为了更好应对人口老龄化，我国需要坚持生产性福利模式，降低社会支出扩张对经济增长的不利影响。

我们应深入开展社会养老保障体系改革，有效率地分配社会养老资源，实现符合国情的社会养老待遇公平化、公正化。实际上，老龄化成本并不一定导致财政困境，如果能够更合理、更公平地分配养老资源，老龄化成本是可控的，而这就需要改革现有养老保障体系。我国统账结合养老体系的社会统筹部分主要是现收现付制，资金积累功能不强，个人账户则是主要的养老金资金积累来源。当前需要尽快在全国范围内做实个人账户，增加个人养老金账户积累，从而弥补老龄化条件下居民储蓄率的降低。另外，当前需要加快城乡社会养老保障体系的一体化和统筹化发展，推进社会养老保险城乡居民一体化、加快整合城镇职工社会养老保险体系，争取 2 ~ 3 年内实现城镇职工养老保险双轨制的单轨化，争取在 5 ~ 10 年实现全体国民社会养老保险体系一体化。同时，为了更好筹集养老资金，我国还需要改革养老金基金投资运营模式。借鉴日本经验，建立中央监管，委托社保基金理事会、银行等金融机构投资的运营模式，而且可以将养老金更多用于推动经济增长所需的长期基础设施建设国债上，在获得投资收益的同时促进经济增长所需的资本形成。

开发高龄劳动力市场，充分发挥老年人的知识经验积累。保持社会福利模式生产性将有利于生产性老龄化社会的构建，但还远远不够，因为生产性福利模式更大的功能在于降低人口老龄化对财政的压力，避免养老支出开支过大影响经济增长，从而为生产性老龄化社会奠定条件。而要真正建成生产性老龄社会，应积极开发高龄劳动力市场，构建高龄劳动者积极参与经济社会生活的劳动就业体系，通过高龄劳动者人力资本的充分开发和有效利用，打破人口老龄化导致的劳动力数量短缺的“瓶颈”，创造二次人口红利的机会，推动老龄化时代的经济持续增长。

我们应将针对中青年劳动者的教育、就业服务扩展到高龄劳动者，结合高龄劳动者就业需求和岗位的特征，在充分发挥老年人具有较多经验和技能的优势下，有针对性地提供新知识、新技能培训，不断提高高龄劳动者的人力资本积累水平，以适应产业结构升级和经济发展方式转变的需求，降低产业结构调整对高龄劳动者就业产生的不利影响。同时，加强劳动合同法执行的力度，特别加强对高龄老年人的保护，消除高龄劳动者进入劳动力市场的障碍，特别是年龄歧视和就业能力偏见，分阶段、渐进地提高不同劳动者群体的退休年龄，形成长者友好型的就业环境和就业氛围，充分发挥高龄劳动者的生产性作用和经验指导作用。

构建公平合理的老龄化成本分担机制。鼓励劳动者随预期寿命延长而更努力工作。老龄化成本源于人口的持续老化，在人口总和生育率下降到一定程度，逐渐相对稳定的情况下，预期寿命的延长将成为人口老龄化继续加深的主要动因。因而，让劳动者为自身寿命延长所引起的额外成本承担相应责任，就成为自然而然的事情。从这个意义上讲，劳动者需要在自身延长的寿命里重新分配工作时间与休闲时间，将更多时间用于工作，形成一个新的工作与退休的时间分配比例，不仅为自己老年生活积累更多的养老资源，也能够有效降低代内和代际养老问题产生的矛盾和冲突。

6.1 建立养老金公共财政长期平衡的自动调整机制

在增强劳动者个人承担自身养老义务和能力的基础上，构建国家、社会、家庭和个人积极分担老龄化成本的有效机制。我国老龄化成本增长之快、数量之大将前所未有，现存的以省级和省级以下统筹单位的养老、护老机制肯定无法有效应对老龄化成本风险。因而，认真梳理在应对老龄化风险中政府、社会、企业、家庭等各主体所充当的角色和功能定位。我们认为，政府应该主要负责公共养老资源的筹集、分配与监管，企业需要发挥企业社会责任，创造更加有利于高龄劳动者的就业环境，以家庭和社区为双轴的基础养老单位，个人通过工作更久来承担自身责任，从而构建随老龄化阶段和应对能力动态调整的多主体老龄化成本“共担—分担”机制。

6.1.1 中国养老金管理与投资体制突出问题

（1）我国存在多种投资管理渠道。

在社会保险基金投资体制下，第一种形式是社会养老保险行政负责地区自行投资。目前我国城乡社会养老保险最高实现了省级统筹，各省区市社会养老保险金基金主管部门或者将养老金资金存于银行，或者用于购买国债，目前各省区市自行投资的资金约有 15000 亿元。第二种形式是委托投资渠道。截至 2017 年 6 月底，中国已经有 14 个省区市与社会保险基金理事会签署了委托投资合同。这 14 个省区市是：北京、山西、上海、江苏、浙江、安徽、河南、湖北、广西、重庆、云南、西藏、陕西、甘肃。目前，合同的总金额是 5850 亿元（人民币，下同），其中 3716.5 亿元资金已经到账并开始投资，其他资金将按合同约定分年分批到位。从投资运营情况看，2017 年投资收益率是 5.23%。第三种形式是国家社会保障基金自有资金投资。全国社会保障基金由全国社会保障基金管理运营机构负责管理运营，目前约有 8800 亿元，实行价值投资、长期投资和责任投资宗旨，其再投资方式与资产配置上与各省区市自行投资的养老金存在明显不同。截至 2017 年底，基本养老、基本医疗、失业、工伤、生育保险参保人数分别达到9.15亿人、11.77亿人、1.88亿人、2.27亿人、1.92亿人；五项基金总收入为6.64万亿元，同比增长23.9%，总支出为5.69万亿元，同比增长21.4%。

（2）我国社会养老保险金投资存在突出问题。

第一，养老金管理体制不畅、投资渠道单一。我国养老金存在多种管理体制，各种管理体制之间缺乏统一管理和规范、协调性不足。城镇职工养老金基金目前除了部分委托给全国社保基金理事会代为投资管理之外，其余全由各省区市分散管理，另外还有1200亿元的农村新型养老保险甚至是由县级单位统筹自我管理，导致养老金基金投资成本较高。

第二，各省区市自行管理的养老金投资收益率过低。2010年，我国养老金基金利息收入为274亿元，为当年养老金基金累计结余为1.78%；2011年，利息收入为446亿元，为当年养老金基金累计结余的2.29%。而且，在2010年和2011年养老金利息收入中，很大部分来自全国社会保障基金理事会委托管理的利息收入。2016～2017年，社保基金理事会接受各省区市养老金基金的委托资金为3000亿～4000亿元，如果按照其平均8%～9%的收益率，则社保基金理事会每年有200亿～300亿元利息收入支付给各省区市养老金基金。

这样，如果扣除社会保障基金会委托管理所获得的收益，各省区市社会养老金自身投资收益几乎为零。这种收益率不仅与我国年均8%的经济增长率不相称，与年均超过8%的工资增长率不相称，也明显低于通货膨胀速度，不仅未能实现增值，而且出现了实际上的贬值。因而，选择统一的养老金投资模式，加快养老金投资势在必行。

根据经济增长率、人口年龄结构与老年人赡养变动率、政府财政收支平衡率、物价指数上涨率和基本生活水平等要素，确定各系数的权重和调整目标，建立一个五年为调整周期的地方财政增长的可预测的计量模型。

6.1.2 日韩公共养老金基金管理体制借鉴

随着我国人口老龄化程度不断加深，经济增长速度趋缓，养老金财政问题日益凸显，养老金投资和入市问题备受关注。放眼世界，同样地处东亚的日本和韩国面临极其快速的老龄化，有着世界上规模非常庞大的养老金基金，且与中国养老金体系有着颇多相似之处。因而，借鉴日本和韩国养老金改革经验有着独特的意义。

在人口老龄化与经济增长乏力带来的养老金财政压力下，东亚的日本和韩国逐渐将侧重于服务经济增长的养老金投资模式转变为追求稳定且有效率的投资模式，其养老金管理模式也做出相应调整。借鉴东亚经验，我国要建立国务院负责顶层设计、相关部委负责监管、金融投资机构投资运营、各级人大司职监督的竞争性养老金基金运营模式，以经济发展目标为主的阶段性养老金投资目标和领域，并提高养老金基金投资运营的透明度和信息公开力度。

（1）日韩两国公共养老金基金管理体制特点。

20 世纪 60 年代以来，随着日本经济快速扩张、劳动者工资水平的不断增长和社会养老保险覆盖面持续扩大，日本公共养老金资金积累规模日益庞大。因而，如何管理与经营国民年金的累积结余，使其能够获得稳定而有可观的收益，便成为日本政府需要着力解决的养老金问题。早期，日本并没有构建独立的公共养老金投资机构，而是将公共养老金存放到大藏省负责管理的信托基金局（Trust Fund Bureau，TFB）。信托基金局将其负责的公共养老金基金、邮政储蓄存款连同邮政人寿保险资金等捆绑在一起，建立“财政投资与贷款项目”（FILP），统一用于投资。在资金运用方面，财政投资与贷款项目中 80% 的资金投资于或借给政府金融机构和地方政府，剩余的 20% 被用于为政府债券提供保险。

2001 年，日本政府组建了一个新的公共养老金管理机构——政府年金投资基金（GPIF），由其专门负责日本公共养老金基金的投资与运营。政府年金投资基金自 2001 年接管原属信托基金局管理的养老金基金，逐渐将 TFB 管理的养老金基金逐渐转移到该机构账户上。根据协议，2001 年起，信托基金局管理的养老金基金将在 7 ~ 8 年之内全部转移到新成立的政府年金基金账户上，到 2008 年，该资金全部转移完毕。

韩国属于后起的资本主义国家，其经济发展、人口老龄化相对于日本较晚，社会养老保障制度的创建与发展也要明显晚于日本，因而，韩国养老金的投资也要明显晚于日本，但其养老金投资发展迅速。1988 年，韩国创建了覆盖全体国民的国民养老金计划（NPS），同年，便成立了韩国国民年金投资运营公司，开始了韩国养老金市场化投资的进程。经过 30 多年的不断探索与实践，形成当前颇具特色的养老金投资模式。

日本、韩国社会养老保障制度是在第二次世界大战之后逐渐发展和完善起来的，其社会养老保障制度的发展面临与西方国家明显不同的经济社会环境，因而，两国的社会养老保障体系有着鲜明特征。兼之日本、韩国逐渐从一个相对年轻国家快速演变为老龄化国家，其养老金体系在应对经济发展、制度改革与投资管理方面展开了持续的改革与探索，进而形成了目前既有相同之处，又各具特色的公共养老金投资模式。

①日韩两国公共养老金的管理构架。

在组织构架上，日本政府年金基金投资公司具有相对独立性，但由厚生劳动省负责其行政管理，并由一个外部评估委员会负责评估其投资绩效。GPIF 设有一名总裁，下设七个部门，包括综合管理部、计划部、信息办公司、研究办公室、投资管理部、内部投资办公室以及内部审计办公室等。GPIF 内部成立了一个投资委员会，它包括不多于 11 名的，从金融、经济和其他相关领域挑选的，由厚生劳动省大臣任命的委员。投资委员会有权利讨论中期计划，并提出相关建议；同时，投资委员会还拥有监督 GPIF 投资政策和计划实施情况的权利，并就管理和投资方面的重大事宜发表意见，以回应总裁的询问。

韩国养老金投资的管理机构和组织构架与日本不同。从顶层设计的层面来看，韩国养老金投资管理的最高权力机关是韩国“国民议会”，它们负责养老金基金投资相关法律的制定，从宏观层面监督养老金基金的年度发展和长期战略规划。而韩国养老金基金的具体行政负责单位则属于韩国中央政府下属的“卫生福利部”，他们具体制订养老金基金发展的具体计划、制订养老金投资与积累的目标，并负责监督、管理养老金基金的日常工作。

②日韩两国养老金投资管理体制。

从管理体制上来看，日本实行中央政府集中管理的基金管理模式，这突出表现在日本厚生劳动省作为基金监管者身上，但日本同时采用了民间投资公司具体负责投资的运营模式。政府年金投资基金（GPIF）在确定投资策略和投资组合之后，自身并不直接进行养老金基金投资（其只负责小部分 FILP 项目中政府债券的运营），而是将年金基金委托给外部私有的投资机构进行投资，即 GPIF 并不进行市场化养老金基金投资，而是负责挑选、监督和评估那些外部投资机构。在 2009 年，GPIF 将年金基金委托给 15 个外部投资管理者，而这些外部管理者共投资了 28 个基金。

韩国则实行“中央政府行政负责，专门成立养老金年金运营公司”的管理模式。韩国采取“中央政府负责行政管理、专门成立投资公司负责基金投资”年金基金管理模式。韩国卫生福利部是年金基金的行政管理部门，1988 年创立的“国民年金管理公团”自身具有较强的投资分析和运营能力，自行独立展开国民年金的具体投资策略与投资决策，进而将年金基金投资于国内外股票与证券市场。

（2）日韩两国公共养老金投资具有鲜明特征。

①日本、韩国公共养老金的投资功能经历了从推动经济增长为主到以获取养老金收益为主的转变，具有与时俱进特征。早期，日本养老金基金被赋予了积累经济发展所需资金的重要职责，具体表现在公共养老金基本被用于购买国债或者直接贷给政府，进行基础设施和公共设施建设。在日本经济逐渐成熟和公共养老支出不断扩张的背景下，2001 年成立的政府年金基金公司投资主要目标转为追求稳定而可观的收益。从表 6－1 可以看出两个基本趋势，一是日本养老金投资资产规模不断扩大，总投资资产从 2002 年的 38.6 万亿日元增长到 2010 年的 116.2 万亿日元，增长了 2 倍多。二是国债市场化投资倾向明显，国外债券投资比重趋势上升。从 2002 年的 37.22% 上升到 2016 年的 52.05%，FILP 中用于公共投资的债券则趋于下降，从 2002 年的 30.86% 下降到 2016 年 16.47%。而且，为了适当分散风险，用于投资于国外债券和股票的投资也持续增长，且用于投资国外债券的投资在以高于平均数的速度增长。

表 6－1　　不同时期养老金基金投资资产分配表　　单位：%

资产类别		2005 年 3 月	2010 年 3 月	2015 年 12 月	2017 年 12 月
国内债券		68.08	69.77	75.90	68.52
其中：	市场化投资	37.22	36.76	54.33	52.05
	FILP 债券	30.86	33.14	22.46	16.47
国内股票		17.68	14.24	9.46	11.79
国外债券		3.49	6.64	7.82	7.76
国外股票		9.90	9.34	6.66	10.41
短期资产		0.85	0.04	0.17	1.52
总投资资产（万亿日元）		38.60	87.62	116.63	116.20

资料来源：2005～2017 财政年度《日本政府年金投资基金运营报告》，参见日本政府年金投资基金，英文网站 http://www.gpif.go.jp/en/fund。

韩国养老金资产配置与日本存在差异。由于韩国国民养老基金是一个完全积累的非强制性养老保障计划，具有现收现付的计划特点，要满足基金资产长期的资产负债匹配的需求，因此基金投资运作原则强调稳定性、营利性、流动性、独立性和公众效益。目前韩国国民养老基金资产主要投资于国内固定收益类资产，截至2016年末，投资于韩国国内债券的比重高达69.9%，权益类投资比重（含国内和海外）逾23%。

②日本、韩国政府年金投资基金采用了数量化准则。养老金基金不同于其他类型的基金，投资稳健性和有效性并重是养老金基金普遍遵循的基本准则，日本和韩国养老金投资同样如此。它们并不是依据短期市场的波动来确定投资组合，而是根据对市场的长期表现来确定资产组合目标。但鉴于市场的波动和周期可能使短期的实际资产组合和长期资产组合目标并不完全一致，日本政府国民年金基金允许某个时点上的实际资产组合与长期目标存在一定偏差，且不同类型资产之间的偏差范围也存在差异（见表6-2）。这种重视长期投资价值，并允许实际偏差的投资准则既能够有效抵御市场波动，又能够取得更佳的投资收益。

表6-2　　政策性资产组合及其允许的偏差

资产类别		国内债券	国内股票	国外债券	国外股票	短期资产
政策性资产组合	目标权重	67%	11%	8%	9%	5%
	允许偏差范围	±8%	±6%	±5%	±5%	—

注：预期（目标）回报率3.37%，风险：5.55%的标准差。

资料来源：《2006财政年度日本政府年金投资基金运营报告》，参见日本政府年金投资基金，英文网站 http://www.gpif.go.jp/en/fund。

③日本、韩国养老金管理还实行相对消极的投资策略。养老金基金投资可以分为积极投资管理和消极投资管理两类，消极投资是按照市场平均回报来追求基金投资收益的一种投资方法，积极投资则是通过市场分析，建立一套独特的投资组合来追求超过市场平均回报率的投资方法。GPIF认为养老金基金规模非常大，积极投资可能会对投资交易市场产生不利影响（干扰市场），而且，市场本身在很大程度上是有效率的，难以在长期内获得超过市场表现的收益。因而，GPIF采取了相对消极的投资管理策略。他们编制了一套反映国内外债券市场和股票证券市场波动的指数，并以这些指数为基础，制定了养老金基金中期投资回报基准，并规定外部投资者的投资收益率达到这些投资回报基准便被视为达到了投资收益标准。

（3）日韩两国公共养老金投资效果总体良好，但部分年份差异较大。

从资产总规模来看，从20世纪90年代开始，日本政府年金基金便一直保持着世界上最庞大养老金基金的地位。而且，在日本前所未有的高速老龄化过程中（到2004年日本老龄化率便达到20%，进入深度老龄社会），政府年金基金资产规模还是持续增长，在2009年达到最高的122842亿元。近年来出现的一个不利情况是：由于人口老龄化不断加剧，养老金支出持续增长，从2010年开始，日本政府年金投资基金规模开始，虽然下降速度并不快，但这种趋势将持续下去，对日本年金基金支付能力带来不利影响，并对年金基金投资收益能力提出了更高的要求。

表6－3　2010～2016年日本CPI、利率、名义工资以及GPIF投资收益情况

单位：%

年份	2010	2011	2012	2013	2014	2015	2016
CPI	－1.9	－1.9	－2.2	－1.9	－1.9	－0.5	－1.4
一年期存款利率	0.1	0.1	0.27	0.68	0.81	0.59	0.5
名义工资增长率	－0.27	－0.20	－0.17	0.01	－0.07	－0.26	－4.06
GPIF收益率	8.40	3.39	9.88	3.70	－4.59	－7.57	7.91

资料来源：名义工资率和GPIF收益率数据来自2010～2016财政年度《日本政府年金投资基金运营报告》，参见日本政府年金投资基金，英文网站http：//www.gpif.go.jp/en/fund；CPI和一年期存款利率数据来自相关年份《国际统计年鉴》。

从投资收益上看，2010～2016年日本政府年金基金投资平均收益率接近3%，部分年份（2012年）的投资收益率接近10%。如果在经济快速增长阶段，3%的投资收益率可能不算理想，但是如果考虑过去10多年中日本经济社会发展状况，这种收益率还是相当可观的。20世纪90年代初日本泡沫经济破灭以来，其经历了长期的经济停滞甚至衰退，通货紧缩则持续了20多年，名义工资也呈下降趋势，为了推动经济增长，日本银行利率也保持在相当低的水平。另外，日本政府年金投资基金的管理成本也仅为0.2%，从上述情况来看，日本政府年金基金投资绩效还是比较合理的，在很大程度上实现了养老金基金的保值增值。

韩国国民养老基金取得良好的长期投资收益增长。1988～2005年在养老金基金投资相对保守的时期，韩国养老金资产配置主要是各级政府的公共部门基础社会建设，而由于韩国经济相对稳定的增长，国债等投资的收益率比较高，因而，1988～2005年韩国养老金年均投资收益率达到10.5%。2010～2016年，养老金投资逐渐偏重于金融市场，投资回报率年均约为 5.7%，这种收益率应该说在发达国家中是相对较高的。

但日本、韩国养老金基金投资收益也存在两大问题：一是投资收益率不稳定，受经济波动影响非常大。2003 年、2005 年和 2009 年日本政府年金投资基金的年收益率较高，接近甚至超过 8%，但受国际金融危机的影响，日本政府年金投资基金在 2007 年的收益率为 -4.59%，2008 年降为 -7.57%，2008 年韩国养老金投资也出现负收益率，这种投资收益率的巨大波动与养老金基金稳健性目标相差甚远。二是近年来的投资收益率数据似乎显示两国养老金基金投资高收益率的时代已经过去。2010 年以来，虽然两国投资收益率为正，但也只是在 2%~3%，可能难以返回到以往的 8%~9% 的高收益率状况了；而且，日本、韩国老龄化将不断加剧，经济增长前景也不容乐观，想要恢复到高收益率的投资通道是难上加难。

6.2　建立多支柱公平分配的社会养老金结构

20 世纪 70 年代以来，发达国家的人口老龄化程度不断加深，给社会养老体系带来了持续而严峻的挑战。为了保障公共养老金的稳定性、持续性和可负担性，发达国家陆续采取形式多样、内容丰富的制度改革和政策调整。如果深入挖掘，从历史视角来探究发达国家的养老保障制度改革，将发现过去 30 多年中发达国家的养老体系改革有着一个在非常值得关注的现象，即养老金体系改革和调整的趋同和收敛特征。虽然中国经济社会和养老体系的发展阶段要落后于发达国家，但研究发达国家养老金体系改革的历程与演变，剖析养老金改革政策的共性和特性，从而探寻养老金制度改革可能的工具与路径，对中国当前养老体系改革仍然有着重大借鉴意义。

20 世纪 70 年代以来，发达国家养老金制度改革在改革目标、政策措施和改革结果上都呈现出一定程度的收敛特征，这种收敛特征与发达国家人口老龄化不断深化、经济增长阶段性下降以及社会保障发展的国家化趋势密切相关。借鉴发达国家的基本经验，中国养老金制度改革的顶层设计需要遵循养老保险制度发展的普遍规律和共有特性，建立多支柱公平分配的社会养老金结构，降低公共养老金成本支出水平。建立基础养老金、职业年金、个人强制储蓄保险和商业保险四者有机结合的养老金制度，在保基本的前提下，对不同经济收入的劳动者实行差别化的养老待遇，适当提高老年人的劳动雇用率，为老年人提供资产性的理财服务，盘活老年人资产，提高老年人资产性收入比重，丰富老年人收入来源。

6.2.1 养老金制度改革的国际收敛趋势

从现代汉语词典的解释来看，收敛具有“聚拢、收拢、合拢和收集”的意义，从养老金制度改革的角度来看，养老金制度改革的收敛实质是各种养老模式相互影响、不同社会福利模式的差异逐渐缩小，表现出一定的聚拢特征。从理论上讲，发达国家主要有三种社会福利模式，各种模式各有特点，如英美等国的补救模式更多依靠竞争性市场的力量，强调市场在养老的核心作用，北欧模式则更注重合作，社会合作和企业内的微观合作都大行其道，以德国为代表的欧洲大陆模式则更侧重于福利与职业和收入关联。社会养老体系改革的收敛特征就是各种福利模式和养老体系之间相互吸收各自的优点，模式之间的差别明显缩小。

值得指出的是，国际养老金制度改革收敛是一种趋势，是各种模式之间总差异逐渐缩小的过程，并非指各种模式的所有制度参数都在收敛，而是在总体收敛的同时，可能个别养老金制度参数的差异还有所扩大。而且，这个趋势和演化过程也并不是匀速的，其收敛速度时快时慢，往往受经济社会等因素的影响。概括地说，国际养老金制度改革的收敛趋势主要表现在：养老金制度改革目标聚焦化、改革政策趋同化、改革路径的渐进化以及改革结果相似化等四个方面。

（1）养老金制度改革目标的聚焦化。

任何制度改革都有其特定目标，养老金制度改革也不例外，而且，养老金制度改革的目标还呈现出多重性特征。就主要目标而言，它包括提高强制或自愿性养老金层次的覆盖率，这是为了让更多的老年人享有社会养老金资格，并增加养老金收入来源；提升老年人养老金待遇的充足性，从而实现老年人充足而体面的老年生活；保障养老金财政的可持续性和可负担性，在相当长的时间段内实现养老金财政收支的基本平衡；加强高龄劳动者继续工作的激励性以鼓励其积累更多的资金来应付老年生活所需，实现养老金来源的多元化等。除此之外，发达国家也可能为应对一些特殊情况而制订特定改革目标，如 2008 年的经济衰退和金融危机期间，临时调整养老金政策和措施以刺激经济恢复也成为发达国家养老金制度改革的目标。

从过去30年发达国家养老金制度改革的动向来看，其改革目标日益集中在以下几个方面。首先，提升养老金待遇的充足性，特别是在2008年国际金融危机爆发之后，由于大量普通劳动者养老待遇遭遇挑战，约有2/3的发达国家采取措施来提高老年人，特别是低收入老年群体养老金的充足性。其次，保障养老金的可持续性和可负担性，2009~2013年，几乎所有国家都采取措施缓解公共养老金财政赤字问题。再次，越来越多的国家开始注重提高高龄劳动者的工作的激励性和刺激性，借以防范日益增长的人口老龄化风险。最后，实现养老金来源的多元化和多层次性也成为发达国家养老金制度改革的重要目标，因为在人口老龄化时代，只有公平、合理地分担政府、社会、企业、家庭和个人的养老责任，多渠道筹集养老资源，才能降低养老金的公共财政压力，保证养老金体系的持续、稳定发展（见表6-4）。

表6-4　2000~2016年30个发达国家养老金制度改革的目标及其集中程度

时间段	充足性	可持续性	工作激励性	多元化与安全性
2000~2005年	1/30	13/30	14/30	7/30
2006~2010年	10/30	10/30	10/30	13/30
2010~2016年	18/30	27/30	22/30	14/30

注：30个国家都是经济合作组织国家，但不包括智利、土耳其、墨西哥和以色列。

资料来源：根据OECD. pensions at a glance 2007，2011年和2017相关资料整理而来。

（2）养老金制度改革方法趋同化。

养老金制度改革目标总是通过一系列政策工具和措施来实现的。从类型上讲，养老金制度改革工具可以分为结构性工具和参数性工作。所谓的养老金结构改革工具，主要是指养老金制度改革，例如，改革现收现付制的养老金制度，建立基金积累制的养老金模式。所谓的养老金参数改革工具，就是在保留现有养老金制度的基础上，对制度的某些参数进行调整，如养老金的替代率、养老金的领取资格以及养老金待遇的计算参数等。

20世纪90年代以来，发达国家养老金制度改革的工具和措施也表现出趋同化特征。例如，针对养老金可持续危机，大多数发达国家展开改革，力图实现现收现付、待遇确定制向现收现付和基金积累的缴费确定制的制度模式转变。再如，20 世纪 90 年代开始到 21 世纪初，奥地利、法国、葡萄牙和瑞典等国纷纷调整养老金待遇的计算基期，即将较短时间的平均工资（一生最后几年的，10 年或 15 年的平均工资）转变为更长工作生涯甚至是终生的平均工资，以使养老金发放更加公平、科学和合理，从而减少公共养老金支出，一些国家还建立了退休金收入与老年人预期寿命挂钩的机制。

提高退休年龄也是发达国家养老金制度改革的通用工具。2000 年以来，除了少数几个退休年龄本身就较高（普遍在 65 ~ 67 岁）的北欧几国外，发达国家不约而同地实施了提高退休年龄的政策，如提高法定的正常退休年龄、收紧提前退休政策、加强对延迟退休的激励等。在提高退休年龄的同时，发达国家普遍试图加强退休政策的弹性，纷纷建立部分或渐进退休制度。而且，发达国家普遍加强退休政策的工作激励性因素，清除阻碍高龄劳动者继续工作的各种制度和政策，从而激励劳动者更积极的经济社会参与。

（3）养老金制度改革路径的渐进化。

从 20 世纪 90 年代开始，发达国家养老金制度改革的一个基本特征是渐进改革和缓慢推行。养老金制度改革牵涉面极广，从涉及的领域来看，它包括人口、经济、社会以及政治等各个方面；从涉及的人群来看，它既包括不同年龄段的劳动者，也包括退休的老年人。因而，养老金制度改革是一个非常敏感的问题，除了一些特殊情况（如 2008 年政府债务危机之后，希腊采取了相对激进的改革措施）外，各国往往在一个相当长的时间内逐渐推进改革。

养老金制度改革的渐进性在制度结构改革和提高退休年龄上体现得非常充分。20 世纪 90 年代，发达国家普遍对养老金制度结构展开改革，考虑到改革涉及不同人群，一些国家便把改革覆盖人群分为“老人、中人和新人”等不同类型，针对不同类型人群分别实施不同的政策措施，以缓解制度改革对不同类型人群的冲击。而且，发达国家养老金制度改革推进时间也相对漫长，这也是为何多许多国家在 20 世纪 90 年代都在构建多层次、多元化的养老金体系，但是直到目前仍然未能实现多层次养老金有效支付的重要原因。同样，在延迟退休年龄方面，发达国家也普遍是在较长一段时间里实施政策的，一般来说，是每 4 ~ 6 年提高 1 岁，而非一次性将退休年龄直接提高到目标年龄。

（4）养老金支出和退休年龄差距的缩小化。

发达国家养老金制度改革的收敛趋势还表现在养老金制度改革结果的收敛上。一方面，各国人均养老金水平呈收敛趋势。20 世纪 80 年代，世界各国人均养老金支出的差距非常明显，最低的葡萄牙人均仅为392美元，最高的德国则达到2273美元，两者之间相差5.8倍。而且，各国人均养老金支出分为1000美元以下、1000~2000美元和2000美元以上三个层次，相对分散。在随后的几十年中，由于后发国家（特别是希腊、葡萄牙和日本等国）福利制度和人均养老金的追赶，养老金支出差距缩小，呈现出收敛趋势。到2017年，发达国家人均养老支出集中到3000~4000美元，最低的葡萄牙与最高的意大利的差距也缩小到2倍（见表6-5）。

表6-5　1990~2017年发达国家年人均养老金支出　单位：美元/年

国家＼时间	1990年	1995年	2000年	2005年	2010年	2015年	2017年	增长率（%）
法国	1903.8	2044.5	2412.8	2814.1	3113.3	3442.2	3604.3	89.3
德国	2272.7	2451.8	2668.4	2684.6	3097.2	3269	3248.1	42.9
希腊	817.3	1280.8	1573.3	1593.1	2077.9	2698	2950.9	261.1
意大利	1681	2276.7	2968.1	3523.3	3844.9	3990.3	4120.3	145.1
葡萄牙	392.3	439.8	700.8	1092.4	1444.7	1911.9	2035.5	418.9
日本	659.8	951.8	1234.1	1664.5	3012.1	3450.8	3809.3	477.3
丹麦	1585.2	1767.4	2064.1	2610	2603.4	2878.8	2983.6	88.2
瑞典	1842.8	2131.4	2456.3	2946.6	3208.9	3818.4	3880.5	110.6
英国	1317.3	1643.9	1884.4	2383.8	3017.2	3143.2	3130.7	137.7
美国	1720.2	2203.6	2478.8	2830.8	3370.5	3656.3	3988.9	131.9

资料来源：OECD统计数据库，http：//stats. oecd. org/index. aspx.

另一个明显特征就是正常退休年龄的趋同。一方面，男性劳动者和女性劳动者各自的正常退休年龄逐渐趋同。20世纪90年代，男性劳动者退休年龄差距较大，北欧的丹麦、挪威等国为67岁，而希腊、日本和意大利仅为55~57岁，相差超过10岁；由于普遍提高正常退休年龄，到2030年，各国男性劳动者的正常退休年龄普遍上升到65岁及以上，女性劳动者的正常退休年龄变动情况也大致如此。另一方面，男女劳动者正常退休年龄差距也逐渐缩小。20世纪80年代，多个国家男女退休年龄都存在差距，20世纪90年代以来，这些国家女性退休年龄的提高速度要快于男性，导致女性退休年龄与男性的差异不断缩小，这就导致OECD国家男女退休年龄的平均差异将从1989年的2.1岁下降到2030年的0.7岁（见表6-6）。

表6-6　　1989~2050年发达国家的男女正常退休年龄

国　家	法定男性年金获得年龄				法定女性年金获得年龄			
	1989年	2010年	2030年	2050年	1989年	2010年	2030年	2050年
澳大利亚	65	65	66	67	60	64	67	67
奥地利	65	65	65	65	60	60	63	65
加拿大	66	65	65	65	66	65	65	65
丹麦	67	65	67	68.8	62	65	67	68.8
法国	60	60.5	67	67	60	60.5	62	62
德国	63	65	67	67	60	65	67	67
希腊	57	57	65.8	67.1	57	57	65.8	67.1
意大利	55	59	67.3	68.7	55	59	67.3	68.7
日本	56	62	65	65	56	62	65	65
荷兰	65	65	65	65	65	65	65	65
挪威	67	67	67	67	67	67	67	67
葡萄牙	62	65	65	65	62	62	65	65
西班牙	65	65	67	67	65	65	67	67
瑞典	65	65	65	65	65	65	65	65
英国	60	60	67	68	60	60	67	68
美国	65	66	67	67	65	66	67	67
OECD平均	63	63.3	64.8	65.6	60.9	61.9	64.1	65

注：各国2014~2050年的正常退休年龄是根据其过去和当期的养老金制度改革政策估计而来。资料来源：OECD统计数据库，http://stats.oecd.org/index.aspx.

6.2.2　养老金制度改革收敛趋势的动因

发达国家养老金制度改革目标、措施和结果的收敛趋势背后有其深刻的历史背景和多重动因，即其收敛是在一系列人口、经济社会发展变量影响下，客观背景条件和主观认知条件演变的结果。从整体上讲，人口老龄化程度的非均衡发展是养老金制度改革收敛的直接原因，经济发展的阶段性下降是经济现实背景，世界经济一体化导致的社会保障国家化是收敛的外在驱动力量，社会福利模式向社会保险的观念回归则是收敛的主观认知条件。

(1) 人口老龄化加深与非均衡发展。

人口老龄化的不断加深是发达国家半个世纪以来最为深重的变化之一，其特征各国人口老龄化程度的非均衡发展，即各国老龄化速度存在明显差异，一些原本人口年龄结构较为年轻的国家在最近 30 多年中老龄化速度明显加速。1960 年，韩国、日本、葡萄牙、西班牙和希腊等原本较为年轻的国家，人口老龄化率明显加快，如日本和韩国增长了 3 倍，希腊、意大利、葡萄牙和西班牙则增长了超过 1 倍，奥地利、英国和法国等老年国家的老龄化增长速度则不到 50%，这就使发达国家老龄化普遍接近或超过 15%（见表 6－7）。

表 6－7　各国 1960～2011 年人口老龄化率变动情况　单位：%

时间 / 国家	1960 年	1980 年	2000 年	2011 年	增长率
澳大利亚	8.5	9.6	12.4	13.7	61.2
奥地利	12.2	15.4	15.5	17.7	45.1
加拿大	7.6	9.4	12.6	14.4	89.5
丹麦	10.6	14.4	14.8	17.1	61.3
法国	11.6	13.9	16.1	17.1	47.4
德国	10.8	15.5	17.2	20.9	93.5
希腊	8.3	13.1	16.6	19.5	134.9
匈牙利	9.0	13.4	15.1	16.8	86.7
意大利	9.0	12.9	17.7	20.2	124.4
日本	5.7	9.1	17.4	23.3	308.8
韩国	2.9	3.8	7.2	11.4	293.1
荷兰	9.0	11.5	13.6	15.9	76.7
挪威	10.9	14.8	15.2	15.2	39.4
葡萄牙	7.9	11.3	16.2	19.2	143.0
西班牙	8.2	11.2	16.8	17.2	109.8
瑞典	11.8	16.3	17.3	18.6	57.6
英国	11.7	15.0	15.8	16.2	38.5
美国	9.2	11.3	12.4	13.3	44.6

资料来源：OECD 统计数据库，http：//stats. oecd. org/index. aspx.

人口老龄化率的趋同成为发达国家养老金水平收敛的直接动因。人均养老支出由人均养老支出状况和人口老龄化率两个因素决定。随着老龄化程度的趋同，养老支出的一个重要决定因素——老龄化率的差异缩小，就可能导致人均养老支出差距缩小。同时，随着人口老龄化加深，老年公民规模不断扩大，对政治、政党和政策的影响也越来越大，这也导致人均养老支出较低国家的政府扩大养老金财政支出，进而导致了各国人均养老支出呈现收敛趋势。

（2）经济增长率的波动式阶段性下降。

从 20 世纪 70 年代开始，发达国家经济增长速度和经济发展水平整体趋于收敛，并呈现波动式阶段性下降趋势。在经历 20 世纪 50～60 年代的高速增长之后，发达国家经济增长水平在 70～80 年代普遍下降为 3%～4%，到 21 世纪则进一步下降到 2% 以下，特别是受 2008 年国际金融危机的影响，发达国家经济毫无例外呈下降趋势。另外，世界发达经济体的经济发展水平也呈现收敛趋势。20 世纪 70 年代，各国人均国民收入水平相差较大，进入 21 世纪，不同国家人均国民收入的差距逐渐缩小（见表 6－8）。

表 6－8　　发达国家经济增长速度的阶段性变化　　单位：%

国家＼时间	1971～1980 年	1981～1990 年	1991～2000 年	2001～2010 年
澳大利亚	2.9	3.3	3.4	3.0
奥地利	3.6	2.3	2.6	1.5
比利时	3.4	2.0	2.2	1.4
加拿大	4.3	2.6	2.9	1.9
丹麦	2.2	2.1	2.6	0.6
法国	3.7	2.4	2.0	1.1
德国	2.7	2.3	1.9	0.9
希腊	4.7	1.5	2.3	2.4
意大利	3.6	2.4	1.6	0.4
日本	4.4	4.6	1.1	0.8
韩国	9.0	9.7	6.5	4.2
荷兰	2.9	2.2	3.2	1.3
挪威	4.7	2.5	3.7	1.5
葡萄牙	4.7	3.3	3.0	0.6
西班牙	3.5	2.9	2.8	2.0
瑞典	2.0	2.2	2.1	2.1
英国	2.1	3.1	2.8	1.8
美国	3.2	3.2	3.4	1.5

资料来源：OECD 统计数据库，http：//stats.oecd.org/index.aspx.

经济发展速度的趋同和增长率的相对下降导致发达国家面临类似的养老金

困境，如养老金可持续性等问题，这就要求发达国家减少公共养老金支出、提高公共养老金收入，进而导致各国养老金改革措施趋同。同时，面临当前的经济增长缓慢和未来的经济增长困境，就需要鼓励更多的高龄劳动者留在劳动力市场，进而导致发达国家普遍采取了积极高龄劳动者就业措施，并改革提前退休的惩罚与延迟退休的激励政策。

（3）世界经济一体化和社会保障国际化已成为养老金改革收敛的外在动力。

20 世纪 80 年代以来，世界经济一体化以前所未有的规模和程度发展起来，各种资源的国际流动愈加频繁，社会保障国际化程度明显加深，成为养老制度改革趋同的一个重要动力。经济一体化带来要素的全球流动，特别是劳动力资源的国际流动（国际移民）规模不断扩大；而且，发达国家的国际移民更多的是在发达国家内部流动，从第一世界向第三世界的流动仅仅是少数。国际间劳动力的转移与流动要求各国制订统一的养老金政策，如跨越国界的养老金转移、衔接与支付政策，统一的养老金投资市场规则等，以保障不同国家劳动者的养老金福利，而这无形中成为各国社会福利政策和养老政策趋同的重要诱因。

同时，一些国际组织，如经济合作组织（OECD）、欧盟（EU）、世界银行（WB）和国际劳工组织（ILO）在养老金制度改革趋同过程中也起到重要作用。一方面，各种国际组织会制订成员国和参加国在社会保障制度改革、老龄化战略等方面的统一行动纲领和政策措施，如欧盟国家的公共财政支出及其赤字等方面的统一强制性规定会导致养老金支付慷慨的欧盟国家适当消减养老方面开支；再如，2006 年，经合组织统一制定了各成员国在养老金制度和高龄就业市场等方面改革措施和行动计划。另一方面，国际组织通过探索各国养老金制度改革的经验和教训，采取多种形式的推广，将某种制度介绍到其他国家，这也增加了世界各国养老金制度交流、学习和相互借鉴的机会。

（4）养老保险理念的良性回归。

从社会养老保障制度诞生过程来看，其初衷是通过社会保险，特别是与收入和职业关联的社会养老保险来保障劳动者老年生活所需，实现劳动者终生收入在时间上的再分配，这也是为何各国养老金制度普遍始于在海员、工厂工人等职业的重要原因。20 世纪 40 年代，贝弗利奇普遍性社会福利理念影响深远，特别是 20 世纪 50 ~ 60 年代资本主义经济高速增长，人口出生进入繁荣阶段，发达国家社会福利理念大行其道，逐渐形成了基于需求给付的养老金支付机制形成，福利国家建设逐渐进入高潮。

但从 20 世纪 70 年代开始，发达国家开始重新审视其社会福利和养老体系，重新塑立以社会保险方式来应对老龄化挑战的理念，强调国家、社会、家庭的多方治理与共担，从基于社会需求、社会福利和国家保障为主的养老理念逐渐回归到以社会保险、多方参与、责任共担的主的保障理念。在这种理念之下，发达国家普遍基于劳动力市场结构变化来修订养老金制度，减小养老体系对劳动力市场的扭曲。

6.2.3 国际养老金改革收敛趋势中的现实偏离与国别特征

过去 30 多年中，发达国家养老金制度改革的确呈现收敛趋势，但这种收敛只是一个整体、缓慢的过程，如果深入观察，我们将发现仍然存在一些偏离于这种收敛的现象和状态。一是发达国家不同养老金制度模式之间差异仍然相对明显；二是虽然各国采取了一些类似的改革政策，但同样也存在各具特色的改革差异化措施；三是虽然发达国家人均养老金支出和退休年龄、方式之间差异有所缩小，但各国高龄劳动者的劳动力市场表现也有所不同。

（1）不同养老模式并未完全一致。

经过几十年的发展演变，虽然构建多层次养老金制度是总趋势，发达国家不同模式之间的差异逐渐缩小，但是，不同国家的具体模式存在差异，如瑞典和意大利等国建立的是名义账户制，而其他国家则是现收现付制与基金积累制的结合。同时，有些国家如英国、美国等国已经实现了多支柱的养老金体系，而其他一些国家如意大利和希腊等国，仍然是事实上的单支柱体系。而且，各国之间的公共养老金支出也有着明显的模式间差距，欧洲大陆国家的养老金支出比重较高，普遍超过 10%，而北欧国家处于中等，自由主义补救模式的美国、英国和澳大利亚等国则明显较低（见表 6－9）。

（2）养老金改革政策仍然存在或多或少的国别特征。

不同国家养老金制度改革的具体政策也或多或少存在一定程度的差异。就目标而言，在趋于集中情况下，不同的国家有着各自特色的政策目标，如欧洲债务危机期间，希腊、意大利等国的养老金制度改革主要目标便是降低财政赤字。各国养老金制度改革进度也存在差异，如提高退休年龄各国时间差异较大，从目前横亘到 2050 年左右的较大时间跨度。同时，改革过程中民众的应对方式也有差别。欧洲大陆国家往往采取罢工、游行的方式来反对改革，北欧国家则往往采取协商途径来应对改革，而日本等国则很多时候采取“用脚投票”的方式，如退出国民年金等来应对改革。

表 6 - 9　不同年代发达国家养老支出占 GDP 比重的变动情况　单位：%

国家＼时间	1980 年	1995 年	2005 年	2015 年
法国	9.5	12.4	13.1	13.9
德国	10.6	10.7	10.8	11.2
希腊	5.4	9.7	12.0	12.4
意大利	9.7	14.9	15.3	15.8
葡萄牙	3.7	7.2	10.8	11.2
日本	4.1	6.7	10.5	12.1
丹麦	7.1	8.4	7.3	7.5
瑞典	8.3	10.5	9.5	10.1
英国	5.9	6.0	6.5	7.2
美国	6.2	6.4	6.0	6.8

资料来源：OECD 统计数据库 http：//stats. oecd. org/Index. aspx? DataSetCode = SOCX_AGG.

这种差异与两个因素直接相关。一是一国的福利传统。北欧国家更注重国家福利，福利改革往往通过国家协商等形式来进行，英美国家更注重市场，改革重心在于寻求政府保障与市场运行之间的平衡，欧洲大陆国家则更注重职业关联，强调提高劳动参与率来应对老龄化过程中的作用。二是人口老龄化程度和深度也是影响一国养老金制度改革进度和政策的重要因素。日本、意大利、希腊和韩国等老龄化异常迅速的国家养老金制度改革频繁、快速，而那些老龄化速度较慢的国家，如美国和加拿大等国则改革频率较低，且相对缓和。

（3）各国实际退休年龄并未完全统一。

虽然各国普遍制定了提高退休年龄政策，多数国家的男女实际退休年龄都有所上升，但是实际退休年龄的差异仍然明显。韩国和日本是实际退休年龄是最高的国家，韩国男性为 71.4 岁，女性为 69.9 岁，日本男性达到 69.3 岁，女性为 66.7 岁，英语系国家和北欧国家的实际退休年龄基本在 63 ~ 65 岁，女性在 62 ~ 64 岁，而欧洲大陆国家的女性退休则明显较低，男性集中在 60 ~ 62 岁，比北欧国家低 3 岁左右，比日本、韩国低 10 岁左右；女性集中在 60 ~ 61 岁，比北欧国家低 2 ~ 3 岁，比日本韩国低 7 ~ 8 岁（见表 6 - 10）。

表6-10　**2000~2011年发达国家男女实际退休年龄**　单位：岁

国家＼时间	男性的实际退休年龄			女性的实际退休年龄		
	2000年	2005年	2011年	2000年	2005年	2011年
澳大利亚	62.0	63.7	65.2	59.7	61.4	62.9
加拿大	62.7	63.3	63.8	60.8	61.5	62.5
英国	62.4	63.3	63.6	60.9	61.4	62.3
美国	64.7	64.6	65.2	63.5	63.2	64.8
丹麦	63.4	63.2	63.5	59.8	61.9	61.4
荷兰	60.6	61.2	63.6	58.7	60.2	62.0
挪威	63.9	63.3	64.2	63.7	61.8	64.3
瑞典	63.7	65.1	66.3	62.3	62.4	64.4
葡萄牙	65.1	66.3	66.2	62.5	66.1	65.1
西班牙	61.7	61.2	62.3	61.9	63.6	63.4
奥地利	60.3	58.9	60.4	58.9	58.1	58.4
法国	58.8	58.6	59.1	58.9	59.4	59.5
德国	61.0	61.8	61.9	60.3	60.7	61.4
希腊	63.2	62.4	61.8	62.7	61.2	59.9
意大利	60.2	60.8	60.8	58.8	61.0	59.2
日本	70.1	69.3	69.3	66.2	66.3	66.7
韩国	67.1	70.2	71.4	65.9	67.7	69.9

资料来源：OECD统计数据库，http://stats.oecd.org/index.aspx.

6.2.4 国际养老金制度改革给中国的经验与启示

中国的人口经济背景和制度背景上都有着前所未有的复杂性和多样性，既存在发达国家普遍遭遇的养老困境，又呈现出发展中国家的经济发展水平问题，进而导致中国社会养老保障制度改革成为世界上环境最为复杂、任务最为艰巨的改革，从社会保障顶层制度设计到具体的政策安排，都面临理论模糊和现实挑战。因而，中国养老金制度改革应该在汲取他国经验的基础上，既厘清改革的共性和规律性，又结合中国独特国情，创建中国特色的社会养老金制度体系。

(1) 中国养老保险制度改革的顶层设计需要遵循世界各国的普遍规律。

中国正在进行养老保险制度顶层设计，这种制度设计必须考虑世界养老保障制度发展与改革的普遍规律，一味刻意追求中国特色而创造出来的所谓养老金体系必然难以成功。那么，世界社会养老保险制度改革有着哪些普遍规律和共性问题呢？总结发达国家社会养老保险制度改革的历史经验和中国社会养老保障制度改革的需要，这些普遍规律包括：社会保障制度刚性特征决定下的养老保障水平与经济增长的长期协调和动态调整原则；养老金制度改革的多元化、多层次体系原则，从而保证老龄化成本的共担和责任分担的公平性和效率性原则；养老金制度改革与劳动力市场的多阶段互动规律，即养老金制度改革既要基于劳动力市场的现实安全灵活性，又要有意识推动劳动力市场的统一化、益老化发展。因而，中国养老体系顶层设计应该注重以下几个基本原则或路径。

一是养老金目标的阶段性和动态性问题，养老保障水平要与经济发展水平动态协调，且适当滞后于经济发展速度。在养老金制度改革趋同过程中，动因固然很多，但最根本的还是经济发展水平。从短期来看，政府在一定程度上通过赤字政策来提高福利水平，社会福利在一定程度上可能脱离经济发展水平；但是，从长期来看，任何一个国家和政府的财政支出都不可能完全背离经济发展状况。因而，我国必须在长期经济增长背景下考虑养老金改革目标，在适当提高贫困人口和低收入老年人的生活水平，在加快双轨制改革的基础上，从长期的经济增长率、工资增长率预测以及物价水平变动来确定养老金的替代率水平和增长率。二是多层次与公平性问题，但特别需要指出的是，养老金的多层次并非多种养老体系的隔离与分割，而是统一平台上基于需求和能力原则基础上的责任共担的公平性体系，中国需要加快个人账户的做实，并尽快实现城镇职工基本养老体系的并轨、降低城镇职工和城乡居民养老保险待遇的差异度。三是要注重养老金制度改革和劳动力市场政策的匹配和协调，养老金制度的并轨速度要适当优先于劳动力市场的一体化建设相配合，养老金制度改革需要积极与高龄劳动力市场相配合，提高退休年龄要与灵活退休体系相配合。

（2）根据中国的具体情况，兼顾养老金制度改革普遍规律与特色平衡。

发达国家养老金制度收敛的同时还存在一定程度上的国别特征，因此，中国养老金制度改革既要遵循普遍规律，又需要保持中国特色。养老金制度改革关起门来“闭门造车”，可能要走很多弯路，而一味模仿则难以适应中国面临的“未富先老”等现实国情。从改革过程来看，发达国家养老金制度改革的国别特征主要是与人口老龄化程度、养老保险制度模式、劳动力市场需求特征、社会文化需求特征等密切联系在一起。有鉴于此，中国也需要深入研究这些因素，建设中国特色的养老金制度改革之路。

在制度模式上，中国具有典型的“未富先老”养老格局特征，就不能走北欧福利国家模式，也不能走日韩的生产主义福利模式转变的阶段时点，而应该尽量在较长的时间段内保持生产主义养老模式的特征，通过持续经济增长来保障社会养老水平的相应提高。并且，要着重发挥家庭和个人养老成本分担的作用，通过国家、社会、家庭和个人的合理共担，在国家保障基本老年生活的基础上，通过个人的努力和工作更久来满足更高层次的老年需求。

在改革方式上，中国养老金制度改革的渐进性、阶段性，做到有张有弛。一方面，要加快多层次养老金制度建设，加快完善高龄劳动力市场政策；同时，加强养老金体系的公平性，加快机关事业单位与企业单位养老金体系的并轨进步。另一方面，要逐步提高退休年龄和退休者（特别是低收入退休者）的养老金待遇水平，在保基本的基础上逐渐向充足性发展。

在政策手段上，西方国家的改革非常重视法律途径，养老制度体系是建立法律和法令基础上的。在中国养老金制度改革过程中，起主要作用的还是行政手段，基本上是通过国务院行政法规、人力资源和社会保障部的部门规章来推动改革。同时，由于目前仍然处于省级及以下统筹，地方政府政策规定也成为重要的改革形式。但在我国劳动力市场多元化和老年人社会需求差异化的背景下，单纯的行政改革路径和措施难以满足改革所需。因而，中国养老金改革需要注重政府行政手段、法律手段和市场手段的结合，在保持行政手段、政策法规推动改革的同时，适当加强法律手段和市场手段的协调运用。

（3）建立多种形式的弹性退休政策体系是中国养老金制度改革的重要方向。

调整退休年龄是发达国家养老金制度改革的重要措施，虽然不同国家退休年龄提高的具体年龄和实施时间不一样，但构建弹性退休制度，赋予高龄劳动者更多的就业和退休选择、建立部分退休和渐进退休制度，加强养老金体系的灵活性是发达国家过去 30 多年改革的主要方向，这不仅因为是现代国家满足不同层次劳动者多元化退休需求的需要，而且也是保障社会养老资源分配效率性的需要。

如何构建多选择的弹性退休体系，由于中国退休养老制度具有系统性弹性特征，因而，不能单纯就退休年龄谈退休年龄，要基于延迟退休的多种属性和多重目标，遵循利益兼顾的顶层设计思路，综合预期寿命、就业压力和养老财政状况来确定延迟退休的启动时机和间隔跨度，注重退休金支付结构和就业政策的配套跟进，以控制提前退休为当前着眼点，以构建弹性退休体系为长期落脚点，渐进有序地推动退休年龄政策调整。

6.3 构建动态调节机制，建立弹性退休制度

发达国家普遍已经或正在构建退休年龄灵活、方式渐进、待遇多元的弹性退休政策体系。中国则面临退休年龄僵化、方式匆促、待遇结构单一等退休政策刚性问题，必须创建灵活的制度安排、柔性的政策设计和匹配的实施环境的生产性弹性退休体系。借鉴国际经验，中国需要分类设计，逐步实现退休年龄弹性化；基于收入审查机制，有序推动退休方式渐进化；健全多支柱养老金体系，积极促成退休收入多元化；协调运用多种手段，有效提升高龄雇佣环境的宜老化程度。

构建社会劳动者工作时间与退休时间的动态调节机制，建立弹性退休制度。根据人口预期寿命和城镇职工平均工龄变动，建立城镇职工职业生命周期和退休生涯的动态均衡指标，使工作时间和退休时间平衡、在职收入与退休收入平衡；同时，适度调整社会退休政策，保证公共养老金财政的收支平衡和职工退休生活状态处于社会平均水平。

弹性退休日渐成为中国社会各界普遍接受的退休政策选择。近年来，我国学者陆续提出弹性延迟退休年龄的政策主张，党的十八届三中全会提出了“研究制定渐进式延迟退休年龄政策”的要求，人力资源与社会保障部则表示“将适时建议弹性延迟领取养老金年龄”。但是，如果深入探究国内有关弹性退休的文献资料，将发现我们对弹性退休的基本概念、核心内涵和特征问题等都缺乏细致分析，进而也未能提出全面而有针对性的弹性退休政策框架和体系。

借鉴国际经验，结合人口结构、劳动工资和养老制度发展的特征和趋势，探索中国弹性退休的丰富内涵和可行政策，并借以厘清弹性退休的理论、政策与实践的完整链条，对我国正在着手进行的社会养老体系顶层设计和制度改革意义重大。有鉴于此，通过国际比较的视角，本书在诠释弹性退休基本概念与

内涵的基础上，探讨了中国在退休政策弹性化方面存在的主要问题，进而提出了中国构建弹性退休体系的基本框架、实施路径以及具体政策措施。

6.3.1 弹性退休：概念与内涵

弹性退休（Flexible Retirement）是20世纪70年代西方社会逐渐兴起的一个概念，基本含义是劳动者相对灵活和自由的退休选择和行为。但一直以来，西方学者并没有给出它的完整定义，而是根据研究的特定需要来探讨其具体含义。一类研究将弹性退休视为劳动者在正常退休年龄之前或之后退休，即赋予退休年龄一定的灵活性。另一类研究则认为弹性退休不仅包括退休年龄灵活化，还包括退休方式渐进化，如丹尼尔和乌仁（Daniel & Van Vuuren，2011）认为弹性退休意味着个人根据自身偏好和习惯调整职业生涯，自由选择获取养老金的时间（既可以是部分退休也可以是完全退休），它包括灵活的退休年龄、渐进的退休方式、雇佣强度下降等内容。在实践中，国外一些政府部门、机构和公司则将弹性退休等同于渐进或部分退休。

我国学者对弹性退休概念也有两种看法，一种将弹性退休视为“自由选择退休年龄”，如郑春荣、刘慧倩（2011）认为弹性退休是指劳动者在达到法定最低退休年龄以后，可以自由选择停止工作和开始领取养老金的时间。另一些学者则认为弹性退休包括退休年龄和退休方式两个方面，如杨燕绥、张芳芳和张杰（2010）认为弹性退休是指允许职工在一定年龄范围内、符合一定条件时，自由选择退休时点（既可选择在某一年龄一次性退休；也可以选择从某一年龄开始分期退休），并取得相应养老金的较为灵活的退休制度安排。张士斌等则认为在中国，弹性退休是一个体系，应该包括退休年龄、退休方式、退休待遇和工作环境等多个方面，是一个容纳制度安排、政策设计和环境匹配三位一体的系统。

我们认为，弹性退休当然既包括退休年龄的灵活化，又包括退休方式的渐进化，但需要指出的是，仅囊括退休年龄和退休方式的弹性退休概念已经明显滞后于退休制度改革的国际实践和现实需求。一些发达国家，如美国等，在创立现代社会养老保障制度时就已经实现了退休年龄的部分弹性化（允许提前或延迟退休），20世纪70年代瑞典和丹麦构建了渐进退休制度，当前发达国家的弹性退休政策和实践已经延伸到灵活的工作安排、益老的工作环境、积极的高龄就业政策等诸多方面。因此，当代弹性退休的内涵更加丰富、形式更加多样，明显超出了退休年龄灵活化和退休方式渐进化的简单范畴。

从内涵来看，中国情境下的弹性退休不仅包括退休年龄和退休方式灵活化，而且包括退休待遇、退休环境、退休政策工具等一揽子弹性体系问题。退休年龄灵活化是弹性退休体系的主要基础，退休方式渐进化是弹性退休体系的核心关键，退休待遇多元化是奠定劳动者灵活退休的物质前提，也是弹性退休体系财政充足持续、制度健康发展的经济保障，雇佣环境宜老化是弹性退休体系的重要成分，社会养老体系、高龄就业政策和收入分配制度等的配套改革是弹性退休体系有效实施和运行的必要环境，政策工具多样化则是有效构建弹性退休体系的内在要求。

6.3.2 发达国家弹性退休的发展演变与政策实践

20 世纪 70 年代以来，发达国家展开了退休政策弹性化的持续改革与探索，弹性退休政策也经历了从发展受限到大力倡导的转变过程。总体上讲，从早期允许提前和延迟退休，到 80 年代中后期大力倡导渐进退休，再到 21 世纪持续改善高龄劳动者的就业市场和雇佣环境，发达国家弹性退休政策的发展演变与时代特征和经济社会需求密切相关，其基本特点是为适应人口老龄化和经济社会发展的需要，弹性退休的内容不断丰富化，形式不断多样化，从而逐渐形成了相对完善的弹性退休政策体系。

（1）发达国家弹性退休政策的演变历程。

早期，虽然一些发达国家允许劳动者提前或者延迟退休，但养老金制度设计并未给弹性退休留出足够空间。从制度设立初衷看，养老金是作为工资收入的替代物出现的，早期一些国家规定劳动者只有在完全退出劳动力市场之后才能够领取退休金（特别是职业年金），这使养老金和工资不可兼得。而且，即使没有上述规定的国家也可能实行严格的收入审查制度，规定退休后的工资收入超过一定标准（起扣点）就要扣减养老金，而由于早期收入审查中的起扣点较低，弹性退休制度发展明显受到制约。

20 世纪 70 ~ 80 年代中期，发达国家普遍调整了退休政策，如降低正常退休和提前退休年龄、放宽提前退休资格等，退休年龄弹性有所加强。1973 年，挪威将男性正常退休年龄从 70 岁降为 67 岁，1981 年，法国将所有劳动者的正常退休年龄从 65 岁降为 60 岁；1986 年，芬兰引入提前退休制度，允许雇员在 60 ~ 65 岁自由退休。同时，在北欧和欧洲大陆国家，高龄劳动者失业福利、病残津贴等替代性提前退休形式大行其道，提前退休成为普遍现象。

20 世纪 80 年代后期到 90 年代，部分退休成为西方社会弹性退休发展的新趋势。1987 年，芬兰在补充养老金项目中引入部分养老金制，荷兰规定劳动者可以在 55 ~ 65 岁边工作边领取职业年金，丹麦制定了允许 60 ~ 67 岁的劳动者领取部分养老金的法令；1988 年，法国也创立部分养老金制度，规定年满 60 岁、从事非全日制工作的劳动者可以同时领取基本养老金；1992 年，德国创立部分退休制度，规定部分退休者可以继续缴纳养老保险。

进入 21 世纪，发达国家弹性退休制度结构呈非平衡发展特征。一方面，退休年龄弹性趋于下降，表现为正常退休年龄普遍提高（截至目前，主要资本主义国家男性正常退休年龄普遍达到 65 岁及以上，而且，越来越多的国家计划提高到 67 岁甚至更高），提前退休政策逐渐收紧，提前退休的惩罚力度有所加大。另一方面，退休方式弹性则趋于加强。发达国家普遍实施了渐进式退休政策，其工作形式也更加多样化（工作分享、劳务派遣、兼职、学术或培训休假等）。同时，越来越多的国家倡导积极老龄化社会建设，着力提高工作场所的舒适性和宜老程度。

（2）发达国家弹性退休的制度设计和运行参数。

发达国家目前存在三种弹性退休（部分退休或渐进退休）制度安排。第一种是在原有养老制度中嵌入退休收入审查机制，即允许高龄劳动者在领取养老金的同时继续就业，只是对其就业收入展开审查，超过减免标准的收入按照一定规则扣减养老金。第二种是创立专门的部分退休计划，允许劳动者以减少工作时间，从而减少劳动报酬的形式一边工作一边领取部分养老金。第三种是无约束的弹性退休形式，既没有专门建立部分退休计划，又不实行退休收入审查制，高龄劳动者在继续工作的同时可以领取全额养老金待遇。

弹性退休（部分退休）的运行参数包括申请部分退休的资格条件、退休与工作的时间分配和养老金的支付规则等。部分退休制的资格条件主要包括年龄资格、缴费年限与就业经历等。发达国家普遍规定，申请部分退休的劳动者首先要征得雇主同意，其次要达到最低资格年龄（多数国家为 60 岁，部分国家为 55 岁），还拥有一定年限的缴费记录（如西班牙要求 18 年缴费，瑞典基础年金项目要求 3 年、职业年金项目要求 30 年的缴费），并满足（雇主的）最低就业年限要求（如西班牙要求至少工作 6 年，德国则是 12 年）。

各国普遍明确了部分退休的工作时间，但是其具体模式存在差异。第一种是区间制，即部分退休的工作时间按照劳动者以前工作时间的一定区间来计算，法国规定部分退休的工作时间要比原有工作时间减少30%～70%，西班牙规定要减少25%～85%，英国则规定至少要减少20%；第二种是比例制，即确定一个或多个比例标准，如德国的一种部分退休模式是减少一半工作时间；第三种是阶段性减少，如德国规定部分退休者可以选择在第一阶段全时工作，第二阶段工作很少，但在两个阶段平均领取养老金。

部分退休制一般按照工作时间支付工资，按照工作时间减少的比例支付养老金。部分养老金的基准通常是达到正常退休年龄时可能获得的全额退休金，具体规则是基于工作时间的减少比例相应发放养老金，如工作时间减少40%，则支付40%的养老金。一些国家，如法国还规定部分退休者的劳动报酬和养老金总额不得超过前几年的平均工资。同时，部分退休者还需要缴纳社会保险费，但缴费标准通常会相应减少，并且超过特定年龄（如70岁）之后便无须再缴纳。

（3）发达国家当前退休弹性化的政策实践。

发达国家弹性退休实践包含非常丰富的内容，除了大力倡导部分退休外，实现高龄劳动者退休行为的渐进化，发达国家在退休选择的灵活性、退休待遇多元化以及退休环境宜老化政策等方面也展开诸多探索。这些政策既包括加强养老金的灵活性，提高退休年龄的弹性，也包括构建多层次的养老金体系，实现退休待遇多元化，还包括积极实施高龄劳动者就业政策，采取多种措施改善工作小环境和市场大环境，从而保障高龄劳动者在更加愉悦的场域中工作。

一是加强养老金资格条件的灵活性。2006年，经合组织（OECD）出版《活得更长、工作更久》（*Live Longer*，*Work Longer*），从强化继续工作的经济激励、采取措施消除雇佣障碍，提升劳动者的可雇佣性三个方面制定了老龄化与高龄雇佣政策，而推动政策实施的一个重要工具就是加强养老金的灵活性。2009年，澳大利亚引入免于收入审查的工作津贴制度，保障部分退休者保留更多的年金收入；2010年，挪威废除67岁的强制性退休年龄，允许劳动者在62～75岁自由领取养老金，增强了养老金获取年龄的灵活性；2010年，加拿大规定领取全额联邦退休金时无须再减少工作时间，为劳动者从工作向退休的转变提供了更多选择空间。

二是完善多支柱的养老金体系。发达国家一直在探索、构建多支柱养老金体系，目前各国普遍将自愿性的职业养老金转变为强制性（如丹麦、荷兰、澳大利亚和韩国等），还有一些国家已经实现了个人账户支付（北欧国家和英语系国家），从而健全了多支柱养老金体系。意大利和新西兰（2007）、英国（2012）还引入个人职业年金（workplace pension）的自动参加计划（automatic enrollment），强制要求雇主与雇员共同向该计划缴款，从而提高养老金的覆盖面和参与率。除此之外，发达国家还通过多种渠道，如增加个人年金投资选择、提高年金基金竞争性、放松年金基金投资组合限制等，提高公私养老金基金投资的多样性和灵活性。

三是采取多种政策鼓励高龄劳动者继续工作。首先，给高龄劳动者提供经济补助，如美国、日本、德国和英国提供占工资25%～50%的就业补贴。其次，为雇主提供雇佣补贴，如日本专业设立“中老年就业补助金”，补助雇佣高龄劳动者的雇主。最后，为高龄劳动者提供一揽子就业服务，如英国实行50岁以上劳动者就业新方案，责成职业介绍中心提供专门的就业顾问，为高龄劳动者提供就业咨询，并协助他们寻找工作和参与技能培训。

四是加强工作环境的宜老化建设。首先，调整工作安排，鼓励企业通过工作分享、工作流程改造等途径赋予高龄劳动者更灵活的工作时间。其次，创立专门项目帮助高龄劳动者实现从全日制工作到非全日制工作的转变，如德国、奥地利和比利时引入老年非全日制工作计划，在特定期间内为老年人从全日制向半日制转换提供经济补助。最后，改善高龄劳动者，特别是病残高龄劳动者的工作环境，如法国成立国家改善工作环境机构，组织政府、雇主和工会多方探索，协力推进、完善高龄劳动者应对技术、组织和社会变化的各项方案和措施。

6.3.3 比较视域下的中国退休政策刚性问题

与发达国家退休弹性化道路越走越远相比，虽然自20世纪80年代以来，中国展开了持续的养老金制度改革，初步构建了现代社会养老保障体系，但退休政策刚性特征仍然明显，甚至在一定程度上出现了系统刚性特征。在退休年龄方面，缺乏提前和延迟退休等制度安排，普通劳动者只允许在规定时间强制退休；在退休方式方面，现行政策从工作到退休缺乏必要过渡，难以满足高龄劳动者的差异化退休需求；在退休待遇方面，表现出单一化特征；在工作环境方面，高龄劳动者的就业服务和劳动保护长期被忽视，导致其缺乏继续工作的动力和能力。

（1）中国面临更为复杂的退休政策调整局面。

中国退休政策调整背景异常复杂。与发达国家类似，中国面临人口老龄化、预期寿命延长以及公共养老金财政压力等问题，只是由于人口经济社会发展的阶段性差异，目前中国各种退休问题的程度还没有发达国家那样深。必须高度关注的是，中国面临比发达国家更为复杂的多重问题叠加的独特养老难题，如老龄化压力与就业压力同步呈现、“未富先老”的独特养老格局将长期存在和城镇职工养老保险双轨制等，退休政策调整困难重重。

（2）退休年龄刚性特征明显。

中国退休年龄规定刚性偏强，劳动者只被允许在规定时间退休。一是正常退休年龄已经60岁多年基本未动，并未根据预期寿命延长和公共养老财政状况而调整，尚未建立退休年龄的合理调整机制。二是普通劳动者难以提前和延迟退休。发达国家的提前和延迟退休制度覆盖了不同劳动者群体，中国的提前和延迟退休政策只针对小众群体（特殊岗位、高级专家等），并未覆盖普通劳动者。三是强制退休盛行，城镇职工在达到特定年龄后就被要求离开工作岗位，大量农民工往往不到50岁就被企业强制终止劳动合同，很难在市场上找到工作，被迫退出劳动力市场（见表6－11）。

表6－11　　中国与部分发达国家的正常退休、提前退休和延迟退休政策

国家	正常退休年龄		提前退休的养老金惩罚（扣减率）	延迟退休的养老金奖励（增加率）
	男	女		
中国	60/55	55/50	并无直接的制度规定①	
加拿大	65	65	7.2%	8.4%
法国	60.5	60.5	4.0%~5.0%	5.0%
德国	65	65	3.6%	6.0%
希腊②	65	65	6.0%	3.3%
日本	64	62	6.0%	8.4%
韩国	60	60	6.0%	6.0%
葡萄牙	65	65	6.0%	4.0%~12.0%
瑞典	65	65	6.0%	8.4%
美国	66	66	5.0%~6.75%	8.0%

注：①中国规定城镇职工缴费满15年的，增加一年缴费退休金增长1%，最多不超过30%，但这并不是提前或延迟退休的惩罚和奖励；②希腊在债务危机期间展开养老金改革，退休年龄迅速从57岁提高到65岁。

资料来源：退休年龄来自OECD. Pensions at a Glance 2013：OECD and G20 Indicators［M］. Paris：OECD Publishing，2013，pp. 198－201，提前、延迟退休资料来自OECD. Pensions at a Glance 2011：Retirement－income Systems in OECD and G20 Countries［M］. PARIS：OECD Publishing，2011：112－114.

（3）退休方式僵化、匆促。

完整的退休方式可以看作劳动力退出劳动力市场方式和领取养老金方式的某种组合。从表6－12可以看出，发达国家劳动者退出劳动力市场的方式分为4种，即突然退休、渐进退休、因长期失业以及因伤残和疾病而退出劳动力市场，领取养老金的方式也可以分为4种，即提前领取、正常领取、延迟领取以及无资格领取。目前，发达国家普遍允许高龄劳动者渐进退休，并保留了失业、病残等特殊退休通道，从而较好满足了不同劳动者的差异化退休需求。

表6－12　中国与发达国家养老金支柱及替代率　单位：%

国家	公共支柱的替代率	强制性个人支柱的替代率	自愿性个人支柱的替代率	养老金的总替代率	公共年金占GDP的比重
中国	49.2	—	—	49.2	2.2
法国	58.8	—	—	58.8	14.6
希腊	53.9	—	—	53.9	13.6
意大利	71.2	—	—	71.2	15.3
葡萄牙	54.7	—	—	54.7	12.5
德国	42.0	—	16.0	58.0	10.8
荷兰	29.5	61.1	—	90.7	6.8
瑞典	33.9	21.7	—	55.6	9.6
丹麦	30.6	47.9	—	78.5	10.1
英国	32.6	—	34.5	67.1	7.7
美国	38.3	—	37.8	76.2	4.6
澳大利亚	13.6	38.7	—	52.3	3.6
加拿大	39.2	33.9	39.2	73.1	5.0

注：郝勇等．适度的养老保险保障水平．数量经济技术经济研究，2010（8）．
资料来源：OECD. Pensions at a Glance 2013：OECD and G20 Indicators［M］. Paris：OECD Publishing，2015：137－175.

中国城镇职工的退休方式是僵化的、匆促的。目前，我国城镇职工达到一定年龄就会被要求即刻办理退休手续（高级专家的退休年龄虽然被延迟，但是其退休过程仍然是突然的），劳动者并没有制度权利从工作状态逐渐过渡到退休状态。虽然我国存在部分劳动者在领取养老金之后仍然继续工作的社会事实，但并不意味这种退而不休的行为具有制度合法性和政策依据（正式退休制度并未允许老年人在领取养老金后继续工作）。

（4）退休待遇单一化。

退休收入多元化是保障养老体系待遇充足性和财政可持续性的重要基础，没有一定收入保障，劳动者即便拥有自由退休权也无济于事，只能选择继续工作以维持基本生活。退休收入多元化包括两层含义：一是养老金收入多支柱化，即基础国民年金、职业年金、个人养老账户等多层次。20 世纪 80 年代开始，发达国家普遍致力于多层次养老金体系建设，目前一些国家已经实现双支柱和多支柱的养老金体系，而事实也证明多支柱的养老金体系能够降低公共养老金财政支出（参见表6－12）。二是退休后的收入结构多元化，即鼓励高龄劳动者更积极地参与经济，实现养老金收入、劳动报酬和资产性收入三足鼎立的收入结构。

中国退休者的待遇远未实现多元化，而是呈现出单一化特征。一方面，虽然城镇职工社会养老保险制度设计是多层次的，但是除了现收现付制的社会统筹实现支付之外，强制性个人支柱和企业年金都未能实现有效支付；同时，大量农民工缺乏领取养老金的资格，只能靠继续劳动、自身积蓄或者城乡居民养老保险金养老。另一方面，高龄劳动者的资金、资产（房产、现金积蓄）缺乏有效投资渠道，资产性收入偏低；同时，虽然部分老年人选择继续工作，但其劳动权利和报酬未得到劳动制度和退休制度保障，大量老年人继续工作的劳动收入也较低。

（5）高龄劳动者就业环境长期被忽视。

良好的就业机会和雇佣环境是弹性退休制度能否健康运行的必要条件。高龄劳动者能否积极参与经济活动，受到很多因素影响，除了收入水平、身体状况外，工作机会、就业市场环境以及社会环境也是重要影响因素，很多高龄劳动者就是因为缺乏就业机会和工作环境恶劣等因素被迫退出劳动力市场的。因而，只有构建有利于高龄劳动者继续就业的工作小环境、市场大环境和社会总环境，才能有效提高他们的经济活动参与率。

我国长期忽视高龄劳动者的就业环境。由于人口规模异常庞大，我国就业政策更多关注于青年，甚少关注高龄劳动者的就业需求，导致高龄劳动者的就业机会不多、就业市场歧视严重。同时，高龄劳动者缺乏足够的培训机会，培训参与率低，进而导致其新技能、新知识匮乏，难以适应新的工作岗位和任职要求。另外，高龄劳动者的工作环境也不受重视，企业在安排工作场所、设置工作环境和制订工作职责往往很好考虑高龄劳动者的年龄因素和适应能力。

6.3.4 借鉴创新，构建中国特色的弹性退休政策体系

中国既遭遇到人口、经济社会结构多重转变带来的养老问题叠加困局，又面临退休政策的系统化刚性挑战，必须坚持改革创新，才能走出一条既遵循养老与退休的普遍规律，又满足中国独特需求的退休政策弹性化道路。借鉴发达国家退休政策弹性化的经验和实践，中国应该以构建生产性弹性退休体系为目标和方向，采取多种措施、运用多种工具、实施多种手段，既分别设定又协同推进，最终实现内涵丰富、形式多样的弹性退休政策体系。

（1）生产性弹性退休体系是中国退休政策调整的长期目标。

一方面，“未富先老”的客观现实要求中国退休制度具有生产主义特征。中国人口老龄化加速与经济发展水平相对滞后的矛盾突出，必须在经济持续增长的基础和前提下思考退休制度改革问题。这就要求我们重新界定老龄化成本的分担构架和方式，通过提高正常退休年龄与推进退休年龄灵活化有机结合、相互配合的弹性退休制度，既激励高龄劳动者更积极地参与经济社会活动，又更好地满足他们差异化的退休需求。

另一方面，我国需要构建内容丰富、形式多样、工具多重的弹性退休政策体系，通过多样化的政策调整工具和协调性的政策实施手段，保障高龄劳动者拥有相对灵活的退休年龄、渐进的退休方式、多元的退休待遇和舒适的继续工作环境。这既是打破现有退休政策的僵化和刚性困局，实现退休政策调整的多重目标的必然要求，也是满足高龄劳动者群体多样化的退休需求，提高高龄劳动者经济参与率的必然要求（见图 6-1）。

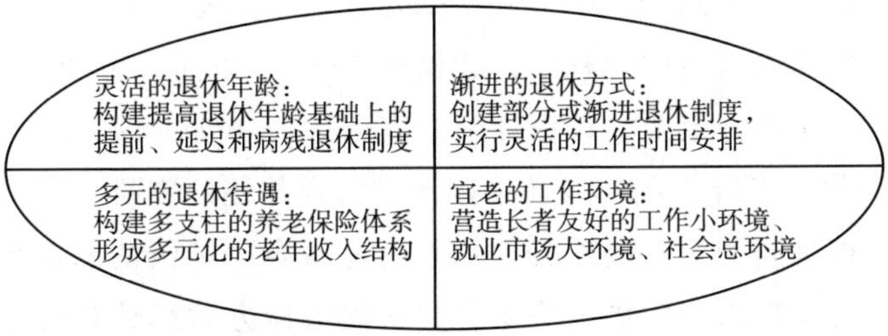

图 6-1 中国构建生产性弹性退休政策体系示意图

要实现弹性退休体系，既要分别研究、制订政策方案，又要注意各项政策措施的协同推进。一方面要分类设定、针对实施：通过调整正常退休年龄、构

建提前和延迟退休制度实现退休年龄灵活化；通过收入审查制度实现退休方式渐进化；通过加强养老金多支柱体系和老年资产的投资管理体系建设，实现退休待遇多元化；通过政府、行业、企业和劳动者多方协作，构建长者友好的工作环境。另一方面要统筹整合、协同推进。我国社会保障制度碎片化特征明显，退休政策同样如此，这不仅导致资源配置缺乏效率，又导致退休政策改革困难重重。因而，必须抛弃以往碎片化的痼疾，注重各项退休政策的协同创新、统筹兼顾。这就要求我们协同推进养老金双轨制改革、高龄劳动者积极就业政策以及国民收入分配制度等的配套改革。

（2）借鉴国际经验，渐次推动中国退休年龄弹性化。

发达国家退休年龄调整存在两个明显特征：一是退休年龄调整政策的出台与开始实施之间存在一个间隔期，一般为 7 ~ 9 年，最短的希腊为 2 年（2011 ~ 2013 年），最长的美国为 17 年（1983 ~ 2000 年）；二是政策实施过程是渐进的，即通常在一定时间段内逐渐提高退休年龄，一般是 2 ~ 3 年提高 1 岁，最漫长的是美国，每 13.5 年提高 1 岁（美国计划在 2000 ~ 2027 年将正常退休年龄从 65 岁提高到 67 岁），最快的是德国和希腊，每年提高 1 岁。

借鉴国外经验，我国也要渐进提高退休年龄，即在政策出台与实际执行中设置间隔期，并在较长的时间段里逐渐提高退休年龄。同时，要将提前和延迟退休与养老金支付结构直接挂钩，以体现惩罚和奖励之效。一是要建立提前退休的养老金惩罚制度。我国目前还未实现多支柱养老金支付，应该注意保障老年人的基本待遇，因而，在 2030 年之前，每提前退休 1 年便减少 2% ~ 3% 的退休金；随着我国逐渐实现多支柱养老体系，兼之劳动供给不足局面加剧，2040 年左右应该将扣减率提高到 4% ~ 5%。二是建立延迟退休的奖励机制。结合我国总体财政状况和人口老龄化程度，建议在 2030 年以前，劳动者每延迟退休 1 年便增加 3% ~ 4% 的养老金，以后逐渐提高到 5% ~ 6%。

（3）基于收入审查机制，启动中国渐进式退休制度安排。

以收入审查机制为核心的部分退休制度是适合中国国情的退休方式弹性化制度安排。从现实需求和发展趋势来看，我国退休方式弹性化建设已经提上日程，关键在于建立何种制度类型。由于我国目前没有退休收入审查制度，如果专门建立部分退休制度，则需要建立收入审查和部分退休两种制度（因为还需要规范劳动者领取全额养老金之后继续工作的行为）。而且，专门部分退休项目的监管成本、行政支出以及企业额外的人力资源成本可能都较高。

我国需要启动退休收入审查制度研究，并营造有效实施收入审查制度的信用环境。一方面，研究国外退休收入审查的起扣点（退休后劳动收入超过多少就要开始扣减养老金）和扣减标准（发达国家退休收入的扣减标准有三扣一、二扣一等），并结合实际情况确定中国的扣减门槛和标准。同时，构建雇主和劳动者双重、独立的工资性收入申报和跟踪系统，真实、动态记录和跟踪高龄劳动者群体劳动工资收入的变动情况，获得劳动者退休后继续从事有酬劳动的微观数据库，奠定实施退休收入审查制度的信息基础。

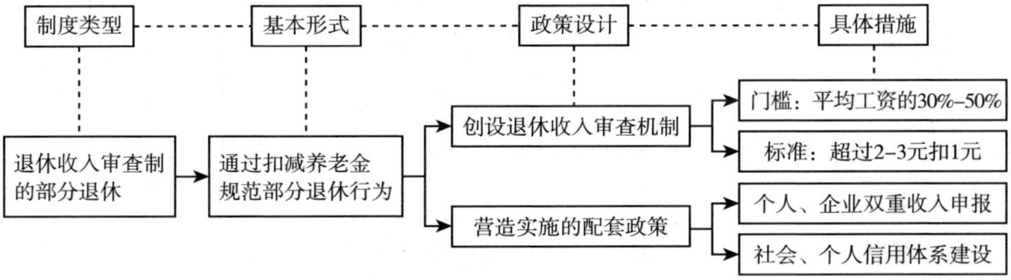

图 6－2

（4）双管齐下，积极推动老年收入的多元化发展。

一方面，尽快建成多支柱的城镇职工社会养老保险体系。一是依据物价和工资水平变动建立社会统筹养老金的合理调整机制。二是加快个人账户建设，中央政府需要转变“稳步推进”思路，加快做实个人账户进度，争取在近几年初步解决城镇职工养老金个人账户的资金拖欠问题，到 2020 年真正实现有效支付。三是倡导自愿性的个人养老积蓄账户，给予其储蓄或投资优惠，允许个人自行投资并提供投资权限优惠（如允许其优先购买长期国债等投资品）。

另一方面，加强老年收入的多元化建设。一是提高城镇职工社会养老保险覆盖面，允许未达到领取资格条件的高龄劳动者补缴或者超过正常退休年龄后继续缴纳养老保险费，确保更多城镇劳动者达到领取养老金的资格条件。二是创建部分退休制度、修订《劳动合同法》，制度化、规范化高龄劳动者半退休中的工作和达到正常退休年龄后的就业，保障其劳动权利、稳定其劳动收入。三是注重老年人资产的投资管理，加快以房养老试点，研究建立老年资产投资管理与保障基金等，增加老年人资产的投资渠道。

（5）协调运用多种手段，全面提升工作环境的宜老化程度。

通过政策鼓励，以市场手段为主，启动高龄劳动者雇佣环境改善步伐。随着老龄化速度加快和人口红利消失，青年民工短缺迫使我国一些企业开始挽留40～50岁的劳动者，还有一些企业开始尝试改善高龄劳动者的收入待遇和工作环境。在此背景下，各级政府应该加强《劳动合同法》的执行力度，积极出台相应的政策措施，鼓励企业，特别是大中型企业着手调整工作时间安排、工作责任分配、劳动场所布置等，为高龄劳动者设计健康而舒适的工作环境。

市场与行政手段相结合，实施高龄劳动者积极就业政策。一要消除强制退休，允许劳动者超过正常退休年龄之后继续工作；二是加强高龄劳动者的就业服务，将原有针对青年和农村劳动力的就业服务扩展到高龄劳动者身上，结合企业需要和劳动者自身需求，有针对性地提供职业培训、就业推荐和奖励补贴等；三是开发高龄劳动者就业岗位，如实施社会福利工作计划，为高龄劳动者提供国家机关、事业单位的辅助性岗位、社会公共服务岗位和社区工作岗位等。

行政与法律法规手段相结合，推动积极老龄化社会发展。一方面，积极营造长者友好型的社会氛围，研究制订中国中长期老年化战略，通过社会大力宣传与广泛推行，营造全社会正确认识老龄化、积极应对老龄化的社会氛围和环境；另一方面，推进长者优先型社会建设，如长者友好型城市、社区和家庭建设，在基础设施、人居建筑和公共服务等方面向老年人倾斜，方便老年人自我照料和自我护理，在提升老年人幸福程度的同时降低老龄化的经济社会成本。

6.4 构建城乡融合发展的养老服务保障体系

党的十九大首次把乡村振兴提升到战略高度，为我们在新时代做好“三农”工作指明了方向。中国经济总量已经跃居世界第二大经济体，但是在经济发展质量和人民生活水平上还与发达国家存在较大差距。预测到2050年全世界老年人口将达到20.2亿人，中国老年人口达到4.8亿人，几乎占全球老年人口的1/4。而起步较晚、发展速度快，老龄化趋势显著，老龄化地区差异明显、城乡倒置，以及经济发展水平低、“未富先老”等，是中国当前人口老龄化发展的主要特征。中国人口红利期在2015年已经消失，人口惯性会促使人口总量缓慢增长到2030年。人口老龄化不仅影响老年人自身，造成养老、医疗、服务等方面的社会压力，也对整个社会的经济文化发展和稳定产生深远影响。相对于城市，农村老龄化趋势更加明显，农村养老问题也更为突出。农村居民的养老问题涉及的范围更为广泛，包括经济发展、社会稳定、提高村民的综合素质、加快农村的现代化进程以及建设社会主义新农村。

6.4.1 我国农村人口老龄化现状及成因

（1）农村人口老龄化现状。

中国农村人口老龄化程度已达 15.4%，比全国 13.26% 的平均水平高出 2.14 个百分点，高于城市老龄化程度。对比城乡人口老龄化发展趋势，可以看出 4 个特点：

一是农村人口老龄化进程要快于城镇。自 1995 年以来，农村老龄化具有稳步上升的态势，而城镇则表现出波动起伏，2000～2002 年出现下降趋势。

二是农村人口老龄化程度均高于城镇。考虑其主要原因在于农村大量青壮年劳动力流入城市。

三是老年人口高龄化明显。2020 年，80 岁以上的高龄老人将达 362 万人，每年递增 7.68%；高龄老人占老年人口比重将由 2008 年的 11.14% 上升到 16.40%。这一比重，2030 年下降为 15.56%，2050 年上升为 23.93%。

四是老年抚养比进一步提高。到 2020 年，老年抚养比将由 2008 年的 20.86% 提高到 69.19%，平均 1.45 个劳动年龄人口抚养 1 个老年人。2030 年老年抚养比将达到 77.04%，2050 年达到 108.72%。

（2）农村人口老龄化问题。

农村人口老龄化带来的社会经济问题，主要有以下 5 点：

一是农村的经济发展受到制约。当前，农业生产的主要力量是 50 岁以上农村老人，由于这些人文化程度比较低，这将使农业技术与机械化水平无法在农村得以推广，最终将导致农村居民收入比较少。此外，农村青壮年的不断流失，将使在农村的企业无法招到满意工人，不得不向人力资源较丰富的城市转移，最终又制约着农村经济的发展。

二是制约农村社会事业发展。农村青壮年的不断流失以及人口老龄化的不断严重，给农村的社会事业发展带来很大的不便。例如，在搞农村基础设施建设时，由于缺乏青壮年，效率大大降低，甚至是无法进行；社团活动无法进行；在村级领导班子中，无法找到合适的年轻候选人，有些村将面临着撤销村委会的可能。

三是农村老年人的问题增多。农村老年人口的不断增多将直接增加具有老年人口家庭的负担，由于年轻男性壮年都出外务工，照顾家庭的重担就在农村留守妇女身上。在“上有老、下有小”的情况下，除肩负着农活的负担外，还照顾子女教育以及干繁重的家务活，很难有足够的精力照顾老年人，从而无法保障农村的养老。由于现在还没建立完备的农村养老系统，农村的养老主要还是依托于下一代，这将在一定程度上导致农村男女比重失调。随着农村老年人口的不断增加，对农村老年人权益须引起重视，但现阶段我国的农村老年社会组织建设意识还不强，老年人权益还得不到足够的保障。要重视老年人的心理健康问题，人口老龄化使家庭结构与规模产生比较大的变化，小型家庭数量不断增多，这将对传统的养老模式产生冲击，对老年人的冷视疏远也将对老年人心灵造成创伤，而农村老年人老年生活比较单调，心理非常孤寂，因而应对老年人给予足够的关心。

四是农村家庭赡养功能下降。随着家庭结构的不断变化，家庭规模在不断缩小，从而使家庭的养老功能不断减弱。当前，由于之前计划生育政策以及农村居民生活水平的不断提高，农村的养老模式已经由传统的一对老年人有三四个儿子赡养的模式向户型小的“四二”家庭转变，纯核心家庭的不断增多，将导致农村养老面临重大问题。随着大量农村青壮年的进城，迫于工作压力等，他们无暇顾及老年父母，尤其是青年夫妇在有孩子以后，会将有限的时间、精力、财力放在子女生活、养育等方面，产生一种“重幼轻老”的现象，这将不利于农村老年人的生活。此外，随着老年人平均寿命的不断延长以及岁数的不断增加，使老年人的患病率不断增加，自理能力也在不断下降，这在一定程度上加大家庭的赡养负担。

五是土地保障功能日益下降。当前，产业结构转换使农村人均耕地减少，土地对农村老人的生活保障功能逐渐降低，被调查老年人的身体健康自评分为5种情况：很健康、基本健康、经常有小病、患有重大疾病、有残疾。其中健康和基本健康合计的比例为51.35%，患有重大疾病和有残疾合计的比例为17.70%。32.44%的老年人患高血压，比例最高；其次是冠心病，为19.42%；有消化系统疾病的，为12.19%；有呼吸系统疾病的，为11.52%。约1/4的老年人生病时去大型医院，约10%去私营诊所，近40%自己买药解决，还有老年人生病时不去就医。

（3）农村人口老龄化成因。

农村人口老龄化形成的原因主要有：

一是人口预期寿命提高。随着经济的不断发展，农村基础设施、环境发生了巨大变化，农村居民的生活水平不断提高，我国农村居民家庭恩格尔系数也由 1978 年的 67.7% 降到 2007 年的 43.1% 。此外，农村医疗水平也得到了比较大的提高，从而延长了农村居民平均寿命。农村平均寿命从 20 世纪 30 年代的 34 岁增加到 2000 年的 71.4 岁，比世界平均水平高 5 岁，人口寿命的不断提高，将进一步加速我国农村人口老龄化步伐。

二是人口出生率下降。20 世纪 80 年代，我国开始实行计划生育政策，导致我国各地区的人口出生率不断下降，1970 年我国平均人口出生率为 33.4‰，到 2005 年仅为 12.4‰。但此阶段的死亡率却从 1970 年 7.6‰下降到 2005 年 6.4‰，如长期这样下去，将导致青年人口比重不断下降，老年人口比重不断上升。2013 年 11 月 15 日，我国启动实施了一方是独生子女的可生育两个孩子的“单独二孩”政策，由于我国此前实施的城乡有别的计划生育政策，农村的独生子女远少于城市，此次“单独二孩”新政，影响的主要是城镇育龄夫妻，而农村育龄夫妻影响不大。因此，在目前人口总数的压力下，需要放宽生育政策以调整人口结构，而降低人口老龄化的办法并不能扭转这种局势。

三是青壮年劳动力逐步向城市转移。山东省作为我国劳务输出大省，随着经济的发展，城市化与工业化步伐不断加快，这些都为山东省农村青壮年剩余劳动力提供了走向城市的机会，导致大批的农村青壮年向大城市转移，有的甚至在城市买房定居，与此相反，部分的城市老年人在退休后从城市返回到农村，这两个不同的过程，使城市的青壮年人口数量相对增加，老年人口相对减少，而农村却恰好相反，由于青壮年不断向城市迁移，加剧了农村老龄化的程度。

6.4.2 我国农村养老保障问题及成因

（1）农村养老服务保障存在问题。

①养老资源供不应求。一是养老资源供给量不足，养老保障功能弱化。随着老龄人口基数的扩大，农村老年居民对其养老资源的需求量会随之不断增加。如果农村养老资源供给情况停滞不前或进展缓慢，则很容易出现农村养老资源供求严重失衡的问题。大多数的农村老年居民并不把养老的希望寄托于政

府或社会，大多数农村老年居民对其目前的养老生活的满意程度并不高，他们对其养老资源的需求没有得到相应的满足。与此同时，其家庭方面的养老资源的供给也不容乐观。二是养老资源供给方式单一，养老保障能力有限。直接导致家庭方面对农村老年居民的养老资源的供给情况恶化。目前，农村老年居民的养老资源供给主要依靠家庭，即包括子女、自己、储蓄、土地四个方面。社会和政府的供给能力明显不足。养老资源过于来自家庭的倾向使农村老年人对于其养老现状并不满意。同时，土地是农村居民的主要经济来源，但目前土地给农村老年居民养老方面带来的保障也在减弱。在市场经济的环境下，农村居民的土地收入受到了宏观经济波动的影响，在市场供求关系的作用下，导致其收入的不稳定，加之农产品的市场竞争日益激烈，这些多种因素的制约，使家庭方面对农村老年居民的养老资源的供给情况恶化，这将直接导致家庭养老模式的资源供给不足。

②服务类的养老资源供给不足。一是"新农合"与"新农保"是政府对农村养老资源的主要供给形式。目前的"新农合"与"新农保"是政府对农村养老资源的主要供给形式。"新农合"在一定程度上帮助农村居民解决部分"看病难，看病贵"的问题。"新农保"也为大多数农村老年居民提供了晚年的基本生活保障。同时，低保、"五保户"制度等其他救助形式也在特殊人群范围内缓解了农村居民的养老压力，这些养老资源的供给虽然能给农村老年居民的生活提供一定的经济支持，但支持力度并不大。二是系列社会服务型的养老资源没有得到有效供给。最严峻的挑战是服务类型的养老资源的供给基本是空白的，如老年活动中心、老年社区等一系列社会服务型的养老资源并没有得到有效供给。农村老年居民的晚年生活缺少乐趣，因此，其情感方面得不到有效慰藉。在物质生活并不丰富的同时，精神生活也没有得到良好的满足。服务类养老资源的缺失使农村老年居民对其老年生活满意度较低。

③家庭养老模式占主流，但却出现弊端。一是单纯依靠家庭养老并不能满足老年居民的养老需求。农村居民对于家庭养老的重视程度很高。目前，农村主要的养老模式还是家庭养老，其中包括自己家和子女家。农村居民对于社会养老的接受度与认可度并不高。通常情况下，各个农村家庭的经济条件决定了家庭中的老年居民选择什么样的养老模式。但是，现阶段农村老年居民仍倾向于按照自己的意愿需求选择养老模式。因此，家庭养老模式占主要地位的情况并没有随着养老院等社会养老机构的产生及推广而发生改变。二是劳动力的转

移导致对农村老年居民的生活照料不足。随着市场经济的发展，农村居民面临的挑战不断增多，收入的不稳定性直接影响其对于老年居民的养老保障能力的强弱。同时，在家庭养老的模式下，老年居民主要依靠的是子女的赡养，子女的经济状况则直接影响其父母的晚年生活质量的好坏。但大多数农村老年居民的子女经济收入不稳定，并不能提供有力的支撑保障。劳动力的转移导致对农村老年居民的生活照料不足。三是土地保障功能的弱化导致对农村老年居民的经济支持不够。土地保障功能的弱化导致对农村老年居民的经济支持不够等无不反映出家庭养老模式存在的弊端。单纯依靠家庭养老并不能满足老年居民的养老需求。至此，虽然农村老年居民无论是出于亲情需要还是受到传统观念的限制而使家庭养老处于主体地位的情况并没有改变，但家庭养老模式出现了弊端也是毋庸置疑的。

④社会养老模式效果欠佳。一是农村社会养老模式主要是以养老院的形式存在，其他社会养老模式基本是空白。但即使只存在一种社会养老模式，仍存在推广力度不够，农村老年居民社会养老意识不足，导致养老院的社会养老模式不被农村老年居民接受。二是“新农合”与“新农保”所带来的经济支持相比不足。虽然“新农合”与“新农保”参与程度很高，但是其提供的经济保障不足，农村老年居民大多数的生活开支用于看病或购买药品，医疗方面的开支过大，“新农合”与“新农保”所带来的经济支持相比较其花费来说是远远不够的。三是农村的老年服务体系不健全，适合农村老年居民娱乐与生活活动场所的数量甚少。甚至我国许多农村根本没有意识到这个问题，老年居民的基本生活需求都仅仅通过家庭来承担。四是欠缺的服务相关制度无法适应村中的“空巢老人”生存与精神上的需求。由于农村社区成立的程序并不十分明确，不仅没有专门的养老保障机构，也没有相应成型的法律制度，从而使社区对农村家庭养老缺少有效的引导与监督。因此使社区的养老服务结构没有起到应有的作用，得不到法律的有效监督。最终在农村由于子女的不良表现引发父母老人不被人供养的事件越来越多，农村这部分老人的相关权益没有被有效保护。

⑤养老模式、方式单一。农村老年居民选择的养老模式共有三种：自己家养老、子女家养老及养老院养老。但这三种养老模式归根到底只有两类，即家庭养老和养老院养老。可见，农村养老模式过于单一。在养老方式方面，当农民到晚年、劳动能力丧失之后，由于自己已经没有了固定的经济生活来源和经

济基础，且行动不便，因此，生活上只能依靠子女。由于我国的农村家庭养老方式较为单一，老年人通常与子女在一起生活，老人一般在家帮子女做些家务活或照看孩子，在日常生活中的琐事全交由子女决定。

⑥农村居民观念的滞后性。随着农村的经济不断发展，我国也颁布了不少有益于农民的养老保障政策并不断引导农民积极参与，但是这些农村养老保障政策没有得到农民的拥护与支持。农村的养老模式没有什么变化，还是以传统观念中的家庭养老为主，并没有太大的改变。只是因为在农村地区，农民的思想观念由于受到中国传统文化的影响较为落后，在农民的观念里儿女养老应该是正常的。老年居民大多数还是依赖自己的亲生儿女来养老。这说明在一定程度上传统的家庭养老的观念对参保的积极性有很大的影响，也进一步对农民自身的社会养老能力在一定程度上的提高有影响。

（2）农村养老服务保障原因问题分析。

①“无地”农村居民的经济收入不稳定。一是农村老年居民已经失去劳动能力，很难从土地上获得经济收益。随着农村经济的快速发展，农村土地的保障能力却相对减弱，仅仅依靠土地来养老已经无法满足农民的需要，“无地”农村居民不仅在生活、生产上会产生消极影响，还可能对宏观层面的劳动供给产生冲击。二是“无地”农村居民的收益都来自其外出打工的收入。虽然城镇化进程推动了农村居民就业的非农化趋势，使其工资性收入增多，但农村居民对土地的依赖程度还很高。同时，随着生活水平的不断提高，物价不断上涨，“无地”农村居民的收益都来自其外出打工的收入，也因此导致了大量农村劳动力向城镇地区转移，在这些劳动力中，由于教育水平、技术能力的限制，在外务工的农村居民面临工作不稳定、风险高的挑战。这也削减了农村居民的养老水平能力。三是“无地”的问题使一部分农村居民不得不转移到城镇地区的非农领域谋生活，然而由于农村户籍问题使他们享受不到与城镇居民平等的待遇，这也同时增加了他们在大城市生活与就业的风险。

②家庭结构的变化。一是受到我国计划生育的影响，农村的家庭结构由子孙满堂向核心化趋势发展，形成“4－2－1”“4－2－2”的家庭结构模式。一对中年的农村夫妻的生活负担明显加重，形成了“上有老，下有小”的压力模式。这种家庭结构的变化使家庭间代际关系也发生了相应的变化。家庭的核心是老年居民，而现代社会由于经济的发展，父母观念的变化，城乡二元差距使农村家庭把代际重心几乎都放在孩子身上。二是家庭结构的核心化导致农村老

年居民赡养的边缘化，出现农村老年居民被迫降低生活质量，经济、生活、情感都得不到满足。

③农村“新农保”制度建设不完善。一是我国现有的地方参保政策还不是很完善，尤其是对于没有稳定收入的农民。他们只能选择养老保障制度中费用最低的保险，因此保障的水平也普遍较低。二是农民只能选择养老保障制度中费用最低的保险，保障的水平普遍较低。这样的养老保障能力根本不能满足农民的基本生活需求。因此，有很多农民对参保政策是否能真正有效地保障农村老年居民的基本生活水平也相应提出了质疑。三是政府对相关政策在农村的宣传力度还不够。农村居民对于“新农保”相关的政策还不是很了解甚至还有很多农民对其有效性持怀疑态度。农村居民由于传统观念根深蒂固进而导致其对新的事物、新的思想观念的接受能力比较弱，想要农村文化水平较低的农村居民对新的农保制度有足够的了解，就必须让他们知道参保的好处与优势所在，因此需要定期在农村进行宣传与正确的指引。同时，“新农保”的参保原则是遵从自愿，这不利于推行该制度。政府只负责鼓励引导，这显然不符合社会保险的强制性。四是“新农保”的推行缺少相应的法律为其保驾护航，缺少规范性的法律指导，农村居民也因此对其信赖度、依赖度不高。

④城乡二元结构与城镇化的影响。一是社会保障制度有效性的整体水平相对较低。随着我国城乡二元化现象愈加明显，农村与城镇的社会保障体系也大不相同。在经济发展较快的城镇中，社会的保险制度已经比较完备，城镇居民能够很好地享受到这种制度的优势与福利。而农村与城镇相比，社会保障制度有效性的整体水平相对较低，想要向城镇看齐，还需要做出很大的努力才行。二是经济发展带来的文化多元化、信息多样化，导致农村家庭关系问题凸显。社会的养老保险系统相比城镇来说建立较晚，城镇发展带来的信息多样化，导致农村家庭关系问题凸显。

⑤社会道德的淡化与“孝”文化传承的弱化。一是农村居民受教育程度的限制。追求金钱至上等不良风气导致社会的道德观念淡化。婆媳矛盾激化、虐待老人等现象时有发生，有些甚至对老人轻则训斥、重则打骂。二是“孝”文化传承的弱化使农村居民在思想上对其父母赡养义务观念弱化。“孝”文化传承的弱化使倡导的尊老、敬老的优秀传统文化的感染力日渐甚微：经济上给予不足，生活上照料不够，情感上慰藉缺失。从前那种要报答父母的养育之恩的观念有了变化，传统的家庭养老模式功能不足，造成了一些农村居民道德丧

失，做不到孝顺、赡养父母。然而，在经济发展、时代进步的当下，"孝"文化的缺失是发人深省的，"孝"文化在农村养老保障进程中起到的作用是其他物质资源无法替代的。"孝"文化不仅影响当下社会的和谐风气，还会影响下一代对尊老敬老的风尚的形成。

⑥农村养老保障的相关法律不健全且宣传力度不强。一是农村养老保障的相关法律不健全。农村养老保障制度是整个社会保障制度的重要组成部分，应当通过国家立法来保证其具有一定的强制性。我国各省区市的农村养老保障制度建立与完善使我国目前社保工作有了一定的进展，但关于农村养老保障的相关法律不健全，以及法律的相对滞后性决定了农村养老保障问题的进展速度。二是在我国现有的关于农村养老保障的政策、法规体系中，农村社会保障法以及农民养老保险法是空白的。没有针对性强的法律作为支撑，使在农村养老保障问题的实践过程中存在许多模糊不清的困惑。导致各地区在制订本地农村社会养老保险办法时找不到官方客观的法律依据，从而在很大程度上削弱了地方对于农村养老保障立法的规范性和长期性、稳定性。另外，法律保障功能的缺失，导致农村的社会保障基金管理缺乏强有力的支撑，使基金管理工作面临困难，在没有约束的情况下，资金是伴着巨大风险在使用的。三是现有的可供参考的法律法规，农村居民对其了解的程度也不够，不懂用法律来维护自己的合法权益。这种情况就是由于政府对法律法规宣传力度不够，没有使政策法规深入人心，而法律法规的相关讲座、推介活动较少，农村居民往往忽视了法律能给自己带来养老保障。

6.4.3 完善农村养老服务保障的对策建议

（1）加强弘扬宣传力度以促进观念转变。

在信息化飞速发展的今天，大众媒体对于社会的监督力量不容小觑，利用其巨大的宣传辐射力、影响力可以更好地促进农村居民的尊老敬老观念的转变，使其加强对传统"孝"文化的敬畏之心。

①强化农民家庭依法赡养老人的法律意识。一是有关部门要加强对赡养老人相关法律法规的宣传与引导，尤其是在文化程度较低的农村，要让子女明白自己有赡养老人的责任与义务，必须严格履行；二是针对农村家庭中出现的大量不利于农村家庭和谐与社会稳定的道德沦丧的事件与现象，相关部门应依法进行严惩并给予警示，严重者给予严厉的通报批评；三是相关部门

也应该建立严格的不定时检查走访监督机制，对相关事件进行及时的调解与解决。

②转变传统观念接受社会养老。一是需要新型的社会养老模式为农村养老注入新的活力；二是需要加大对社会养老优势的宣传力度，使农村老年居民改变有子女就不进养老院、进养老院很丢人的观点。因为“养儿防老”的观念深入人心，老年居民一般不愿意到养老院居住，即使不与子女同住，出于面子考虑这些老年居民宁愿独自在家也不喜欢花钱去养老院等社会养老场所养老。

（2）强调政府在农村养老保障中的中坚作用。

①政府应加大宣传力度。在农村中积极开展各种有利于政策实施的相关宣传，让农村的老年人深入了解养老保险的稳定性与优越性。由于农村居民的文化程度较低且流动性较大，很多老人对参保的相关政策根本就不了解，甚至持有怀疑的态度，因此导致参保相关政策的实施受到阻碍。这就需要相关部门在农村中做好进一步的宣传工作，这是农民参保的重要前期工作，是农村的养老保障工作顺利进行的第一步。在农村中积极开展各种有利于政策实施的相关宣传，让农村的老年人深入了解养老保险的稳定性与优越性，农村的养老保障制度体系是一项国家颁布的优惠农民的政策，是有利于农村人养老的好制度。

②加大对农民的财政补贴并确保资金的到位。政府应该形成资金的增长机制，提高农村居民的基本养老金额。政府应结合当地实际的财政状况，适当提高补贴金额，建立相应的监督检查机制来确保农村居民养老金的资金到位。随着我国农村正逐渐走上现代化发展进程，政府也逐渐加大了对农村经济发展的资金投入，然而对于农村养老的投入则显得相对较少，而且随着经济的迅猛发展，由于通货膨胀等相关因素而导致的物价飞涨等现象使农村居民个人投入和政府补贴显得相形见绌，为了满足农村居民的需要，我国应提高对农村的资金供给。另外，按照国家规定额度，如今的农村居民的基本养老资金为单个人每个月 55 元，由此，可知每人一年的基本养老资金仅达 660 元，完全低于现有农村居民的物质基本水平标准。政府应该形成资金的增长机制，提高农村居民的基本养老金额，若这部分资金仍无法满足农村居民的需求水平，其参保的积极性就会受到影响，政府应结合当地实际的财政状况，适当提高补贴金额。

（3）做好征地后农村居民生活保障工作。

由于土地征收政策使部分农村居民失去了养老的最坚实的支持土地，而长久以来以土地为生的农村居民对土地的依赖程度很高，失去土地后的空缺需要怎样弥补才能使农村居民不至于存在过大的落差就是一个很严峻的问题。一直以种地为生的农村居民只有种地的手艺，对于其他谋生的手段了解甚少。大多数的农村居民也没有可供维持生计的一技之长，成为“无地”农村居民后便失去了基本的谋生本领。因此，政府应当做好征收土地之后的后续农村居民生活保障工作，在给予其一定的征地补贴后应考虑其以后的生活经济来源问题，授人以鱼不如授人以渔。

①政府应当按照“无地”农村居民的需求组织集体的技能职业培训，为其提供学习某种技术的机会。或为其安排统一的职业规划讲座，为农村居民在找寻工作过程中提供咨询服务，为其答疑解惑。

②政府应该形成资金的增长机制，提高农村居民的基本养老金额。提高补贴金额，建立相应的监督检查机制来确保农村居民养老金的资金到位。

③鼓励“无地”农村居民创业。当地政府可以通过能者带头的模式鼓励“无地”农村居民创业、在大众创业，万众创新的时代背景下更好地发挥自己的特长优势，寻找到一条更有前途的道路。

④由于大部分“无地”的农村居民会选择向城市转移，政府应当做好其城市政策方面的扶持，减少农村居民与城镇居民的差异，减少其在城镇中外地人的异样感。这样做也有利于城乡一体化进程的推动。

（4）健全农村养老保障制度。

虽然目前我国农村已经建立了多种养老保障制度，但还不够全面，仅仅只限于满足农村老年居民最低生活水平的需求，随着我国农村社会的快速前进，需要对农村社会的养老保障政策进行进一步的完善，建立多方面的、有效率的农民养老保障的相关制度体系。

①建立和完善农村居民的社会养老保险机制。一是相关部门要对农村居民进行引导与教育，使其树立自己给自己养老的观念，积极参加养老保险事业，并且懂得维护自己的合法权益和利益；二是政府部门要通过法律或者采取行政措施，在全国设立起固定标准的农村居民养老保障相关政策制度，维护他们的养老保障合法权益不受到侵犯。只有这样才能保证每个农村居民都有一份自己的养老保险，才能为农村居民的养老提供一个最基本的保障，从而减轻子女与

社会的压力。

②完善农村居民的“低保”“五保”相关制度。一是政府应该建立相应的资金投入增长机制来逐步提高农村居民的最低生活保障，以确保享有低保政策的老年居民的生活水平始终保持满足需求状态；二是为了保证这份资金能够快速且足量的发放，确保发放过程的公开、公平与公正，应该建立相应的针对“农村居民低保金发放”的检查监督机制；三是政府应该对“五保”老年居民的生活状况给予充分的重视与关注，保证其吃、穿、住、医和葬的基本需求得到满足，政府的相关财政部门应给予财务空缺的农村一定的资金供应。

③鼓励社会和企业为农村居民养老提供支持。一是制订相应的政策规定来鼓励和支持社会群体或者企业为农村居民的养老提供财政等方面的支持，鼓励相关人士积极参与为农村的老年福利金捐款、做善事等活动。通过这种方式，帮助解决农村财政困难的难题，使农村的特困老年居民及时得到救助与生活的保障；二是有条件的农村，通过建立和完善农村老年人的固定补贴制度等有利于农村老年居民生活需要的福利制度，让农村的老年居民也可以享受到改革开放的成果。

（5）建立完备的农村养老保障法律体系。

农村养老保障政策的推广实行离不开法制的保证，制度实施的各个环节也都与法律紧密相连。

①制订严格的法律明确相关主体的责任和权力，减少随意性，在执行过程中，各部门各司其职，依法办事，做到有章可循。影响“新农保”参与度的因素主要有经济条件的限制、农村居民对参与“新农保”的认识不到位以及普及度不够等。

②大多数的农村居民对于养老保险的认知度停留在“新农保”上，或者对“新农保”也不是很了解。其他类型的社会养老保险远离了农村居民的生活，这方面的缺失使农村居民缺少了一个与城镇居民相同养老保障。

总之，解决好农村的养老问题对于实现我国农村现代化十分重要，农村老年居民的养老问题涉及的主体多元化、层次多样化。首先，要有一定的以经济基础为代表的养老资源的供给作为支撑；其次，单一的养老模式已经很难解决农村养老的多方问题，以养老模式的选择为核心；最后，如果通过政策引导、政府宣传等努力，形成以家庭养老为主、其他各方养老模式为辅的多元化、立体养老模式结构，农村养老压力将得到有效缓解。

6.5 完善我国医疗保障制度体系的政策建议

化解老龄社会风险的应对策略需要更积极。巴特勒（Butler，1983）提出生产性老龄化（PA），使老年人参与商品生产或服务供给的活动；WHO 提出积极老龄化（AA），为老年人提供切实的社会保障和参与机会；泰勒（Taylor，2011）提出了建立积极老龄化社会；欧盟（2010）将 2012 年定为“积极应对老龄化年”。一些发达国家尝试养老金制度改革，即提高退休年龄、控制提前退休、强化预先积累基金，建立长期照料保险制度、鼓励建立包含自愿性养老储蓄的多支柱年金体系等（OECD，2007，2011，2015）。国内学者认为要积极应对老龄化，应在延长第一次人口红利的同时，充分使用劳动力，提高人力资本和劳动生产率，以获得第二次人口红利（蔡昉，2009）。莫龙（2011）认为缓解未来人口老龄化经济压力必须以经济手段为主、人口手段为辅，逐步放宽现行生育政策。穆光宗、张团（2011）提出了积极的、有备的统筹治理的应对思路。胡鞍钢等（2012）提出了“一揽子”的应对计划。一些学者提出了国家应适时调整退休政策，以积极应对人口老龄化（唐钧，2006；邓大松、王增文，2008；杨燕绥等，2010；杜鹏，2011；李建民，2011；穆怀中、2011；陈友华，2012；国家人社部，2015）。刘莉（2013）提出，我国养老金投资需要借鉴国际经验，改革养老金投资管理体制，构建政府监管、机构投资、人大监督的竞争性养老金基金运营模式；她（2015）提出，中国养老金制度改革需要顶层设计和分类设计，逐步实现退休年龄弹性化；基于收入审查机制，有序推动退休方式渐进化；健全多支柱养老金体系，积极促成退休收入多元化；协调运用多种手段，有效提升高龄雇佣环境的宜老化程度，以构建中国特色弹性退休政策体系。

总之，为应对人口老龄化，政府应当调整养老政策。（1）重视养老金制度改革与长期经济增长之间的良性互动，建立公平和效率兼顾的程序化基本养老金调整机制；（2）对养老体系进行市场化改革是应对老龄化的关键手段，在养老方式方面，要建立以个人为责任主体的国家帮助的社会化保障模式；（3）从对老龄化社会的一般制度设计、公共养老金财政支付、社会养老模式一般性研究，转向对老龄化风险、养老成本分担、养老金支付平衡、公共财政的可持续等方面的多样性探讨，从单项性的养老保险基金测算，转向统筹的人口增长、经济发展与养老保险制度改革的社会养老发展关联性理论研究。我国作为世界上最大的发展中国家，在经济发展过程中民众对健康的要求越来越高，只有科学地制订政策，才能充分完善医疗保障制度，满足人民群众日益增长的医疗需求。

6.5.1 有限资源配置前提下，深入医保一体化制度设计向农村地区倾斜

当前，城乡之间在医保资源配置、利用及受益方面仍存在较大差距。数据表明，政府对于农村地区的卫生投资还有待提高。目前农村地区的“新农合”虽然在参保率上达到了98%的高覆盖率，但事实上保障水平仍处于三项基本医疗保险制度中的最低水平。这就要求在进行城乡居民基本医保一体化的制度设计时，需要进一步将资源配置的重心向农村地区倾斜。加大财政投入力度、重点支持农村地区基础医疗卫生机构建设、医疗卫生技术人员的培养，增强农村地区提供卫生保健服务的能力。

6.5.2 发挥资源优势效应，加强发达地区城市对口支持相对落后农村的医保资源

发挥资源优势效应，倡导相对发达地区城市对相对落后的农村进行对口的医保资源支持，通过人力、物力、财力对欠发达地区的倾斜和共享，提高其提供医疗保健服务的能力。进一步加速分级诊疗体系建设，引导居民更为合理地利用医保服务资源，从而实现医保资源在城乡中的配置、利用、受益都能最大限度的公平正义化。

城乡居民基本医保一体化政策在先行完成地区的实施之后，居民的医疗负担相比于未实现一体化的地区居民的医疗负担减轻得更多。但从具体数值上看，减轻的幅度还比较有限。对城镇居民基本医疗保险和新型农村合作医疗进行制度整合的初衷是为了促进社会的公平正义，短时间内可能无法在保障水平方面带来大幅提高。但可以预见的是，将城乡基本医保制度统一管理后，医保基金进行合并会使整个基金规模显著扩大，基金使用效率显著提高。根据大数

法则，城乡基本医疗保险基金池抗风险能力会随之明显提升。此外，合并后的城乡居民基本医保将“新农合”的统筹层次从县级提升到了市级或省级，“六统一”之后，居民尤其是农村居民的医保定点的医疗机构数目、医保药品的目录范围会有明显扩大，医保报销比例也会有明显提高。

6.5.3 城乡医保一体化要与国家的精准扶贫政策相衔接

城乡居民基本医保是社会医疗保障体系中的重要组成部分，但并非全部。除了基本医疗保险之外，城乡医疗救助、大病医保补助等更为精准的扶贫扶弱的保障政策也需要尽快与城乡基本医疗保险制度进行衔接。扩大医疗救助的范围和救助的内容，尽可能地提高大病医保的补偿封顶线和降低补偿的起付线是贫困线上群众的迫切愿望。

6.5.4 构建多元化的医疗保险投入机制

在城乡居民的医疗保险上，政府是第一责任人，但在强化政府责任和增加财政投入的同时，也必须指出，仅依靠政府的财政投入是无法满足广大城乡居民对医疗保险的庞大需求。因此，需要构建政府、企业、社会、家庭和个人合力的多元医疗保险投入机制，动员更多的社会力量特别是慈善机构参与城乡居民的医疗保险工作，重点减轻贫困群体的医疗负担。

总之，医疗保障制度作为我国保障民生的一层“安全网”，一直以来都是政府进行社会改革的重要内容。我国医疗保障制度经历从公费医疗到多元医疗保障体系完善的过程，是政府立足我国基本国情，不断调整医疗保障政策，引导制度发展的结果。但也应该看到，在进一步完善我国医疗保障制度的过程中，现阶段我国医疗保障制度呈现的体制性、结构性等深层次矛盾问题的解决，不是短时间内能够完成的，政府在医疗改革中的角色定位及其表现尤为重要。总的来说，我国的基本国情决定了医疗保障制度改革不能盲目模仿或照搬其他国家的模式，应该从实际情况出发，利用自身的人口规模优势，通过制订科学、实用、合理的医疗保障政策，探索出一种可持续发展的医疗保障制度模式。

参考文献

［1］“十三五”规划纲要之人社篇［J］. 中国人力资源社会保障，2016（4）：6－7.

［2］坂脇昭吉，中原弘二. 现代日本的社会保障［M］. 杨河清，等，译. 北京：中国劳动社会保障出版社，2006.

［3］鲍捷，毛宗福. 社会医疗保险助推医养结合服务的政策探讨［J］. 卫生经济研究，2015（8）：40－43.

［4］边芳. “嵌入”视角下新农合制度的可持续性分析——以甘肃省为例［D］. 兰州大学，2012.

［5］陈华，邓佩云. 城镇职工基本医疗保险的健康绩效研究——基于CHNS数据［J］. 社会保障研究，2016（4）：44－52.

［6］陈俊峰，王硕. 城市“医养结合”型养老存在的问题及其解决途径——以合肥市为例［J］. 城市问题，2016（6）：92－97.

［7］陈丽. 老年社会福利给付模式现存问题与转变策略［J］. 地方财政研究，2018（2）：93－98.

［8］陈庆锟，毛阿燕，代涛. 新型农村合作医疗制度对农村居民医疗负担的影响研究［J］. 中国卫生经济，2014，33（4）：46－48.

［9］程娟，牛原，刘芳. 老龄化背景下中国失独老人的养老风险及其保障问题［J］. 中国老年学杂志，2018，38（7）：1775－1777.

［10］程令国，张晔. “新农合”经济绩效还是健康绩效？［J］. 经济研究，2012（1）：120－133.

［11］程令国. 中国老年健康影响因素的多层次多因素分析［D］. 北京大学，2011.

［12］程毅，刘军. 城乡居民医疗保险新型模式：核心理念与策略选择——基于上海居民医疗保险整合实践的反思［J］. 华东理工大学学报（社会

科学版), 2017 (1): 108 - 114.

[13] 褚福灵. 建立养老制度的自适应机制化老年风险为发展机遇 [C]. 全国政协. 21 世纪论坛 2010 年会议论文集. 2010: 429 - 435.

[14] 崔恒展, 刘雪. 中国养老制度运行中的政府职责完善研究 [J]. 山东社会科学, 2018 (8): 73 - 82.

[15] 戴云菲. 可持续发展理论文献综述 [J]. 商, 2016 (13): 111.

[16] 单志芹. 新农合中会计问题的相应思考 [J]. 企业导报, 2016 (6): 170 - 171.

[17] 邓微, 朱雄君. 实现湖南省城乡居民医疗保险统筹发展的若干思考 [J]. 湖南社会科学, 2011 (5) : 107.

[18] 邓悦, 郅若平. 新时代下城乡社会保障制度整合现状与路径分析 [J]. 理论月刊, 2019 (6): 131 - 136.

[19] 丁纯. 世界主要医疗保障制度模式绩效比较 [M]. 上海: 复旦大学出版社, 2009: 89.

[20] 丁亮. 退休人员因工受伤权益保护研究 [D]. 浙江大学, 2017.

[21] 杜娟. 我国城镇职工基本养老保险财务可持续性研究 [D]. 电子科技大学, 2019.

[22] 杜鹏. 中国老年人主要生活来源的现状与变化 [J]. 人口研究, 2003 (6): 37 - 43.

[23] 段婷, 高广颖, 沈文生, 等. 新农合大病保险制度受益归属与实施效果分析——以吉林省为例 [J]. 中国卫生政策研究, 2014, 7 (11): 43 - 47.

[24] 范维强, 刘俊霞, 杨华磊. 城镇职工基础养老金可持续: 缴费模式调整与政策选择 [J]. 上海经济研究, 2019 (12): 95 - 108.

[25] 方黎明. 新型农村合作医疗和农村医疗救助制度对农村贫困居民就医经济负担的影响 [J]. 中国农村观察, 2013 (2): 80 - 92.

[26] 菲利普·泰勒. 趋向老龄化的劳动力: 期待与愿景 [M]. 北京: 社会科学文献出版社, 2011: 3 - 25.

[27] 封进, 刘芳, 陈沁. 新型农村合作医疗对县村两级医疗价格的影响 [J]. 经济研究, 2010 (11): 127 - 140.

[28] 冯莉, 杨晶. 城镇职工基本医疗保险基金可持续性评估——基于延迟退休和全面二孩政策调整的考察 [J]. 财经问题研究, 2019 (8): 122 - 129.

[29] 傅子璇. 以养老服务人员为视角推进养老产业发展 [J]. 劳动保障世界, 2018 (30): 26-27.

[30] 高传胜. 当前我国社会保障制度存在的问题及改革策略 [J]. 社会科学辑刊, 2018 (5): 70-76.

[31] 高和荣. 论社会保障制度的建设维度 [J]. 社会科学战线, 2018 (7): 218-223.

[32] 高鹏飞, 张健明. 健全我国多支柱养老金制度——从波兰新一轮养老金改革谈起 [J]. 宏观经济管理, 2019 (12): 77-84.

[33] 高欣. 基于生命周期理论的栖霞市国家税务局公务员激励问题研究 [D]. 山东财经大学, 2017.

[34] 顾国爱. 构建我国弹性退休制度的思考与建议 [J]. 中国流通经济, 2012 (10).

[35] 广井良典, 沈洁. 中国日本社会保障制度的比较与借鉴 [M]. 北京: 中国劳动社会保障出版社, 2009.

[36] 郭爱妹, 石盈. "积极老龄化": 一种社会建构论观点 [J]. 江海学刊, 2006 (5): 124-128.

[37] 郭斌. 老龄化背景下上海城市居家养老服务需求研究 [D]. 上海师范大学, 2016.

[38] 郭敏. 浅析我国人口老龄化问题的对策 [J]. 人口与经济, 2007, 000 (S1).

[39] 国际劳工局. 全球养老保障——改革与发展 [M]. 杨燕绥, 孟波, 葛蔓等, 译. 北京: 中国劳动社会保障出版社, 2002: 370-430.

[40] 国家统计局. 中国统计年鉴 2012 [M]. 北京: 中国统计出版社, 2012.

[41] 韩强. 韩国国民养老金的投资管理 [N]. 中国劳动保障报, 2011-07-05.

[42] 何亮. 老年人临终照料成本的地区差异研究 [D]. 湘潭大学, 2018.

[43] 何文炯. 新中国 70 年: 国民社会保障权益的进步与展望 [J]. 西北大学学报 (哲学社会科学版), 2020, 50 (1): 120-130.

[44] 贺小林. 我国城镇居民基本医疗保险政策分析与制度完善——基于9

个试点城市调查数据的实证研究［D］．复旦大学，2013.

［45］侯文博．农村优先发展政策下我国农民医疗保障制度改革研究［D］．山东农业大学，2019.

［46］胡爱敏．高速老龄化背景下我国养老服务的着力点——以马斯洛需求层次理论为观照［J］．中共福建省委党校学报，2012（12）：92－97.

［47］胡宏伟，张澜，李佳怿等．城镇居民基本医疗保险会加重老年人医疗负担吗？——基于家庭医疗负担的制度评价［J］．老龄科学研究，2015（4）：51－61.

［48］黄莉．社会保障基金风险问题研究［D］．西安石油大学，2005.

［49］黄敏．社会养老保险的财政风险及其对策，贵州财经学院学报，2013（1）.

［50］黄山．人口老龄化对产业结构优化的门限效应研究——基于1998—2012年中国29个省市面板数据的分析［D］．重庆大学，2016.

［51］吉鹏．政府购买养老服务绩效评价研究［D］．南京农业大学，2016.

［52］贾金玲．河南省人口老龄化社会风险探析［J］．河南社会科学，2008（4）：227－229.

［53］蒋静婷．人口结构转变对中国经济增长的影响机制分析［J］．当代港澳研究，2012（4）：156－172，177.

［54］蒋玲玲．产业间碳排放转移结构分解及其优化策略研究［D］．江苏大学，2018.

［55］蒋颖．重庆市社会保障制度的完善与风险防范的研究［D］．重庆大学，2007.

［56］金春林，王力男，李芬．上海市卫生总费用来源法与机构法核算结果差异原因分析［J］．中国卫生经济，2013，32（8）：14－16.

［57］静毅男，刘云龙．在全球范围内分散老龄化风险［J］．经济研究参考，2010（30）：28.

［58］李晨．城乡居民医保一体化对居民医疗负担作用的实证研究［J］．中国卫生标准管理，2017，8（6）：11－13.

［59］李方舟．中国社会保障体制变迁过程中的利益结构与政策取向［D］．西北大学，2006.

[60] 李国雨. 人口老龄化背景下基本养老保险资金的可持续性问题研究 [J]. 劳动保障世界, 2018 (15): 19.

[61] 李晶. 促进人口老龄化与社会经济协调发展的财税政策研究 [J]. 宏观经济研究, 2013 (1): 17-26.

[62] 李军. 警惕人口老龄化引发经济系统性风险 [J]. 探索与争鸣, 2015 (12): 23-26.

[63] 李丽. 银发时代湖南开展税延型养老保险政策与市场环境分析 [J]. 财政科学, 2018 (7): 117-122.

[64] 李玲, 江宇. 医改实践为全面深化改革探索道路 [J]. 湖南师范大学社会科学学报, 2014 (3): 105.

[65] 李蕊. 养老保险制度并轨存在的问题及对策研究——以西安市为例 [D]. 长安大学, 2017.

[66] 李双玲, 周志毅. 试析积极老龄化视野下老年教育的转变 [J]. 中国成人教育, 2011 (1): 12-15.

[67] 李婷. 人口老龄化对制造业结构优化的影响研究 [D]. 长沙理工大学, 2018.

[68] 李雨薇. 我国养老产业财税政策顶层设计研究 [J]. 中国市场, 2019 (11): 1-3.

[69] 李珍, 黄万丁. 全民基本医保一体化的实现路径分析——基于筹资水平的视角 [J]. 经济社会体制比较, 2017 (6): 138-148.

[70] 李中秋, 王朝明. 我国人口老龄化过程中实际抚养比与抚养比偏离率的估算 [J]. 理论与改革, 2015 (5): 55-59.

[71] 梁家峰. 习近平新时代中国特色社会主义思想的三个向度 [J]. 前线, 2018 (4): 9-12.

[72] 廖庆阳. 新型农村合作医疗对农村居民医疗支出的作用以及农村居民参合的影响因素研究 [D]. 复旦大学, 2014.

[73] 林冬冬, 姜永刚, 李寅初. 中老年消费者对网络信息接受度影响因素实证研究 [J]. 哈尔滨商业大学学报 (社会科学版), 2011 (1): 48-54.

[74] 林兆木. 正确认识我国社会主要矛盾的转化——深入学习贯彻习近平新时代中国特色社会主义思想 [J]. 当代兵团, 2018 (9): 38-39.

[75] 刘柏惠. 我国家庭中子女照料老人的机会成本——基于家庭动态调

查数据的分析［J］. 人口学刊，2014，36（5）：48－60.

［76］刘博. 应对我国人口老龄化财政政策研究［D］. 内蒙古财经大学，2015.

［77］刘国恩，蔡春光，李林. 中国老人医疗保障与医疗服务需求的实证分析［J］. 经济研究，2011（3）：95－107.

［78］刘莉，林海波. 医保一体化降低了健康状况不佳城乡居民的医疗负担吗？——基于分位数倍差法的分析［J］. 财经论丛，2018（8）：22－31.

［79］刘莉. 中国老龄化成本的特征与风险防范体系构建［J］. 浙江社会科学，2013（12）：92－98＋158.

［80］刘莉. 国际养老金制度改革的收敛趋势研究—基于发达国家的历史考察［J］. 浙江社会科学，2014（10）：

［81］刘莉. 日本、韩国公共养老金投资模式演变及启示［J］. 社会保障研究，2015（1）.

［82］刘莉. 退休政策弹性化的国际探索与中国观照［J］. 社会科学战线，2015（7）：

［83］刘平. 人口老龄化对中国经济增长的影响研究［D］. 山东大学，2013.

［84］刘苹苹. 建立宜居社区与“多代屋”——中国应对人口老龄化问题的路径选择［J］. 人口学刊，2013，35（6）：47－53.

［85］刘梭. 基于人口预测模型的我国养老保险研究［D］. 安徽大学，2013.

［86］刘晓溪，毕开顺. 国外医疗保险模式比较分析及启示［J］. 人民论坛，2013（12）：247.

［87］娄飞鹏. 我国养老金三支柱体系建设的历程、问题与建议［J/OL］. 金融发展研究：1－6［2020－02－23］. https：//doi. org/10. 19647/j. cnki. 37－1462/f. 2020. 02. 009.

［88］卢霞，樊佳，吴重会. 老龄化背景下政府与企业在养老保险基金风险中的博弈［J］. 重庆大学学报（社会科学版），2014，20（6）：184－188.

［89］吕国营，赖小妹. 人口老龄化、健康投资与经济增长——基于中国省级面板数据的实证分析［J］. 吉首大学学报（社会科学版），2019，40（4）：56－67.

［90］罗健．我国医疗保险基金面临的问题及对策［J］．湖南师范大学社会科学学报，2014（4）：85－86．

［91］罗浚铖．我国居家养老服务多元主体责任分担问题研究［D］．东北财经大学，2016．

［92］罗丽娟．现行医疗保障体制下我国居民医疗保健支出的研究［D］．西南财经大学，2012．

［93］马超，赵广川，顾海．城乡医保一体化制度对农村居民就医行为的影响［J］．统计研究，2016（4）：78－85．

［94］马晓黎，王济萍．完善城乡社会养老保障监管的若干建议［J］．国家行政学院学报，2016（2）：82－85．

［95］曼鹿．九省农村合作医疗新亮点［J］．医药世界，2006（7）：37－39．

［96］孟令国，李博，陈莉．“全面两孩”政策对人口增量及人口老龄化的影响［J］．广东财经大学学报，2016，31（1）：26－35．

［97］莫少雄．深圳市某医院住院医保病人费用管理研究［D］．湖北：华中科技大学，2008．

［98］倪超，陈翌莳，邱效威．中国人口老龄化对经济增长影响的研究述评［J］．中国人力资源开发，2014（9）：87－93．

［99］欧阳志刚．农民医疗卫生支出影响因素的综列协整分析［J］．世界经济，2007，30（9）：47－55．

［100］潘力．浅析城乡医保一体化制度对农村居民就医行为的影响［J］．经济研究导刊，2018（2）：103－104．

［101］钱群飞．嵊州市人口结构变化对经济的影响研究［D］．浙江农林大学，2012．

［102］秦立建，蒋中一．新型农村合作医疗与城镇居民医疗保险合并研究［J］．经济体制改革，2012（6）：101－103．

［103］人社部．将适时建议弹性延迟领取养老金年龄［OL］．新华网 2012－6－6，http：//news. xinhuanet. com/politics/2012－06/06/c_123240240_2. htm.

［104］任保平．城乡经济社会一体化：界定、机制、条件及其度量［J］．贵州财经学院学报，2011（1）：18－22．

［105］任冲．老龄化对我国经济社会健康发展的影响及对策分析［J］．理

论导刊，2014（7）：17－21.

［106］任冲．老龄化对我国社会经济发展的影响及对策分析［J］．内蒙古社会科学（汉文版），2014，35（5）：160－166.

［107］任慧玲．老龄化背景下人口结构变动对经济增长的影响研究［J］．价格理论与实践，2017（12）：134－137.

［108］任玙，曾理斌，杨晓胜．城乡医疗救助制度之现状、问题与对策［J］．南京医科大学学报（社会科学版），2015，15（1）：11－14.

［109］日本厚生劳动省主页．年金制度的国际比较［J/OL］．http：//www.mhlwgo.jp/topics/bukyoku/nenkin/nenkin/pdf/shogaikoku－hikaku.pdf，2009－3－25.

［110］山东省民政厅．山东省：政府引导医养结合实现多样化健康养老［J］．中国社会工作，2016（2）：25－26.

［111］沈琴琴，杨伟国．全球视野下的劳动力市场政策［M］．北京：中国劳动社会保障出版社，2008.

［112］沈小路．人口老龄化与离退休工作问题研究［J］．群文天地，2011（16）：247.

［113］石宏伟，李雪梅．城乡居民医疗保险一体化的问题及对策研究［J］．中国卫生事业管理，2014（3）：189－190.

［114］史本叶．我国人口结构变化对经济转型的影响［J］．人口学刊，2016，38（4）：17－24.

［115］宋成鑫，王云云．我国老年社会保障中的政府行为研究［J］．天津职业院校联合学报，2016，18（8）：37－41.

［116］宋德玲，杨晨．论职工年龄结构对日本大企业年功序列工资制度的影响［J］．现代日本经济，2012（5）.

［117］孙兆泉．长沙市医保参保职工住院费用分析及其控制综合评价模型的研究［D］．中南大学，2006.

［118］唐丽萍．定点医院医疗保险管理的探讨［J］．中国医院管理，2010（6）：65.

［119］田闻笛．从“碎片化”走向“一体化”：中国城乡医疗保险制度改革进路［J］．河南社会科学，2019，27（5）：103－107.

［120］汪德华，张琼．公共医疗保险与居民医疗负担——全球视野下的中

国“全民医保”[J]. 南京大学学报（哲学，人文科学，社会科学），2008（6）：30－39.

[121] 汪徐，张燕，张忠. 1982—2010年江苏省人口老龄化影响税收规模的实证分析[J]. 湖北农业学，2016，55（23）：6288－6291，6296.

[122] 王超群. 城镇职工基本医疗保险个人账户制度的起源、效能与变迁[J]. 中州学刊，2013（8）：80－86.

[123] 王成利，王洪娜. 医养融合养老：供给途径、实践困境与政府责任——基于公共产品理论的视角[J]. 东岳论丛，2017，38（10）：37－44.

[124] 王景合. 实现城乡居民医保一体化调研报告[J]. 科技风，2014（17）：248.

[125] 王俊华，马伟玲. 论我国基本医疗保险制度建设中的俱乐部壁垒：现状、成因和前景[J]. 苏州大学学报.

[126] 王俊华. 城乡基本医疗保险制度衔接模式比较研究[J]. 苏州大学学报（哲学社会科学版），2009（6）：21－24.

[127] 王美艳. 劳动合同法的实施：问题和对策建议，贵州财经学院学报，2013（1）.

[128] 王茜. 我国基本医保制度存在“碎片化”问题. [EB/OL]（2011－10－12）. http://news. Xinhuanet. com/politics/2011－10/12/c_122149659. htm.

[129] 王森. 中国人口快速老龄化对经济发展的效应分析[J]. 经济问题，2007（10）：124－126.

[130] 王稳，桑林. 社会医疗保险对家庭金融资产配置的影响机制[J]. 首都经济贸易大学学报，2020，22（1）：21－34.

[131] 王晓斌. 新公共管理实践及其批评综述[J]. 云南社会主义学院学报，2006（1）：50－52.

[132] 王新军，郑超. 医疗保险对老年人医疗支出与健康的影响[J]. 财经研究，2014（12）：65－75.

[133] 王旭. 城镇职工个人账户养老金制度完善研究[D]. 湘潭大学，2017.

[134] 王泳力. 新时代社会主要矛盾的哲学思考[D]. 重庆师范大学，2019.

[135] 王跃生. 中国家庭代际关系的理论分析[J]. 人口研究，2008

(4)：13－21.

［136］王云多．人口老龄化、公共财政支出偏向与人力资本增长［J］．湖南师范大学社会科学学报，2019，48（5）：79－86.

［137］王振振，雍岚，王乐．居家养老社区服务可及性评价研究——基于苏州市的调研［J］．人口与发展，2016，22（3）：90－99.

［138］吴帆．中国老年歧视的制度性根源与老年人公共政策的重构［J］．社会，2011，31（5）：190－206.

［139］吴海涛，王晶．从传统到现代——积极老龄化视域下养老文化的思考［J］．东北师大学报（哲学社会科学版），2014（4）：213－217.

［140］吴敏．基于需求与供给视角的机构养老服务发展现状研究［D］．山东大学，2011.

［141］邢伟．城乡居民医疗保障制度整合的实践探索及改革建议［J］．中国经贸导刊，2013（10）：41－43

［142］邢秀侠．关于城乡居民医保一体化问题的研究［J］．中国市场，2019（3）：63－64.

［143］徐冬霞．浅谈农业产业经济发展［J］．环渤海经济瞭望，2018（4）：28－29.

［144］徐进．一个简明述评：福利多元主义与社会保障社会化［J］．西南石油大学学报（社会科学版），2019，21（3）：29－36.

［145］徐可．消费者住房购租选择的影响因素研究［D］．山东建筑大学，2019.

［146］徐义海．我国基本医疗保障制度碎片化及其整合研究［J］．中国卫生经济，2013（3）：35.

［147］许玲丽．社会统筹支付在居民终生医疗支出中的分担作用研究——对城镇职工基本医疗保险政策的实证研究［J］．世界经济文汇，2011（2）：69－86.

［148］薛琴枝．我国农村居民医疗消费的实证研究［D］．南京农业大学，2009.

［149］杨光辉．中国人口老龄化与产业结构调整的统计研究［D］．厦门大学，2006.

［150］杨慧．健全我国养老服务体系的财税政策研究［J］．现代经济信

息，2016（8）：154－155.

［151］杨黎源．老龄化成本的国际比较与中国应对策略——基于养老支出视角的分析［J］．浙江社会科学，2013（3）：92－100.

［152］杨清哲．吉林省人口老龄化问题研究［J］．行政与法，2013（9）：58－61.

［153］杨燕绥，张芳芳，张杰．论职工弹性退休的平滑效应，中国劳动，2010（12）.

［154］杨宜勇，关博．老龄化背景下社会保障的“防风险”和“补短板”——国际经验和中国改革路径［J］．经济与管理研究，2017，38（6）：44－53.

［155］杨勇．基于人口老龄化的养老保险风险分析［J］．新疆大学学报（哲学·人文社会科学版），2012，40（1）：35－40.

［156］杨勇刚，胡琳娜，马刚．快速老龄化背景下失独老人养老风险化解机制——基于对河北省保定市的调研［J］．河北大学学报（哲学社会科学版），2014，39（2）：100－106，159－160.

［157］姚金海．人口老龄化，养老金收支缺口与财政风险的传导与化解——以A市为例的一项实证研究［J］．管理评论，2016，28（4）：62－72，122.

［158］于长久．人口老龄化背景下农民的养老风险及其制度需求——基于全国十个省份千户农民的调查数据［J］．农业经济问题，2011，32（10）：56－66，111.

［159］于米娜，申维娜，于丽娜．浅析我国人口老龄化问题［J］．价值工程，2013，32（10）：293－294.

［160］于瑞均，马新力．城乡统筹医疗保障制度设计初探［J］．现代财经——天津财经大学学报，2009，29（11）：24－29.

［161］于洗河，陈微，赵磊，等．基于“低自付”政策的医保费用分析［J］．中国卫生经济，2015（5）：32－35.

［162］张春光．农村老龄化加剧的机理分析与风险防范——基于城镇化视角的探讨［J］．农村经济，2017（1）：92－98.

［163］张瑾．山东省滨州市城镇职工医疗保险制度存在的问题及对策研究［D］．山东师范大学，2018.

[164] 张娟．冉永兰．国外医疗保障模式比较及对我国的启示 [J]. 卫生经济研究，2010 (7)：276.

[165] 张黎．人口老龄化背景下的小城镇建设研究 [D]. 重庆大学，2014.

[166] 张琳．我国新型农村合作医疗实施效果的实证研究 [D]. 山东大学，2013.

[167] 张萍．关于医疗保险制度改革的若干思考 [J]. 学习论坛，2019 (12)：81－85.

[168] 张琦．我国人口结构与产业升级关系研究 [D]. 东华大学，2014.

[169] 张睿．人口老龄化视域下中国农村养老问题治理探究 [J]. 农村经济与科技，2017，28 (18)：161－162.

[170] 张士斌，梁宏志，肖喜生．日韩养老金制度改革比较与借鉴 [J]. 现代日本经济，2011 (6)：35－43.

[171] 张士斌，王桥．中日社会养老保障制度比较 [J]. 现代日本经济，2010 (2)：58－64.

[172] 张士斌，王祯敏，陆竹．退休年龄政策调整的国际实践与中国借鉴 [J]. 经济社会体制比较，2014 (4)：1－14.

[173] 张士斌．退休年龄政策调整：日本经验与中国借鉴，现代日本经济，2014 (1)：66－75.

[174] 张文范．我国人口老龄化与战略性选择 [J]. 城市规划，2002 (2)：68－72.

[175] 张学辉．人口红利、养老保险改革与经济增长 [D]. 中国社科院研究生院，2005.

[176] 张再生．中国人口老龄化的特征及其社会和经济后果 [J]. 南开学报，2000 (1)：83－89.

[177] 赵绍阳．我国城镇医疗保险制度改革的实证研究 [D]. 西南财经大学，2011.

[178] 郑秉文，王新梅，房连泉．日本 2001 年社保基金投资体制与投资策略改革评述：问题与前途 [J]. 辽宁大学学报（哲学社会科学版），2006 (1)：113－120.

[179] 郑秉文．欧盟国家社保基金监管立法及其对中国的启示 [J]. 中国

社会保障，2008（11）：26－29.

［180］郑春荣，刘慧倩．我国弹性退休年龄制度设计［J］．人口学刊，2011（3）.

［181］郑功成．全面理解党的十九大报告与中国特色社会保障体系建设［J］．国家行政学院学报，2017（6）：8－17，160.

［182］郑功成．中国社会保障改革与发展战略［M］．北京：人民出版社，2008：189－208.

［183］郑吉友．辽宁省农村居家养老服务供给研究［D］．东北大学，2017.

［184］郑伟，林山君，陈凯．中国人口老龄化的特征趋势及对经济增长的潜在影响［J］．数量经济技术经济研究，2014，31（8）：3－20，38.

［185］郑岩．黑龙江省农村空巢老人社会救助问题思考［J］．北方经贸，2015（11）：31－32.

［186］周浩．人口结构转变对中国经济增长的影响研究——基于人口数量与人口质量的视角［D］．山东大学，2018.

［187］周红云，陈晓华，董叶．社区居家养老服务对城市老年人健康的影响［J］．统计与决策，2018，34（17）：98－101.

［188］周云．中国城市医疗保障制度重构研究［D］．武汉大学，2006.

［189］朱桂菊．医养一体化长期照护模式的实践［D］．苏州大学，2016.

［190］朱海龙．医疗政策：完善医疗保障制度的根本保障［J］．甘肃社会科学，2016（4）：27－31.

［191］朱勇．老年人权益保障的制度创新［C］．中国老年学学会．中国老年学学会2014年年会论文集．2014：8－16.

［192］庄会宁．我国已进入老龄社会应对人口老龄化需解决四大问题［J］．瞭望新闻周刊，2000（38）：26－27.

［193］Brown P H, Theoharides C. Health－seeking behavior and hospital choice in China's New Cooperative Medical System［J］. Health Economics, 2009, 18（S2）：S47－S64.

［194］Daniel J., Van Vuuren, "Flexible Retirement", Netspar Discussion Paper, 2011（4）：1－26.

［195］Helen Ginsburg, "Flexible and partial retirement for Norwegian and

Swedish workers", Monthly Labor Review, 1985 (10): 33 -43.

[196] Henry Hongbo Jin, Olivia S. Mitchell, John Piggott.. Socially Responsible Investment in Japanese Pensions, NBER Working Paper NO. 11747.

[197] Korea National pension Service. Korea National pension Fund—Better Tomorrow For You [R]. 2009, http: //english. nps. or. kr/jsppage/english/main. jsp.

[198] Lin W, Liu G G, Chen G. The urban resident basic medical insurance: a landmark reform towards universal coverage in China [J]. Health economics, 2009, 18 (S2): S83 - S96.

[199] Martin Tracy, "Flexible Retirement Features Abroad, social security, 1978 (41): 18 -36.

[200] Masaharu Usuki. The New Investment Management Scheme for Japan's Public Pension Fund NLI Research No. 163, April 2002.

[201] Masayoshi Hayashi. Social Protection in Japan: current State and Challenges [R]. ERIA—SP project, 2010.

[202] Milan Vodopivec, Primoz Dolenc, "Live Longer, Work Longer: Making it Happen in the Labor Market", word bank Social Protection Discussion Paper, 2008, 0803: 1 -22.

[203] Ministry of Health, Labor and Welfare White Paper Reports Annual Health, Labor and Welfare Report 2008—2009 [R]. http: //www. mhlw. go. jp/English/wp/index. ht.

[204] Nobusuke Tamaki. A Study of the Investment of Japan's Public Pension Reserve Fund - How Should the Government Behave as an Institutional Investor? NIRA Working Paper No. 2003 -2.

[205] OECD, Pensions at a Glance 2013: OECD and G20 Indicators, OECD Publishing。

[206] OECD. OECD Thematic Follow-up Review of Policies to Improve Labor Market Prospects for Older Worker, www. oecd. org/els/employment/olderworkers.

[207] OECD. Aging and Employment Policies, OECD Publishing, 2004.

[208] OECD. Live Longer, Work Longer, OECD Publishing, 2006.

[209] OECD. OECD Pensions Outlook 2012, OECD 出版社, 2012: 133 - 250.

[210] OECD. Pensions at a Glance 2011, OECD Publishing.

[211] OECD. Pensions at a Glance 2013: OECD and G20 Indicators, OECD 出版社, 2013: 20 - 136.

[212] SSA, Social Security Programs Throughout the World: Europe, SSA Publication, 2012.

[213] SSA. Social Security Programs Throughout the World: Europe, SSA Publication, 2010.

[214] Sveinbjörn Blöndal, Stefano Scarpetta. The Rerirement Dicision in OECD Countries Economics Department [J]. OECD Working Paper, NO. 202, 55.

[215] T. Schultz. Instittions and the Rising Economic Value of Man [J].

[216] Wagstaff A, Yip W, Lindelow M, et al. China's health system and its reform: a review of recent studies [J]. Health economics, 2009, 18 (S2).

[217] Wankyo Chung. Social Protection in Korea: Current State and Challenge [R]. ERIA—SP project, 2010.